U0687834

聚焦中国

——社会焦点各界谈

中共中央宣传部《党建》杂志社 策划并采写

人民出版社

《聚焦中国》编委会名单

主　　编：刘汉俊

副 主 编：徐能毅　徐　遥　单　庆　杨松青　苗遂奇

编　　委：王锦慧　王志平　翁淮南　刘文韬　武　淳
　　　　　张少义　黄　武　冯　静　陈　方　范绍峰
　　　　　王慧君　张　纪　胡　鹏

文字统筹：苗遂奇　翁淮南

目录
CONTENTS

第一篇　学习：一种精神追求　一种工作责任　一种生活态度
——十位全国先进典型谈学习

第二篇　更加重视学习　更加善于学习　更加崇尚学习
——十位专家学者谈学习

第三篇　学习是企业的生命力、创造力和核心竞争力
——十位中央企业负责人谈学习

第四篇 绽放文化的魅力 开足文化的动力 发展文化的潜力
——十位省区市党委常委、宣传部长谈加强文化建设

第五篇 以科学发展为主题，以加快转变经济发展方式为主线，努力实现"十二五"规划主要目标
——领导、专家十人谈

第六篇　新起点　新期待
——基层干部群众十人谈

第七篇　树立群众观点　坚持群众路线　站在群众立场
——十位县（市）委书记谈"以人为本、执政为民"

第八篇　加强和创新社会管理　做好群众工作　促进社会和谐
——两会代表、委员十人谈

第九篇　学习：永葆先进的不竭动力
强军兴军的科学方略
——军队和武警部队政治部领导十人谈

第十篇 外国使节眼中的中国共产党
——十四位外国驻华大使谈中国共产党

第十一篇 做好群众工作 推动基层建设
——十位"小巷总理"谈做群众工作

第十二篇　红色团队　决胜未来
——十位来自英雄团队的军人谈国防

第十三篇　深入基层一线　回答时代命题
——宣传思想文化战线十二位负责人谈"走基层、转作风、改文风"

第十四篇　雷锋与时代同行
——雷锋精神访谈

第十五篇　有这样一种力量　让我们前行
——社会主义核心价值体系建设十人谈

第十六篇　为了谁　依靠谁　我是谁
——纪念毛泽东同志《在延安文艺座谈会上的讲话》发表70周年

第十七篇　以思想道德建设为重点 建设社会主义核心价值体系

——社会主义核心价值体系建设十人谈

第十八篇　永葆政治本色　永葆生机活力 更好肩负历史使命

——保持党的纯洁性十人谈

第十九篇　科学发展　成就辉煌
——十人谈十年

第二十篇　发挥五大优势　推进科学发展
——"喜迎党的十八大召开"特别策划十人谈

第二十一篇　牢记责任　不辱使命
——十八大代表访谈

第一篇

学习：一种精神追求
一种工作责任
一种生活态度

—— 十位全国先进典型谈学习

人要善于从生活和工作中挤出时间来学习

吴仁宝

　　我今年83岁了，与我年纪差不多大的中国人，一般在很小的时候都会因为家境贫寒而上不起学、读不起书。特别是我们农村人，目不识丁的人，就占了大多数。因为，那时候的旧中国，正是一个战乱不断、民不聊生的社会。身处那个时代，我在童年的时候，也只能断断续续念过3年私塾，之后就没有参加过任何正规的教育和培训。如今，我通过自身的努力学习，先后拥有了两个高级职称，一个是高级政工师，一个是高级经济师。当然，这一切都不是天生的，而是通过我从幼年、少年、青年、中年直至现在几十年的不断学习、不懈进取得来的。所以，对于学习，我有着深刻的体会。

　　学习是人们认识和改造自然，认识和适应社会的最基本活动。学习使人聪慧文明，使人高尚完美，使人全面发展。"吾生也有涯，而知也无涯。"我深深懂得学习的重要和必要，所以几十年如一日，终身学习，从不厌倦。

吴仁宝

江苏省华西村党委老书记。中共十七大代表，曾荣获全国劳动模范、100位新中国成立以来感动中国人物等荣誉称号。

　　数十年来，我把学到的知识不断升华，充实自己，提升自己，并且运用到工作中去，指导工作。人可以不上学，却不能不学习。唐太宗讲"以铜为镜，可以正衣冠；以古为镜，可以知兴替；以人为镜，可以明得失"。这不仅是对人生哲理的深刻阐述，也包含了深刻的学习观。我有一个雷打不动的习惯：每天早晨，收听中央人民广播电台的《新闻和报纸摘要》节目；每天晚上，准时收看中央电视台的《新闻联播》。人要善于向书本学习，更要善于向身边人学习。我们学习的目的就是为了取长补短，取优去劣，让自己的生活更美好，使我们的社会更和谐！

　　我一直视时间为生命，从不讲节假日、星期天，每天工作都在十二三个小时。为此，老百姓帮我算了一笔账。他们说："老书记工作的每小时、每分钟，都是高效率的。如果按每天 12.5 小时计算，与 8 小时相比，老书记就多干了五十多年。如果按照工龄计算，他的工作年龄已经超过了 100 年。实际上，老书记 100 年的工作年龄，恰恰也是认真学习的学龄。"我认为，人要善于从生活和工作中挤出时间来学习，因此，我要求自己做到"六快"：说话快、做事快、吃饭快、走路快、反应快，贯彻中央精神特别快。我虽然已年过 80 了，但我仍然要活到老，学到老，生命不息，服务不止。学然后知不足，知不足然后学。当今时代知识不断更新，一个人，只有勤奋学习，才能不被时代淘汰，不被社会淘汰；只有勤奋学习，才能不断创新，不断前进。

学习是我顺利工作的法宝

张云泉

热爱祖国、爱党为民是学习的目的。青年时代，我因身体条件好，被征兵到海军舰艇部队，具体岗位是参与从事某种新型武器的发射试验。岗位专业知识的要求与我的文化基础相差太大，学习军事专业知识十分困难。但是，当我一想到经常侵入我国领海的强盗的军舰，我就怒火燃烧，发誓要学好过硬的军事技术，期盼在新武器试验中自己的岗位不出差误，争取为新武器试验成功尽义务。凭着这股爱国激情，我拼命学习军事技术。正是凭着这种自讨苦吃的学习精神，使我和首长战友们一起，多次圆满地完成保卫海疆的任务。军旅生涯的艰苦磨炼也使自己的文化知识水平上了一个新台阶。

1983 年，我到机关信访岗位工作，在分析许多影响

张云泉

江苏省信访局原巡视员。中共十七大代表，中共江苏省委委员，曾荣获全国优秀共产党员、全国劳动模范、全国道德模范、人民满意公务员、100 位新中国成立以来感动中国人物等荣誉称号。

社会稳定的信访问题的成因时，我感到不少问题是由于少数干部不重视学习，不懂政策，随意拍脑袋决策造成的，由此引起的后果不仅造成人力物力的损失，还严重影响党群干群关系和社会稳定。

信访工作人称"机关第一难"。信访问题不仅处理的难度大，而且涉及面广，因此要求信访干部知识面要广，做群众工作的能力要强。面对新的工作内容，我从零开始，自学了信访工作迫切需要的常用文件、法律、法规等方面知识，对纷繁复杂的信访问题运用文件、法规迅速"对号入座"。在信访岗位上26年，我处理了成千上万的疑难信访问题，无一件因运用政策不当而要上级组织重新处理的。

我感到，要在学习中工作，在工作中学习。我坚持在工作中实践理论，找准理论与实践的结合点，在结合中总结升华出更适合自己工作使用的经验和借鉴方法，并对同行们有所参考和帮助，这就扩大了自己学习成果的"裂变"效应。

比如，我在学习新时期做信访工作的理论时，就悟出了具有可操作性的"四种能力"和"五心精神"。"四种能力"，即与群众良好的语言表达沟通能力、迅速拉近与群众距离的能力、用唯物辩证法分析观察问题的能力、独立协调处理问题和驾驭复杂局面的能力。除了处理上访问题的"四种能力"以外，在做群众工作时，要倾注一腔真感情，具体表现在对群众要有"五心精神"，即接待上访群众要有热心，对上访群众反映的困难要有同情心，帮助群众解决问题要有诚心，处理信访问题遇到阻力和困难要有攻坚克难的决心，对暂时不好处理的特殊疑难信访问题要有长期作战的恒心。

在工作实践中需要什么就学什么

许振超

我是青岛港的一名码头工人，在个人简历上文化程度一栏里，填写的是初中。但这并没有挡住我学习先进技术、相关的知识。我坚信知识和信念的力量，所以参加工作以来，一直坚持学习，在工作实践中学，需要什么就学什么。用知识去拓宽视野、启发思考，提高工作能力，解决了一些生产劳动中的疑难杂症，并在这个基础上有所创造。在这个过程中，我也从一个装卸工、机械司机逐步成长为掌握了现代化集装箱装卸技术、技能的高级技师。

刚参加工作那会儿，所有的亲朋好友都叮嘱我一句话："好好干，当一个好工人。"我记住了。但是怎么做才是一个好工人，我追求了几十年，也领悟了几十年。我觉得，当工人的本分，就是把自己的本职工作干好。衡量工人是不是工作干好了，那时候有个要求，技术工人要做到"四懂三会"，就是"懂结构、懂性能、懂原理、懂维修，会操作、会保养、会排除故障"。这个要求在今天，对工人也是高标准、严要求，因为它要求工人要"七项全能"。当时我感觉要做到这个要求太难了。但是又一想，上级领导们提出这个要求，自然有他的道理。这既是工作要求，更是政治要求。我安下心来针对自己缺乏专业技术基础知识的差距，努力地学习技术和相关的知识，向"四懂三会"的目标逐步靠近。

许振超

青岛港前湾集装箱码头有限责任公司工程技术部固机高级经理。中共十七大代表、全国人大第十一届常委会委员，曾荣获全国劳动模范、全国优秀共产党员、全国道德模范、100 位新中国成立以来感动中国人物等荣誉称号。

记得上世纪 80 年代初，我使用的一台起重机液压系统出了故障。系统压力莫名其妙高了不少，几乎每天都要鼓爆几根高压软管。技术员也查不出原因。我找到技术员，主动要求由我来排除这故障。液压技术当时在这个行业还是冷门，接触的人不多，懂得的人更少。我跑遍了当地的新华书店，买来一本刚翻译过来的《液压基础》。我翻来覆去看了好几遍，把故障现象和可能发生的原因一一对照、分析。心里有了底后，就开始着手排查故障原因。我根据刚学来的系统工作原理，最后从一根回油管上发现了问题，找到了故障点。一个最终看上去并不大的故障，排除它却用了很长时间，这个曲折的过程让我想了很多。想干好自己的工作，首先要有好的愿望，要有责任心，还必须要学习掌握与岗位工作相适应的知识和技能。这是工人的立身之本。

再往后的学习，就成为我的一种习惯，生活中的一部分。无论是当司机钻研技术，苦练技能；还是当队长研究机械、技术管理、技术创新，学习帮了我大忙。我有个体会，要说干一行，很多人都能干，但是干和干不一样，只有钻一行，精一行才能体现出爱一行。我说的这个"钻"就是要学习。

学习全靠挤和钻

吴天祥

学习的目的，就是要提高我们的精神世界，提高我们的工作本领，提高我们的科学头脑和认真贯彻执行科学发展观的能力，使我们既有坚定正确的政治方向和坚定的革命意志，保持激情燃烧年代的那种革命激情、那种拼命精神，又能在当前改革开放年代做到见解超前，视野宽广，头脑冷静，思维敏捷，处事正确果断。

应当看到，在当前改革开放的新时期，有些党员干部的革命激情淡了，理想信念差了，群众观念少了，离共产党人的精神家园远了，贯彻科学发展还不那么认真，不那么自觉。这与他们不加强学习特别是不注重政治学习有着密切的关系。因为我从几十年的实践中深深感到一个人学习上的放松必然导致觉悟上的低下、理论信念追求的转向、知识上的无知、工作上的平淡、政治上的麻木、人格品德上的可悲。我们学习的知识有如人体血液一样宝贵，人如果缺少了血液，身体就会衰弱，人缺少了知识，头脑就会枯竭。要增长知识，要与时俱进，唯一的办法就是学习。

吴天祥

湖北武汉市武昌区政府巡视员，2008 年退休。曾荣获全国先进工作者、全国劳动模范、全国优秀共产党员、全国道德模范、100 位新中国成立以来感动中国人物等荣誉称号。

作为一名党员干部，对自身学习应该有的放矢，针对自身弱点、缺点、难点、热点，明确自己学习的重点，要有明确计划和基本要求。要武装不要包装，作秀的动机有不得，装门面"应景"的思想要不得，扎实勤奋的学习态度离不得。我的文化程度较低，在学习政治理论和科学知识中感到吃力，但我坚持用愚公移山的精神要求自己。既然愚公能移山，何愁理论不能搬？立下愚公移山志，步步登上理论山；挖山要用锄和锹，学习全靠挤和钻。学习是劳动，是充满思想和毅力的劳动。几十年来，我在学习上做到三个"雷打不动"：每天看两个小时的书，雷打不动；每天坚持写学习笔记和日记，雷打不动；每天学习革命先烈和英雄的事迹，雷打不动。我写了二十多万字的体会和心得，记了三十多本民情日记。

学习使我觉悟，使我振奋，使我冷静，使我一直充满激情，使我越学越感到自己的不足。我要活到老、学到老、改造到老，生命停息的时候，我的学习才能拿到毕业证。

最重要的是要学习博爱

宋鱼水

人最好的学习积累时期是在上学期间，但不少人不能很好地利用这一时期，往往是工作之后，学习有需求了，才开始检讨自己。我大致也是这一类人。主要采取了如下的方法：其一，在实践中学习。当事人到法院是来讲理的，如何调动当事人把他们各自认为的"理"讲充分，讲透彻，法官是要学习的。只有静下心来，处理几百起案件，才能学透如何去挖掘当事人的潜力，去与当事人一起寻找解决纠纷的钥匙，所以，法官学习的一个基本方面是向当事人学习，学习如何将当事人的问题进行梳理，并分出大层次小层次，学习如何抓住案件最本质的问题用最简单的方法把复杂的问题处理好。俗话说，干一行爱一行，我们只有把我们服务对象的学问搞清楚了，我们才能更有学问。其二，对问题的探讨要甘于做小学生。工作中的新型疑难问题是绝对放弃不了的。案件无小事，研讨案件的理论问题在法院内部总有专家，在法院之外总有理论工作者，他们的书和我们对他们的请教有助于我们高质量地解决疑难问题，也有助于我们减少疑难问题的存在。所以，我们不怕不会，就怕把不会的内容放弃。我们的身边应该有更多学习型的朋友、师长、同事，他们会助你一臂之力，把不会的很快学会，

宋鱼水

北京市海淀区人民法院副院长。中共十七大代表、第十一届全国人大代表，曾荣立一等功两次，荣获人民满意的好法官、全国模范法官、中国法官十杰、全国三八红旗手、全国优秀共产党员、100位新中国成立以来感动中国人物等荣誉称号。

把该看的书很快指引给你。

学习如果仅仅是消遣，那就太简单了。学习从来都是与你所情系的职业有关，而几乎所有的职业都要解决与社会的情感问题，即人民群众的情感。情感越深，你就会把所谓的职业当成事业，而你自己也会因为情感的互动而越发热爱自己的职业。企业如此，机关工作亦是如此。比尔·盖茨是世界上最大的企业老板了，但企业做得越大他背负的社会责任越大，他越全身心地投入公益事业。为什么？除了他有境界以外，他接触的人和帮助的人给予他的情感无疑是非常重要的因素。柳传志是中国著名企业家，顾客反馈和经营者之间的相知，无疑对他是最重要的情感。情感亦能成就大业。战争年代，赢得人民群众感情的中国共产党取得了建立新中国的伟大胜利。和平年代，群众的感情观更是重要的一关。感情是基础，家庭有感情，夫妻和睦；父子有感情，亲情培育儿女。在工作中，感情衍生为机关企事业单位的文化。在社会里，感情是人类和谐的梦想。我们一生在学习，向书本学，向社会学，最重要的是要学习博爱。文明的人类进化让世界人民走在一起，让我们的民族成为最被尊敬的民族。而对我们国家来说，以人为本更让我们认识到普通人的重要，对普通人不能没感情。对人民群众的感情是天下最大的感情。相信有一天，我们都爱普通人，我们这个国家将更加国富民安。

我们生活在一个学习的世界里，读懂社会这本书，离不开我们彼此的认可与彼此的学习。

学习改变了我的人生

窦铁成

学习有多种途径，在问题中学、在矛盾中学。在生活和工作的空间里，不仅要从书本上学，周边的师傅，工友、学生，乃至徒弟都有他们的闪光点，他们也是一部部活的丛书，都有可学之处。

三十多年来，我一直坚持用各种方法学习，至今还保持着做笔记这一似乎笨拙的学习方法。但坦率地说，学习改变了我的人生，学习充实了我的一生、学习磨炼了我的意志，学习使我了解了我的不足之处。

通过学习，使我懂得了做人要自尊、自信、自立和自强不息；使我懂得了生活中如何待人接物；使我懂得了为人要忠厚朴实，生活要勤俭、朴素；使我克服了工作中的道道难关，掌握了现代化的施工技术；通过学习，使我深切地体会到知识改变命运，学习成就未来。

参加工作三十多年，除工作以外，最重要的一件事就要算学习了。学习不仅仅是读书，在我们的工作、生活中时时渗透着学习的机会和机遇！

小时候，父亲就给我说"处处留心皆学问"。如今仔细琢磨，可不，只要你生活在这个无时不在千变万化的环境中，只要你处处留心，没有一刻不是在学习！

窦铁成

中国中铁一局电务公司电力工高级技师。曾荣获全国劳动模范、100位新中国成立以来感动中国人物等荣誉称号。

我的工作是电力专业，耸立的电力铁塔，变电所内林立的架构，各种各样的电气设备，控制部分千丝万缕的导线、仪表、指示灯、按钮，哪一部分不是由浅入深、一点一滴地积累起来？哪一道工序的原理、功能、使用方法不是从学习而得来？

多元化、五彩缤纷的世界，使人们眼花缭乱，如何使自己成为一个对社会有用的人，给社会添砖加瓦，如何给自己的幸福生活奠定良好的基础，就得不断地刻苦学习。

读好无字之书　做好实践文章

孔祥瑞

昨天的知识未必能解决今天的问题；今天的知识未必能解决明天的事情。我们要学习与岗位工作相关的新知识、新技能，努力成为本岗位和本行业的行家里手。作为新时期知识型产业工人，我参加工作三十多年来，坚持边干边学，学以致用，把"死"知识变成"活"知识，把"活"知识变成真本事。人可以没有文凭，不可以没有知识。知识来源于实践，在实践中学习，在实践中思考，在实践

孔祥瑞

天津港中煤华能煤码头有限公司"孔祥瑞操作队"队长兼党支部书记。中共十七大代表，曾荣获全国优秀共产党员、全国劳动模范、中华技能大奖、100位新中国成立以来感动中国人物等荣誉称号。

中创新。同时，还要学习岗位工作需要的其他相关学科知识，学习政治、经济、法律、社会等方面的知识，特别是及时了解国家形势，掌握党的路线、方针、政策。只有跟上形势，才能与时俱进，更好地干好本职工作。

"爱岗敬业、争创一流、艰苦奋斗、勇于创新、淡泊名利、甘于奉献"这24个字是我们伟大的劳模精神，也是我们工人阶级在实践中创新、在岗位中成才的必经之路。我想无论在什么年代，对于一个工人、一个劳动者来说，学习都应该是一生追求的。

谦虚谨慎、不耻下问，要向实践学习、向身边人学习。在平时的工作中，我注重把港口引进的现代化设备和技术进行消化、吸收、再创新，集中了全队员工的智慧和心血，把维护、保养、维修过程中一些方法、经验、技巧积累起来。2008年国庆节以前，我们总结归纳出来一本《天津港煤码头公司系统设备故障维修技术指南》，用于员工的技术培训和实际工作。以前，我们很多故障两三天都修不好，现在用《维修技术指南》的方法进行维修，10分钟、5分钟就能修好。去年，我们又把《维修技术指南》进行了改版，把新发现的一些问题和解决方法进行了充实，形成了142条维修解决方案，使每个维修员工找到了方便快捷高效的维修"法宝"，大大提高了维修效率。

要把学习作为一种精神追求

柏耀平

学习才能修身立德。对军队领导干部而言，学理论就是把坚定理想信念、牢记党的宗旨作为立身处世的"主心骨"，坚定不移地高举邓小平理论和"三个代表"重要思想伟大旗帜，坚定不移地听从党中央、中央军委和胡主席的指挥，坚定不移地为建设信息化军队、打赢信息化战争而努力奋斗。领导干部要坚信党的理论，认真学习和实践党的理论，牢固树立科学发展观在部队建设中的指导地位，始终注意用党的新思想、新理论、新要求统一思想和行为，在深化理论认知中让理想信念的根基牢起来。只有从真理性和价值性的统一上深化了对党的理论特别是科学发展观的认识，才能坚定对党的信念，强化对党忠诚的自觉意识。

柏耀平

海军大连舰艇学院副院长，海军大校军衔，曾荣获全国十大杰出青年等荣誉称号，被海军评为优秀舰长、优秀共产党员，荣立一等功一次、二等功一次。

学习是一种能力。学习的目的全在于运用，学习的成效要体现在推动实际工作上。领导干部不能搞"应景"式学习，要务求实效，真正把学习作为增强本领、推动工作的根本途径。要努力把学习成果转化为政治信仰和行动指导，内化为世界观和方法论，在知行统一中感悟，在学用结合中交出合格的答卷。

能力和素质的提高，最根本的是要抓学习。作为一名领导干部，只有勤于学习、善于学习，知识更多一点，本领更强一点，才能担当重任。十多年前，我完成了由歼击机飞行员到新型导弹护卫舰长、驱逐舰舰长的转变，成为一名复合型军事指挥员，现在又担任某军事院校领导。多年的工作实践，使我深深感到，只有通过长期的学习积累，真正把学习作为一种精神追求、一种生活方式，养成再忙也要学习的良好习惯，才能不断实现自我超越。

只有学习才能形成强大的战斗力

李中华

我理解，学习的目的与动力一方面来自个人的养成、岗位的要求；另一方

李中华

空军指挥学院训练部副部长，在空军司令部军训部履行副部长职责。荣立军队一等功一次、二等功五次、三等功七次；荣立航空工业一等功四次、二等功五次、三等功六次；荣获国家科技进步特等奖和二等奖各一次；被中央军委授予"英雄试飞员"荣誉称号。

面来自个人的追求与理想目标的实现。而后者将会给你带来不竭的动力。只有将学习与实践有机地结合起来，才能坚持下去，取得成效。

现在，空军建设发展已进入"空天一体、攻防兼备"的时代，未来战争将会朝着体系化、信息化方向发展。要打赢未来战争，必须依靠信息化条件下的体系力量，依靠高新武器装备与高素质人才的结合，由此更加突出了学习的重要性，更要求我们不仅要努力学习，还要持续学习；不仅要广泛学习，还要以履行使命任务为目标，突出强化专业理论知识的学习。尽管岗位不同，所需要的关键技术与知识存在较大差异，但是对前沿知识的把握、对新知识的渴望、对学用结合的深化，对学习方法的完善等方面的要求却是相同的，都是促进和提高学习效果的一种有效手段。任务牵引、需求牵引和危机意识的牵引将会让我们的学习变得主动而积极。要知道，空天战场上的对话靠的是实力，只有学习，才能形成强大的战斗力，才能求生存、夺胜利。

记得我刚从南京航空航天大学毕业进入空军第六飞行学院时，任务比较单一，感觉学习的动力与压力并不明显。熟悉的理论教学内容和课程，让每天的课外时间变得轻松愉快。但是到了飞行实施阶段，如何用理论解决飞行中遇到的难题，如何首先在原理上弄懂弄通进而指导飞行实践，变成了一个既现实又紧迫的学用结合过程。那时候常常是飞行后查阅资料找答案，找教员和战友答疑释惑，理解消化后再到飞行中验证。学习变得既有针对性，又有较高的期待，不知不觉中模糊的认识变得清晰，不理解的难题得到了求证，真正从学习中看到了差距，也尝到了甜头。

到了试飞部队，需要学习的东西更多了。许多知识和技术都是前沿的，很多科目都没有经验、方法可以借鉴，要探索未知领域、完成任务、保证安全，唯一的途径就是不断学习、主动学习、想方设法学习。要知道，这时的岗位技能与及时"充电"密切相关，知识与技能是走向成功的唯一通行证。

发展日新月异　学习永无止境

徐洪刚

读有字之书，也要读无字之书。我们常常会碰到一个农民，谈到他种田的经验头头是道，某个技术工技艺高超。这可不是一个教授，一个什么高级知识分子能够做到的。毛泽东同志曾指出：社会是学校，一切在工作中学习。学习的书有两种：有字的讲义是书，社会上的一切也是书——"无字之书"。读好无字之书，就要向实践学习，在实践中锻炼，在实践中提高；就要向基层群众学习，以群众为老师，从基层汲取营养；就要向身边同志学习，吸收大家的智慧，丰富自己的头脑。

徐洪刚

济南军区某部师政治部副主任，中校军衔。曾荣获见义勇为青年英雄、全国新长征突击手、十大杰出青年等荣誉称号。

丰富知识，不断更新知识结构。一个人的知识是有限的，即使我们取得了学士、硕士、博士学位之后，也不能说从此"马放南山，刀枪入库"了。有资料记载，进入21世纪，人类知识的总量以几何级数递增，知识倍增的周期已从19世纪的50年、20世纪60年代的8年、70年代的6年、90年代的3年，发展为现在的2年。据专家预测，到2020年，知识的总量是现在的3到4倍，到2050年，目前的知识只占届时知识总量的1%。在这个知识倍增、社会发展日新月异的今天，如果我们不以时不我待的迫切心情"充电"，势必不能胜任本职工作。因此，在实际工作中，为了适应岗位需要，适应时代发展需求，必须不断更新知识结构，与时俱进地丰富自身内涵。

第二篇

更加重视学习
更加善于学习
更加崇尚学习

——十位专家学者谈学习

当今世界正处在大发展大变革大调整时期，知识创造、知识更新速度大大加快，建设学习型组织、学习型社会，已经成为一股世界潮流。重视和善于学习，是我们党在长期实践中形成的优良传统，也是党的一个重要政治优势。十位著名专家学者就学习问题进行畅谈：如何更加重视学习、更加善于学习，进一步营造崇尚学习的浓厚氛围。

学思相兼，不罔不殆

李君如

学习是一个人获取知识、提高素质、增长本领的重要方式，是一个民族和国家传承文明、繁荣进步的重要途径。我写过两句自勉自励的座右铭："山水同乐，又仁又智"；"学思相兼，不罔不殆"。这是我在怎样做学者、怎样做学问的问题上获得的体会。

李君如

全国政协常委、中共中央
党校原副校长。

建设马克思主义学习型政党、建设学习型党组织，是党的建设的一个重大创新。从创新的角度讲，会不会"学"、"学"得怎么样，对一个人、一个民族来讲更为重要。特别是在今天，我们处在一个改革开放的年代，改革要"学"，开放要"学"，不学难以创新，难以发展。因此，这样的"学"，必须有"思"。就是要有问题意识，有思考、更要有思想。如果了解了一些社会问题、掌握了一些书本知识后，而不进行认真的思考，甚至不会思考，即使勤奋好学，也难以完成从无知到有知、从知之不多到知之甚多的认识过程，甚至会越学越糊涂。反过来，如果只是苦苦思索，甚至胡思乱想，而不勤奋好学，不认真了解社会、研究社会，即使不断萌发所谓的"思想火花"，也会一事无成，甚至陷入认知的误区而不能自拔。所以，"学"的过程应该同时是"思"的过程，"思"的过程也应该同时是"学"的过程。这样的认知过程，就是"学思相兼"的过程。只有这样，才能在实际工作中"不罔不殆"。

"学习型"赋予"学习"更加重要的意义、更加深刻的内涵。从认识论的角度讲，坚持"学思相兼"，是为了"实事求是"，即在"实事"中"求是"，认识事物内在的规律性以作为我们行动的向导；从价值观的角度讲，是为了更好地为建设中国特色社会主义、振兴中华贡献我们的智慧和才干。明清之际大思想家顾炎武曾经说过："君子为学以明道也，以救世也。"他强调，"为学"的目的有二：一为"明道"，二为"救世"。"明道以振兴中华"，这才是我们提倡"学思相兼"的目的。因此，在建设学习型社会的今天，必须确立科学先进的学习理念，探索管用有效的学习办法，才能不断提升广大党员的学习能力、知识素养。

把"要我学"转变成"我要学"

朱铁志

党的十七届四中全会明确作出建设马克思主义学习型政党的重大决策，这是继十六届四中全会提出建设学习型社会之后，又一次在党的会议上提出学习问题。由"社会"到"政党"，表明我们党在新的历史条件下不仅关注全社会学习能力和学习水平的提高，而且更加重视执政党在率领全国各族人民全面建设小康社会过程中自身学习能力和学习水平的提高。

面对激烈复杂的国际竞争，面对国内外形势的深刻变化和艰巨繁重的改革发展稳定任务，如何把党中央对学习的迫切需要转化为全党的自觉行动，变成每一个党员干部的内在要求。一句话，如何把"要我学"转变成"我要学"，是建设学习型政党的关键所在。目标不管多么远大，意义不论多么重大，如果不能变成党员干部实实在在的自觉行动，一切都是枉然。

朱铁志
《求是》杂志社副总编辑。

据一项调查表明，某省公共图书馆藏书总量全省人均只有1.4本。而在过去一年中党员干部人均读书量不到2本。从自身的体验出发，不少同志恐怕都很难交出令人满意的答卷。通常的情形是：年初制定了宏伟的阅读计划，年终只有惭愧对待。

导致不读书、不学习的原因何在？一是不想学，工作生活中没感到有学习的必要性和紧迫性，没有发现迫切的内在需求。二是不会学，不知学什么，工作生活中遇到的问题究竟属于哪个学科、哪个门类心中无数。泛滥于书店的官场秘籍、股市指南、健康必读之类基本趋向功利需求，对于提高思想理论水平，坚定理想信念似乎没有关系。三是不能学，主要是沉浸于日常工作之中，忙于应对各种日常事务。解决认真学习的问题不能只靠上级号召、决定指令，而必须从内因做起，从学习主体做起，首先解决"内驱力"问题。

要具备科学的学习态度，必须走出三个观念误区：一是自恃才高八斗、学富五车，以博古通今、饱学之士自居。号召他们学习，首先遇到的就是不冷不热的抵触情绪、马马虎虎的应付态度。二是混淆工作、学习界限，模糊读书、实践差别，以经验主义代替系统提高和终身学习。简单地把学习、工作截然分开，以为求学阶段主要是学习，工作以后主要是实践，甚至明显存在以工作代替学习的倾向，认为工作就是学习，是向实践学习。这种看法当然有其合理性，但从感性认识上升到理性认识，实践和认识的每一循环都使人的认识上升到一个新的高度。如果长期停留在感性实践的经验主义层面，提高个人素质和水平，乃至提高执政能力和执政水平就无从谈起。三是降低人生定位，疏于境界修养，热衷消遣娱乐。其表现是境界不高，气象不大，胸怀不宽，趣味不雅。种种机缘使他们走上现在的岗位，小心固位即可，不需青灯黄卷再费苦力。从未想到党和人民有嘱托，事业发展靠本领，一日不学自己知，两日不学他人知，三日不学人人知。凡此种种，都是学习的天敌。对待学习，关键是要有一点硬指标、硬办法、硬杠杠，在内力之外强加一点有效的外力，使其必须学习，否则乌纱不保，地位难继。

要让学习成为一种人生态度

江金权

经济全球化、信息网络化和我国改革进入攻坚的新形势，对广大党员干部的眼界和境界、能力和素质、精神状态和工作作风都提出了更高要求，需要我们进一步加强学习，不断提高素质、增强本领。

勤于学习是党员干部加强修养、履行职责、做好工作的基础和前提。知识是人类智慧的结晶，是"修身齐家治国平天下"的基础和工具。革命导师和领袖都是勤于学习、善于学习的典范，古今中外一些成就大事的人也都是勤于学

江金权

中央政策研究室研究员，
经济学博士。

习、善于学习的表率。当今世界，科学技术日新月异，知识经济方兴未艾，知识总量呈几何级数增长，知识更新速度大大加快，近50年来人类社会所创造的知识比过去3 000年的总和还要多。因此，党员干部只有终身学习、善于学习，才能把握社会发展规律、获得领导智慧、提升精神境界，才能紧跟时代前进步伐，才能始终保持共产党人的先进性。

新知识浩如烟海，需要学习的内容很多，必须做到善于学习。我认为，党员干部学习的任务概括起来是两个方面：一是通过理论学习加强党性修养，二是通过知识学习提高业务能力。要根据党组织要求和自身理论、知识现状，制定切实可行的学习计划。制定计划要着眼于"固基强长补短"。固基，就是着眼于党员干部党性修养和业务能力必备素质确定必学内容，筑牢根基；强长，就是着眼于自身素质的长项确定强化内容，力求长项更强；补短，就是着眼于自身素质的弱项确定提高内容，力求补齐短板。制定计划要做到长计划短安排，既要着眼于全面提高自身素质制定整体学习计划，明确长期努力目标；又要根据当前急需制定近期学习计划，脚踏实地打基础、学急需，一步一个脚印地朝着长期目标努力。科学制定学习计划，能够有效增强学习的针对性、系统性。

要让学习成为一种人生态度，掌握科学的学习方法。"书山有路勤为径，学海无涯苦作舟。"学习是"乐事"也是"苦事"，来不得半点虚假，没有什么"终南捷径"，必须刻苦学习、老老实实学习、扎扎实实学习。关键是把学习当作一种生活习惯、精神追求，以苦为乐，克服浮躁心态。通过学习提高自身素质是一个长期过程，不会一劳永逸，不能浅尝辄止、半途而废，必须持之以恒，"咬定青山不放松"。通过学习提高自身素质是一个循序渐进的过程，不可能一蹴而就，只能集沙成山、积水成渊，"积跬步以至千里"。

党员干部特别是领导干部担负繁重的日常工作，要学会弹钢琴，处理好工学矛盾，减少不必要的应酬，发扬"钉子"精神，善于挤时间学习，将点点滴滴时间利用好，日积月累必见成效。

其实，时间就像海绵里的水，只要挤总是有的。我认识一位只有初中文凭、从村干部当起的党员干部，坚持每天读一万字的书、记一千字笔记、写一百字书法。他现在已成为颇有理论造诣的领导干部。他的这种挤劲、韧劲很值得学习。

学习是人世间的大乐趣

杨金海

"学习"对我们来说似乎是太熟悉不过了，因为我们每个人都有学习的经历，而且差不多每天都在学习。然而，当我们仔细追问一下"什么是学习，如何学习"的时候，就会发现这是一个真正熟视无睹的问题。在努力构建学习型社会的今天，从哲学的高度重新审视学习问题，是很有意义的。

"学习"这个概念古而有之。《论语》的首章首句就讲"学而时习之，不亦说乎"。可见，中国古代哲人对"学习"已经有了很深的理解。学习作为一种生活方式，在动物那里已经有了萌芽。小鹰学飞就是例子。但人的学习远胜于动物，人不仅要直接从父母那里学习本能性的生活常识，还要通过"文字"等符号工具从社会文化的海洋里学习古人或同代人的各种知识。人的学习，不

杨金海

中共中央编译局秘书长、研究员。

仅为了生存，还为了追求一种高尚的境界，把自己培养成为君子。学习不仅是个人的事，还是社会生活的重要内容，人们通过聚会、辩论，相互切磋，相互交流，共同增长学问，此乃人世间之大乐趣。由此，我们似乎可以理解王羲之的《兰亭序》所传达出的那种绝妙的学习方式、思想境界和人生旨趣了。

"学"与"习"是有区别的。"学"主要指获得新知，就是从他人那里获得自己原来所不了解的知识，是思想的创新。"习"主要指把新知变成习惯，用朱光潜先生的话说，就是通过反复的温习、练习、实践等，把新的知识变成自己的技巧，从而变成一种习惯性的真正属于自己的东西。《说文》讲"习，数

飞也"，就是讲的这个道理。很多人之所以学习成绩不好，就是因为不懂这个道理，以为只要学会了就行，不懂练习的重要性，没有把理念知识变成经验技巧。比如开汽车，只"知道"开车的知识还不能成为"车把式"，这二者之间是有很大差距的。又如，有的学生常常感觉功课学得不错，都会了，但考试成绩总是不理想，原因就在于没有充分练习，没有把理念层面的东西变成经验层面的东西。考试往往不是看你会不会，而是看你能不能灵活、自然、迅速地运用所学习的知识。所以，一个人怎样把一种美好的理念变成一种"随心所欲不逾矩"的良好行为习惯，是需要长期修养、练习的。至于要把它变成全社会的良好风尚，就更需要全社会成员的广泛学习、思考、交流、实践。

这里面有一个很大的哲学问题，就是一个人怎样从无知到有知、从理论的知识到实践的知识、从人生的低境界到高境界的问题。

正如马克思所说，人的存在具有二重性，即自然存在和文化存在。这种文化存在体现在人的肉体感官的各个方面，如能听懂音乐的耳朵、能欣赏形式美的眼睛、能弹钢琴的手指等等。正是这些具有文化素质的感官之总体，构成了人的文化本体。人的文化本体依赖于人的自然本体，但又高于自然本体，是人之所以为人的本质属性，也是人与人区别的根本特征。明白此理，我们就应当好好学习，好好思考，好好实践，好好创造，不断反思自己的所学、所思、所行、所成，方能日新、日日新。

一个民族，一个国家也是这样。其是否伟大，不在于它的土地之辽阔、人口之众多等自然本体，而在于它的社会的文化本体之辉煌。这取决于其成员的学习、创新状态。如果我们全社会的成员都能够不断学习、不断思考、不断实践、不断创新，那么，我们中华民族的文化本体就会日新月异。只有这样，我们才能逐步走到世界的前列，实现中华民族的伟大复兴。

要把"充电"与"放电"很好地结合起来

严书翰

应从多种角度理解学习的内涵。随着文明的提升，社会的发展，学习的内

严书翰

中共中央党校教授、博士生导师，
中国科学社会主义学会常务副会长。

涵越来越丰富。在这样的背景下，要提倡人们从多种角度理解学习的内涵。有的人把学习看做一个目标，如活到老、学到老；有的人把学习当做一种生活方式，已成为他们生活中不可缺少的一部分；有的人把学习作为一种手段，如成了为个人发展的动力，前进路上的"加油站"，等等。此外，还要提倡每个人应根据自己的情况和需要来把握学习内涵中的某些要素，比如学习的态度、经验和方法等，来充实和完善自己。

如何善于学习，我的体会是：要把"充电"与"放电"很好地结合起来。在强调或推动努力学习这个话题上有各式各样的主张和理论。我比较欣赏"蓄电池"理论。因为这个理论认为，人的一生只充一次电的时代已经一去不复返了。现代社会的人要像一块高效蓄电池，进行不间断地、持续地充电，才能不间断地、持续地释放电量。"蓄电池"理论主张要把"充电"与"放电"统一起来，这很重要。

对于我们每个人而言，"充电"就是不断学习。"放电"就是要把学习的成果表达或展示出来。不能只"放电"而不"充电"，也不能只"充电"而不"放电"。现实生活中这两种类型的人都有。要提倡把"充电"与"放电"很好地结合起来。

当今世界，教育已经成为终生教育的概念。这是大家的共识。在这样的背景下，我们必须把持之以恒地学习作为一种常态，作为对自己的自觉要求。要把持之以恒与急用先学很好地结合起来。

当然，我更推崇的是方法论意义上的学习方法。它不仅关系着事半功倍的效果，甚至关系到个人、群体乃至民族事业的成败。联合国教科文组织近年对"文盲"重新定义，认为今天和未来的文盲决不是没有知识或没有学历的人，而是不懂得学习方法的人。

在研究重大问题中带着问题学习

季 明

马克思曾深刻地指出："主要的困难不是答案，而是问题"，"问题就是时代的口号，是它表现精神状态的最实际的呼声"。研究重大现实问题，关键是抓问题。只要有了强烈的问题意识，就会促使我们在研究重大问题中带着问题学习。

我们正处在一个思想大活跃、观念大碰撞、文化大交融的时代，国内改革进入攻坚阶段，我军现代化建设面临着新机遇新挑战，随之而来的许多重大现实问题需要作出回答。理论工作者关注重大现实问题，这是"理论联系实际"的根本要求，是以胡锦涛同志为总书记的党中央赋予我们的神圣使命。仅凭一腔热情和已有经验无法应对复杂艰巨的新形势新任务，唯一的办法就是在干中学、学中干。我们一定要把学习的责任牢记在心，把学习的使命摆上位置，以高度的责任感和使命感鞭策自己不断学习、学习、再学习。

作为一名理论工作者，要把学习的重点放在思考研究重大现实问题上。重大现实问题，就是指国际国内发生的、对党和国家产生重大影响的事件，以及人们对这些事件产生的看法、观点和见解。在当今信息爆炸的社会，人们都会为如何选择学习而犯难。我的做法是：研究哪方面的问题，就去阅读哪方面的知识。这样的聚焦学习：一是有针对性，目标清楚，重点明确；二是有连贯性，以问题为轴心，把零散的知识串起来；三是有扎实性，集中一个洞口钻得越深，钻出的泉水就越甘甜；四是有检验性，学习成效往往通过研究成果就检验出来了。

季明
国防大学马克思主义研究所副所长、研究员。

勤于学习并善于学习
是做好自身工作的前提

张贺福

　　勤于学习、善于学习是做好自身工作的前提。作为一个党的文献工作者，在工作实践中，我有三方面的切身体会：一是要带着"信息恐慌"的紧迫感和强烈的政治责任感，把广泛学习党的整体文献和深度理解党的重点文献结合起来。二是要带着"知识恐慌"的时代紧迫感，认真学习做好党的文献工作必备的基础知识。三是带着强烈的"好奇心"注重了解社会实践，注重了解国情、民意和现代化建设实践的基本状况，以更好地把握党的文献蕴含的理论意义和实践特征。

张贺福
中共中央文献研究室研究员。

　　历史是现实的过去，现实是历史的延续。党的文献工作既要对历史负责，更要为党的全局工作和中心工作服务。因此，党的文献工作绝不仅仅是做书斋中的学问，一定要紧密围绕党中央的重大决策部署和实践中提出的新问题开展工作。这就要求党的文献工作者在熟悉党的文献的同时，一定要注重了解社会实践的基本状况和发展趋势，善读无字之书，从而加深对党的文献的科学内涵和重大意义的理解，从而不断提高工作水平和服务党中央工作大局的能力。

切实加强学习是大势所趋

张志明

　　我们今天所处的时代，新发明、新创造、新知识层出不穷，知识和人才成

张志明
中共中央党校党建教研部副主任、教授。

为社会发展进步的第一资源。无论是个人还是社会，无论是国家还是政党，切实加强学习是大势所趋、更是历史必然。我们所提倡的建设学习型组织，目的就是通过培育一种善于学习的组织类型而更好地达到组织目标。学习的目的是为了工作，在学习中工作，在工作中学习，学习与工作相互促进。如果不加强学习、不抓紧学习，不能在学习中不断提高自己，我们党就难以完成肩负的历史责任，我们个人甚至难以在这个时代和社会立足。

把学习作为一种生活方式

姜　辉

学习是自然而然的境界。怎样看待学习呢？人们对学习的认识和态度可谓多样多彩，学习是责任，是信仰，是力量，是动力，是阶梯……视角不同，侧重不同，表达也自然各有千秋。依我看来，赞同把学习作为一种生活方式、一种自然而然的境界。也就是说，学习如衣食住行，应是自然不过的事，是天经地义的事。

怎样学习呢？每个人的背景、阅历、职业等不同，都有自己的独特之处，正如世界上没有两片相同的叶子。古人讲，"博学之，审问之，慎思之，明辨之，笃行之"。我认为这讲出了学习的一般规律，于现代人是很有启示意义的。这里做一个也许不恰当的比对：博学，就是努力学习各种有益的知识，不断丰富自己的头脑和心灵；审问，就是带着问题、带着疑问去学，刨根问底，弄清原委；慎思，就是学习与思考相结合，缜密思索，精益探寻；明辨，就是通过学习，分清是非、善恶、美丑，懂得人生的价值，知晓前行的方向；笃行，就是学习与实践相结合，不囿于书斋，不当书蠹，不隐遁于世外，把学习成果转化为于社会有益的行为。

对于党员领导干部来说，不能停留于一般性的学习，要有党性和领导责任所要求的学习态度。通过学习，树立正确的世界观、权力观、事业观、政绩观、人生观、价值观，坚定理想信念，并将其潜移默化为自己工作、生活的支柱和动力。通过学习，培养科学的思想方法和工作方法，掌握唯物辩证法的真谛，实事求是，客观、全面地分析解决问题，不唯上，不唯书，只唯实。解放思想，勇于创新，视野宽广，胸襟开阔，把学习同党和国家事业发展紧密结合起来，同建设中国特色社会主义伟大实践紧密结合起来。

我们党提出建设学习型政党、建设学习型党组织，是加强党的领导能力和执政能力、保持党的先进性的重大举措。如果每个党员和干部的学习都达到自然而然的境界，学习成为全党自然而然的行为方式，党的面貌必定为之一新，党及其领导的事业必定欣欣向荣。

姜辉

中国社会科学院办公厅副主任、研究员。

要学习马克思主义

秦　宣

恰逢我们党正着手建立马克思主义学习型政党，我认为要读一些马克思主义的书，对现实有很重要的意义。

为什么要学习马克思主义？从宏观的层面讲，马克思主义是科学，是我们认识世界和改造世界的强大思想武器。从中观层面说，马克思主义是我们立党立国的根本指导思想。从微观层面讲，只有认真学习马克思主义，我们才能树立正确的世界观、人生观和价值观。

学习马克思主义到底学点什么？每个人所处的位置不一样，学习的要求也不一样。作为党员干部，我认为，主要学习这样几个方面的内容：一是马克思

秦宣
中国人民大学马克思主义
学院院长。

主义的基本原理，既包括经典马克思主义，如马克思列宁主义；又包括发展了的马克思主义，如毛泽东思想和中国特色社会主义理论。二是要学会马克思主义的立场、观点、方法，即马克思主义全心全意为人民谋利益的立场，马克思主义关于自然、人类社会和思维规律的科学认识，马克思主义唯物辩证、实事求是、群众路线的思想方法和工作方法。三是要学会运用马克思主义的立场观点和方法来分析和解决我们所面临的实际问题。只有真信，才能真学、真用；只有真信，才能挤出时间学习。

必须以端正的学习态度去学习马克思主义。只有真信，才能真学、真用；只有真信，才能挤出时间学习。怎样学习马克思主义？马克思主义理论博大精深，马克思主义的经典著作浩如烟海，到底该怎样学呢？根据我的经历，我觉得有以下几点：一是要坚定对马克思主义的信仰，培养对学习马克思主义的兴趣。二是要掌握学习马克思主义的方法，把马克思主义经典理论放到当时的历史背景下去理解，放在当时的国际背景下去考察，要善于把握马克思主义的精髓。三是要树立求真务实的学风，既要反对轻视马克思主义的经验主义倾向，又要注意克服脱离社会实践，抽象地谈论马克思主义理论的教条主义倾向。四是要学习经济、政治、文化、法律、科技、管理、历史、军事等方面的知识，并把这方面的学习同加深领会和灵活运用马克思主义理论紧密结合起来。

第三篇

学习是企业的生命力、创造力和核心竞争力
—— 十位中央企业负责人谈学习

只有不断学习、碰撞思想才能
擦出创新火花

马兴瑞

马兴瑞

中国航天科技集团公司党
组书记、总经理。

党员领导干部应该重视学习，善于学习，通过学习不断拓宽视野，深化认识，提高修养，增长才干。面对新形势、新任务，要确保圆满完成好国家重大航天工程任务，就必须始终把加强学习摆在重要位置，通过不断学习，准确把握全局、把握规律、把握机遇，进一步增强发展好航天科技工业的责任感、使命感和紧迫感。在完成好重大任务的同时，瞄准世界航天科技发展的最前沿，统筹谋划长远，真正履行好富国强军、建设创新型国家以及推动我国成为航天大国和航天强国的神圣使命。

航天技术是一个国家的战略核心，是具有高度敏感性的尖端科技，花再多钱也买不来，必须依靠自主创新、刻苦攻关。只有不断学习、碰撞思想才能擦出创新火花。作为国家首批创新型企业，我们必须把自主创新作为战略核心，通过学习、实践、再学习、再实践，循环往复，努力把握航天技术发展的主动权，加快推动航天领域率先达到世界先进水平，争当创新型国家建设的排头兵。特别是要准确把握世界航天技术的发展趋势，在基础性、关键性、前沿性和战略性技术领域，加强学习研究，集智攻关、不懈探索，突破以空间交会对接、月球着陆探测、多星组网、新型运载工具、长寿命高可靠卫星平台为代表的一系列核心和关键技术，全面提升我国航天科技的核心竞争力。

航天科技工业的特殊性，要求我们一定要在政治上过硬、作风上过硬、技术上过硬，培养全面发展、具有强烈政治责任感和事业心的人才队伍。伴随着我国航天事业的发展，航天传统精神、"两弹一星"精神和载人航天精神孕育而生，陶冶了航天人的情操，成为激励大家为航天事业献身的精神动力。我们坚持用航天精神教育、鼓舞员工，定期开展向先进模范人物学习活动，激发员工的学习热情和工作积极性。同时，通过开展形势任务教育，将我国航天事业面临的机遇和挑战、集团公司的发展目标和承担任务的重要性，向员工讲深讲透，使大家充分认识到责任重大、任务艰巨、使命光荣。面向未来，我们要大力弘扬航天精神，牢记"创人类航天文明，铸民族科技丰碑"的神圣使命，树立"以国为重、以人为本、以质取信、以新图强"的核心价值观，以一流的技术、一流的质量、一流的业绩，兑现"用成功报效祖国"的庄严承诺。

抓学习要形成制度机制

林左鸣

　　当今世界科学技术日新月异，知识总量呈几何级数增长。特别是近50年来，知识更新的周期大大缩短。农耕时代，一个人读几年书，就可以用一辈子；工业经济时代，读十几年的书，才能够用一辈子；知识经济时代，需要一辈子学习，否则知识就会老化，思想就会僵化，能力就会退化。航空工业被誉为"现代科技和现代工业之花"，这个领域的竞争，是技术、管理、创新的竞争，实质上是企业员工学习力的竞争。未来企业的竞争优势在于，你要比竞争对手学得更多、学得更快。因此，我们提出要把提高学习力作为激发创新力、提升竞争力、增强凝聚力的根本之举，把创新学习方法作为改进领导方式、工作方式、活动方式的关键环节，把树立优良学风作为改进领导作风、思想作风、工作作风的重要举措。集团领导带头走上讲台给员工授课，集团年年召开管理创新大会，开展创新成果评比表彰，营造出人人重视学习、刻苦学习的良好氛围，有力推动了企业的发展。

　　学习的目的全在于运用。党员领导干部要通过学理论、学科技、学管理，不断提高分析和解决问题的能力，要善于结合实践进行理性思考，把感性的理性化、零散的系统化、粗浅的深刻化，真正把学习的过程变成开阔视

林左鸣

中国航空工业集团公司党组书记、总经理。

野、打开思路的过程，把决策实施的过程变成增长才干、把握规律的过程，带领企业开拓创新，转变发展方式，实现科学发展。广大干部职工应牢固树立在学中干、在干中学的观念，自觉把岗位当平台、把工作当课堂，立足本职求知、瞄着所需学习，善于带着问题学习，把学习的过程当做推进工作、提高能力的过程，努力做到学以致用、用以促学。正是由于学习力的提高，中航工业才能够在较短的时间内研制出具有完全自主知识产权的第三代战斗机（歼10），大大缩短了与美、欧等发达国家在这一领域的差距。

抓学习不能光停留在口头上，必须落实到行动上。这些年，集团在培训干部职工上下了很大工夫，每年集团层面的培训费达数千万元。我们还专门成立了中航大学，加强对"三高人才"（高级经营管理人才、高级科技人才、高级技能人才）的培训，同时还依托延安干部学院、井冈山干部学院等教育资源加大培训力度。近3年来集团共选送200名飞机与发动机技术骨干赴境外深造，打造出一支具有世界眼光和国际化思维能力的专业技术骨干队伍。集团坚持每月举办一期"总部学习日"，邀请国内著名专家学者授课，拓宽总部员工的知识面。我们还大力开展送书下基层活动，2010年用在此项活动上的经费达百万元。这些举措，为中航工业的发展注入了智慧和力量，为中航工业进入世界500强提供了能力和支撑。

下一步，我们要借建设学习型党组织的东风，从完善学习制度入手，着力构建促进学习、保障学习的长效机制；从创新学习内容入手，努力拓展学习的广度和深度；从改进方式方法入手，不断增强学习的吸引力和实效性；从破解制约中航工业科学发展的难点问题入手，真正做到学以致用、用以促学、学用相长，推动中航工业向学习型企业、创新型企业转型，实现中航工业又好又快发展。

抓学习要注重成果转化

傅成玉

有远大志向的公司必然是善于学习的公司。中国海油始终以努力建设一个具有高度社会责任感、受人尊敬的国际一流能源公司为不懈追求的战略目标。为此，我们自觉与国际一流能源公司对标，努力学习、深入探索，结合公司自身特点，积极探寻行业发展规律、市场经济规律、企业管理规律，走出了一条"市场化运作、专业化发展、差异化竞争、集团化管理"的独具特色的发展之路。公司油气产量、销售额、资产总额等总量指标大幅提升，桶油成本、单位成本利润率等质量指标居国际同类企业前列，稠油油田开发、大型浮式生产储运系统和深水装备设计建造等关键技术达到世界领先水平。公司的综合实力、核心竞争力和可持续发展能力不断增强，短短 6 年时间，以总资产、净资产、销售额、利润和上缴税费衡量，一个中国海油发展成为了四个中国海油。

傅成玉

中国海洋石油总公司原党组书记、总经理，现任中国石化集团董事长。

作为世界海洋石油工业的"后来者"，要赢得竞争优势，就必须勤于学习、善于学习。近年来，我们将全面提升公司可持续发展能力作为一项重要的学习任务来布置和推进，公司的战略规划和管理能力、持续变革能力、自主创新能力、资源整合能力、风险管理能力和文化建设能力都有了持续的增强。同时，我们还强化干部员工的理想信念和责任意识教育，努力将国有企业的政治优势转化为发展优势和竞争优势，赢得竞争中的"比较优势"，使公司的发展速度、发展质量和发展能力得到了国内外同行和国际资本市场的高度认可。

今年，结合中央建设学习型党组织和创先争优活动的要求，公司在全系统开展了"弘扬铁人精神，建设海上大庆"活动，力争在今年底实现国内油气产量 5 000 万吨的目标。为了打牢企业持续健康发展的基础，我们将进一步推进企业的学习行为常态化、学习范围全员化和学习规范制度化，使学习成为我们推进国际一流能源公司建设战略的强大驱动力量。

通过理论学习推动实践创新

刘振亚

作为关系国家能源安全和国民经济命脉的国有重要骨干企业，国家电网公

刘振亚

国家电网公司党组书记、总经理。

司党组深刻认识到建设学习型党组织既是贯彻落实党中央决策部署的迫切需要，也是推动公司和电网创新发展、为经济社会发展提供安全、可靠、经济、可持续能源供应的现实需要。

通过以理论学习推动实践创新，国家电网公司各项工作不断取得新的突破和进展。电网发展迈上新台阶。与公司成立之初的 2003 年相比，国家电网规模总体实现了翻番。先后成功建成特高压交、直流示范工程，全面掌握了具有自主知识产权的特高压交直流输电核心技术，占据了世界电网技术的制高点。经营管理迈上新台阶。公司 2009 年售电量、营业收入分别比 2003 年增长 118% 和 217%；连续 6 年被国资委评为业绩考核 A 级企业；在 2010 年《财富》世界企业 500 强中排名第 8 位。建成了世界上最高水平的特高压试验研究体系，取得了一大批国内外领先的创新成果，成为国家首批"创新型企业"。

公司党组高度重视学习型党组织建设，不断提高领导企业科学发展的能力。一是以学习坚定理想信念。深入学习中国特色社会主义理论体系、国家能源政策和国际先进管理经验，注重理论武装，不断增强贯彻落实科学发展观的自觉性和坚定性。二是以学习创新发展战略。坚持理论与实践相结合，在学习中解放思想、更新观念，不断深化对我国国情和能源电力发展规律的认识，准确把握电网和公司发展定位，确立了国家电网公司以"三个建设"为保证（党的建设、企业文化建设、队伍建设），深入推进"两个转变"（电网发展方式转变、公司发展方式转变），加快建设"一强三优"现代公司（电网坚强、资产优良、服务优质、业绩优秀）的科学发展总战略。三是以学习提高队伍素质。以建设学习型党组织带动学习型企业建设，广泛组织开展学习型领导班子、学习型班组、学习型团组织、学习型员工创建活动；健全学习培训体系，成立了国家电网管理学院和技术学院；完善学习制度，营造重视学习、崇尚学习的浓厚氛围。

学习创新之路没有终点

刘顺达

强企首先要强人，对于国有企业来说，先进的技术、工艺、设备可以引进，但高素质的人才基本队伍则主要靠企业自身来培养。通过建设学习型党组织、学习型企业、学习型团队来培养人、发展人、成就人，从而进一步发挥人的积极性、主动性、创造性，就能造就大唐的"人才矿山"和"智力煤田"，开掘大唐发展的"蓝海"与新空间。

学习创新之路没有终点，国企振兴之途远且长。优秀的企业是有使命、有目标、有共同价值观，充满学习力、创新力与发展力的组织，是能够带动员工整体学习，提供最佳实践机会与实践场所的组织。未来的大唐集团，要坚持推进学习与工作的深层对接，坚持学习与思考、学习与创新的即时互动，人人追求专业上的精进，追求

刘顺达

中国大唐集团公司党组书记、董事长。

团队的高效协同。我们要将企业的做强做大与员工的价值提升、价值实现同步推进，用点点滴滴、持之以恒的努力，不断增强集团公司的盈利能力、持续发展能力和国际竞争能力，切实形成"出精品、出人才、出效益"的整体局面，积极主动、有力高效地承担起中央企业的应尽之责。

大唐集团始终坚持"大唐大舞台，尽责尽人才"的人才理念，视员工为第一资源，强调只要尽职尽责，人人皆可成才，人人都是可用之才。公司以"对标一流"作为学习与工作的指导思想，倡导行动学习法，鼓励员工向历史经验学、向系统内先进企业和同行业优秀企业学、向国际一流企业学，将学习、思考与实践有机结合起来，确保达到国内同行业基准线，瞄准国际国内一流线，在不断跨越之中全力冲刺创造线。集团公司坚持实施"人才强企战略"，推出了"112人才工程"、"人才森林"行动计划，设立"大唐人才讲坛"，建立网上大学，开展学习文化示范基地的创建与评比，制定严格的学习型党组织建

设、学习型团队建设工作机制，搭建有利于学习和成才的各种平台。基层企业大力推进"学习型班组"、"学习型员工"的建设，实施"首席制度"，推出了一批具有典型意义的"学习标兵"、"首席工程师"、"首席技工"等。

大唐集团注重将企业面临的挑战与员工的学习培训有机结合，在学中干，在干中学，在提升员工能力的同时，为企业工作问题寻求创造性的解决方案。集团公司还大力开展创新型企业的构建，彻底打破创新懈怠心理，彻底转变创新是少部分管理人员、技术人员职责的缺位心理，研究制定创新规划，探索创新发展模式，建立起有利于观念创新、管理创新、技术创新的组织机制、运营机制、保障机制、激励机制等，为创新活动创造机会、提供资源，争取在节能减排、转方式、调结构、增效益等方面有更大作为。

带着问题学习　围绕工作钻研

乔保平

建设学习型党组织，重点在于加强党员干部思想政治建设和能力建设，增强党组织的创新力。集团党组围绕发展新能源引领企业转型、建设创新型企业的中心工作，开展了"赠书促学"主题活动，邀请著名专家学者为全系统党员干部做了资本运作等 6 场专题讲座，联合加拿大蒙特利尔大学举办了"高级管理人员管理发展课程"培训班，开展了建设专家型、经理型、创新型、学习型、服务型的"五型"机关活动，建设学习型领导班子和领导人员深入推进，领导人员的战略决策能力、把握市场能力和推动创新能力不断增强，以发展新能源引领企业转型的工作水平不断提高，促进了学习型、创新型企业建设。

乔保平
中国国电集团公司党组书记、副总经理。

建设学习型党组织，关键在于破解改革发展难题，推动企业转型、科学发展。针对影响集团公司科学发展的全局性、战略性的重大问题，我们确定了 14 个重点课题，组织集团部门和所属企业带着问题学习、围绕工作钻研，形成了一批深化企业转型和挖潜增效工作，加快推进一流综合性电力集团建设的研究成果。围绕管理创新和挖潜增效，开展了"学习苏龙公司经验，学习陶建华事迹"活动，举办了"国电员工谈营销"等征文活动和风电运检等技能竞赛，调动了干部员工立足岗位学习促发展的积极性，促进了中心任务的完成。

科学的制度机制，是促进建设学习型党组织科学化、制度化、规范化的重要保障。我们构建了推进建设学习型党组织的运行机制和工作格局，实现了检查指导常态化；建立了领导班子学习制度、党员干部学习培训制度和学习考核制度等系列考核评价和奖惩激励机制，把党员干部学习情况与干部的奖惩、评优、晋升和使用挂钩，与集团"168"人才评选挂钩，使理论学习由"软指标"变成"硬杠杠"；修订了中心组学习管理办法，制定了加强党员教育培训实施意见和党员党性定期分析评议实施办法，逐步完善了促进党员干部学习的长效机制，推动了学习型党组织建设的持续深入。

没有学习力就没有竞争力

徐乐江

众所周知，我国传统的钢铁工业发展方式面临重大挑战，低碳发展、集约发展、高效发展、和谐发展已经成为钢铁工业科学发展的必然要求。按照胡锦涛总书记在党的十七大提出的"发展具有国际竞争力的大企业集团"的要求，根据外部环境变化、钢铁行业发展趋势和自己所处的发展位置，宝钢提出了二次创业、科学发展的新战略，明确了"成为钢铁技术的领先者、绿色产业的驱动者、员工与企业共同发展的公司典范"的愿景，强调把能力建设作为当前和未来发展的核心任务。

没有学习力就没有竞争力。学习力是企业的生命力、创造力和核心竞争力。我们将按照党中央和国务院、国资委党委的要求，紧密结合宝钢改革和发展的实际，把建设学习型党组织和学习型企业，作为一个永无止境的实践过程，努力缩小与世界最先进钢铁企业的差距，早日把宝钢建设成为拥有自主知

徐乐江
宝钢集团有限公司董事长、党委常委。

识产权和强大综合竞争力，备受社会尊重的，一业特强、相关多元产业协同发展的世界一流国际公众化公司，成为世界500强中的优秀企业。

我们把建设学习型党组织和建设学习型企业紧密地结合起来，以解决重大问题、实际问题为重点，充分发挥企业党组织的政治核心作用、党支部的战斗堡垒作用和党员的先锋模范作用，进一步在善于学习、善于创新上下工夫，提高全体党员和广大员工的思想政治人文素养、业务素质和学习创新能力。在具体措施上，我们以抓好学习型领导班子和领导人员队伍建设为关键，通过构建党委中心组学习、领导人员培训和领导人员自学"三位一体"的学习体系，把不断提升领导人员的理论水平和实践能力落到实处；以抓好党员教育培训为根本，通过实施主题党课、读书活动和"登高活动"等三大重点项目，把发挥广大党员在宝钢二次创业中的带头、带动作用落到实处；以抓好全员培训、群众性的经济技术创新活动为基础，把广大员工持续学习、持续改进的自主管理活动落到实处。

要从思想观念上进行一次"学习的革命"

刘德树

在当今知识经济时代，面对激烈的市场竞争，学习已成为关系到一个人或一个企业生存能力和生存质量的大问题。中央企业作为国家经济建设的重要支柱，担负着更大的经济社会责任，无论从竞争压力还是使命上讲，都必须把建设学习型党组织、打造学习型企业作为不懈的追求，使学习成为提高企业创造力、竞争力的不竭之源。中国中化集团公司作为中央重点骨干企业，今年已第二十次进入世界500强，当前正处在推进第三次创业、实现战略转型的关键时期，面临着诸多新的挑战，要求必须有新的思维、采取新的

刘德树

中国中化集团公司党组书记、总裁。

战略，努力在创新中寻求新的突破。因此，建设学习型党组织，对我们来说有着重要的现实意义，需要从思想观念上进行一次"学习的革命"，把学习作为一项系统工程，进行整体思考、全面规划，通过实施"员工素质工程"、"重点人才工程"和"创新型企业工程"等，提升企业核心竞争力，为迎接未来更高层次、更加激烈的竞争做好充分准备。

要努力使学习工作化，将学习的内容与工作中所需要的知识技能紧密相连，把学习作为工作的重要组成部分，让学习为工作服务、为提高工作效率服务；要努力做到工作学习化，把工作思考纳入学习系统之中，将工作中出现的热点、难点问题归纳总结、分析研究，把工作中遇到的问题当做学习中的研究课题，通过学习研究，解决工作中的困难和矛盾。同时，要发扬党员先进性教育和学习实践科学发展观活动中的成功经验做法，把学习与调研结合起来，以调带学，不断深化；把学习与转化结合起来，在指导企业实践、促进企业发展中体现学习成果，学以致用，以用促学。

建设学习型党组织与平时集中性教育活动有着明显不同，必须常抓不懈，形成长效机制。一是要建立必要的学习制度。从中心组学习到员工培训，从制订计划到组织实施，都要有严格的制度，用健全的制度去推动学习型党组织的建立。二是要建立检查督导学习机制。对每一专题、每一阶段的学习，都要有布置、有检查、有总结、有讲评，以各级中心组的学习带动党员干部的学习，以建设学习型党组织带动学习型企业建设。三是要建立学习成效评价机制。注重学习的质量效益，坚持定性与定量相结合，把"软指标"变成"硬指标"，形成规范有序、便于操作、充满活力的学习成效评价机制。四是建立有效的激励约束机制。把学习纳入公司目标管理体系，使学习的考核评价结果与奖惩、薪酬福利、干部使用、员工成长挂起钩来，营造重视学习、崇尚学习、坚持学习的良好氛围，从根本上保证学习型党组织的建立。

让学习赋予"产业链"更强大的生命力

宁高宁

宁高宁

中粮集团党组书记、
董事长。

在去年开展的深入学习实践科学发展观活动中,中粮集团党组明确了打造"国际水准的全产业链粮油食品企业"(以下简称"产业链")的新战略目标。对中粮人来说,这既是一个光荣的梦想,又是一个全新的挑战。经受考验的将不仅仅是中粮人的战略思维和执行力,是否善于学习也变得格外重要起来。纵观国内外,还没有"产业链"的现成经验和模式可以直接复制。中粮人必须把学习摆在更高的位置,把学习贯穿"产业链"建设的全过程,让学习赋予"产业链"更强大的生命力。

这几年,中粮集团一直大力推行行动学习和团队学习,推进学习型党组织和学习型企业建设,以"忠良书院"为平台,建立了比较完整的培训体系,在经理人和员工中倡导"百战归来再读书"的崇尚学习、善于学习、勤于思考、边干边学的精神和氛围,推动了团队的整体进步和各项业务的快速发展。

我们所说的学习,不仅是被动学,更是主动学;不仅是个人学,更是团队学;不仅看到现在,更要思考过去和未来;不仅着眼于企业,更着眼于行业和全社会;不仅是丰富大脑,更是净化心灵。要通过学习,在更宏大的背景中,思考企业在行业乃至社会、历史中的定位,培养更深厚的使命感;通过学习,激发员工和企业的善良、公正,培养更有正义的价值观;通过学习,更清醒地认识和判断内外部的环境和形势,勇于承担风险和责任,培养更强的应对变化、主动变革的能力。最终,要通过学习,跳出日常具体工作,进一步认识"产业链"对行业、对国家、对民族、对民生的重要意义,重新思考"产业链"跟我们每一个人的关系,在"产业链"的光荣梦想中找到每个人的位置,形成更长久的自我驱动。

学习是推动企业科学发展的原动力

张庆伟

发展大型客机项目,是党中央、国务院作出的一项重大战略决策。研制世界上最先进的飞机,是国家综合国力和科技实力的重要体现。我国民机产业与美国、欧洲、巴西、加拿大等国家或地区相比,还存在较大差距,关键技术的自给率低、基础研究和专业建设薄弱、技术领军人才匮乏等。面对世界民用航空产业的竞争格局,我们坚持把学习作为攻克民机研制难关、推动企业科学发展的原动力。

张庆伟

中国商用飞机有限责任公司董事长、党委书记。

认识规律、把握规律、运用规律,是求真务实的根本要求。中国民机产业既不能回过头去走历史的老路,也没有现成的模式可以照搬照套,只能在干中学、在学中干,打一仗进一步。以解放思想为先导,立足解决产业发展短板和难题加强学习,从"总结—借鉴—适用"出发,深刻认识和把握市场经济规律、科学技术规律、航空发展规律,研究制定企业中长期发展战略纲要,着重解决产业规划、产业布局、产业模式、产业政策等突出问题。

只有拥有强大的创新能力,才能在激烈的国际竞争中抢得先机、赢得主动。以形成主制造商核心能力为主线,将自主创新贯穿到 C919 大型客机和 ARJ21 新支线飞机研制的全过程中,着力推进原始创新和集成创新,围绕总体设计、系统集成、总装制造等核心技术开展技术攻关,着力提升产品的安全性、经济性、舒适性和环保性。立足抓总体、抓集成、抓核心,以短缺的系统集成能力和核心部件制造能力为突破口,通过推动学习型党组织和学习型企业建设,不断提升飞机设计集成能力、总装制造能力、市场营销能力、客户服务能力、适航取证能力等核心能力。

第四篇

绽放文化的魅力
开足文化的动力
发展文化的潜力

—— 十位省区市党委常委、宣传部长 谈加强文化建设

　　文化是民族凝聚力和创造力的重要源泉，是综合国力竞争的重要因素，是经济社会发展的重要支撑。胡锦涛总书记在"七一"重要讲话中指出，"必须以高度的文化自觉和文化自信"，"在中国特色社会主义伟大实践中进行文化创造"。"要着眼于推动中华文化走向世界，形成与我国国际地位相对称的文化软实力，提高中华文化国际影响力"。2012年10月召开的党的十七届六中全会也专门研究了深化文化体制改革、推动社会主义文化大发展大繁荣问题。

　　党的十七届五中全会对文化建设高度重视，本书编委就认真贯彻落实全会精神，邀请十位省区市党委常委、宣传部长，请他们畅谈如何以新的理念认识文化的地位作用，充分发挥文化引导社会、教育人民、推动发展的功能，转变文化发展方式，促进文化事业和文化产业又好又快发展。

要把文化的大发展大繁荣放在全局的视野中加以思考和定位

杨振武

杨振武

上海市委常委、宣传部长。

　　党的十七届五中全会提出，文化是一个民族的精神和灵魂，是国家发展和民族振兴的强大力量。文化作为一种独特的精神财富，在现今物质文明高度发展的时代，更显现出其独特的魅力。今年以来，党中央对文化发展给予高度重视，胡锦涛等中央领导同志多次就文化建设发表了重要讲话，各地文化发展的积极性空前高涨。可以说，我们正在进入一个文化发展的黄金时期。有利的宏观环境下，怎样抓住机遇、趁势而上？我以为，很重要的一条就是要充分发挥各方积极性，形成合力，"大合唱"才能取得大发展。

　　深化文化体制改革、加快文化建设，是宣传文化系统的重要职责，全力推进这项工作，我们责无旁贷。但这并不表明靠宣传文化部门一家单打独斗，就能够把事完全办成办好。

　　文化事业和产业的改革和发展，是一项系统工程，涉及方方面面，需要各个部门一起协作与相互支持。从改革来说，无论是转企改制，还是重组上市，都需要政府多个部门的业务指导，需要他们的配套政策衔接，有的还需要保障资金来分担改革的成本。离开了这些，改革是无法落到实处的。从发展来说，需要政府部门把文化建设列为工作的重要组成部分，列入总体规划，列入工作重点，列入财政盘子，既要从投入上保证公共文化保障体系的建设，又要把文化作为战略性的产业予以重视和支持。

　　十七届五中全会指出，今后五年要以加快转变经济发展方式为主线。文化发展也有一个转变方式的问题，上海从实践中日益体会到，加快文化发展，必须有更加开放的协同心态，更加主动的合作姿态。必须切实地改变"自说自话"、封闭运行的老办法，改变就文化抓文化的狭隘思路，一定要把文化的大发展大繁荣放在全局的视野中加以思考和定位，更加主动地联起手来，发挥各方优势，共同推进文化发展。

正是因为充分认识到了产业发展的客观需求，上海十分重视融合发展的问题，在市级层面先后成立了吸纳各方参与的文化创意产业领导小组、电子书产业发展领导小组等机构，目的就是整合各方资源，共同形成合力，以适应生产力发展的实际需求。

文化发展的潜力是巨大的。尤其是从当前来看，随着现代经济和科技的发展，文化与其他产业部门和门类日益呈现出一种你中有我、我中有你的融合发展态势。现代服务业的发展，使得传统文化产业与现代创意产业紧密结合，难分彼此；创意产业的发展，使得印刷业与设计行业日益融为一体；信息技术的发展，使得书刊出版与电子终端制造和信息服务行业在某种程度上成为同行；而三网融合，更使得广电、电信和互联网行业结为一体。文化产业要想实现更快的发展，还必须与金融、贸易等行业紧密配合。

加强文化建设最重要的是坚持以人为本

何事忠

重庆市宣传文化战线要以学习宣传贯彻十七届五中全会精神为强大动力，推动重庆文化大发展大繁荣。要让老百姓真实地感受到文化的魅力和精彩，首要的是抓好文化民生。加强文化建设，最重要的是坚持以人为本，做好抓基层、打基础的工作。重庆把人民基本文化权益概括为"四看一听一搞"，即看电视、看电影、看书报、看戏剧，听广播，搞活动。这些是老百姓最基本、最直接的文化民生。近年来，我们着眼于改善文化民生，以硬件建设为基、以内容建设为先、以队伍建设为本、以制度建设为要，推动基层文化建设实现新突破。

重庆以公共财政为支撑，坚持投入向基层倾斜，今年可望基本构建起市、区（县）、乡镇（街道）、村社四级公共文化服务体系。特别是斥资3亿元，实施农村综合广播信息系统建设、安装直播卫星电视接收设备、赠送彩色电视机三大攻坚行动，建党90周年之际，全市每个村组都将响起广播，家家户户都能看到彩色电视，让广大人民群众拍手叫好。我们体会到，文化硬件设施是承载文化内容的实体，是聚集群众参与文化活动的平台。加强基层文化建设，改善文化民生，首先要又好又快地推进文化硬件建设。

必须进一步发掘文化潜力，让文化在经济社会中发挥更大的作用。巧妇难为无米之炊。我们既用"输血式"办法"送文化"下乡，又用"造血式"办法"种文化"于乡。大力实施文艺精品创作工程和城乡文化互动工程，坚持送戏、送电影、送图书、送故事、送展览到基层。

何事忠

重庆市委常委、宣传部长。

2008年6月以来，全市深入开展的唱红歌、读经典、讲故事、传箴言活动，已成为群众文化的好平台、社会主义核心价值体系建设的好载体、群众自我教育的好形式。我们体会到，加强基层文化建设，改善文化民生，必须坚持"内容为王"，创作更多思想性、知识性、艺术性、观赏性有机统一的精神文化产品，坚决抵制庸俗低俗媚俗之风。基层文化建设的目的，全在于使用，难点在管理。加强基层文化建设，改善文化民生，一定要防止边建设边流失、重建设轻管理的现象。

着力打造具有浓郁民族风情和民族特点的文化品牌

乌　兰

学习贯彻十七届五中全会精神，要坚持社会主义先进文化前进方向，增强加快文化改革发展的紧迫感。民族地区文化建设要突出民族特色，这样才能更加彰显出民族文化魅力。文化是民族的灵魂，是凝聚和激励一个民族发展的重

乌兰
内蒙古自治区党委常委、
宣传部长。

要力量。内蒙古作为边疆少数民族地区，在推进文化建设和发展过程中，始终突出民族特色，体现时代特征，着力打造具有浓郁民族风情和民族特点的文化品牌。

推动民族文化繁荣，必须抓规划引导。2003年，自治区党委、政府作出了建设民族文化大区的战略决策；2005年，明确提出了"九个一批"建设工程；2006年，着手实施草原文化研究工程，提出"崇尚自然、践行开放、恪守信义"的草原文化核心理念，草原文化与黄河文化、长江文化作为中华民族三大文化源流得到确立；2009年，开始全区文化资源普查，实施集美术、书法、歌舞、非遗等项目的"文化长廊计划"。这些规划，有效引导了民族文化的发展方向，丰富了民族文化的建设内容，彰显了浓郁的民族特色和魅力。

扩大民族文化影响，必须抓品牌打造。文化品牌是衡量一个地区文化发展水平和综合实力的重要标志。近年来，我们紧紧依托民族文化资源优势，集中力量创名作、塑名品、树名牌，加强文化传承保护，蒙古族长调民歌、呼麦被联合国命名为"人类口头和非物质文化遗产代表作"，马头琴、安代舞等被国务院列入首批国家级非物质文化遗产名录。这些文化品牌，加大了文化惠民力度，活跃了基层文化生活，保障了百姓文化权益。

在转变经济发展方式过程中，我们充分利用民族文化资源、历史文化资源、自然景观资源，大力发展资源消耗低、环境污染少、附加值高、经济拉动作用明显的文化产业，实施重大文化产业项目带动战略，重点扶持挖掘具有民族文化特点、展示地区文化品牌、富有市场发展潜力的文化产业园区和文化产业项目，着力培育壮大一批优势文化企业。比如，内蒙古新华发行集团通过创新文化产业多元投资模式，推进文化业态多元发展，吸纳北京两家民营企业为股东，并与北方联合传媒（集团）公司合作，成为我国出版业国有控股出版发行企业与出版上市公司之间的首次跨地区合作。各盟市也精心策划和推出一批以草原文化、民族歌舞为题材的产业项目。比如，鄂尔多斯文化产业园区、大盛魁文化产业园区、乔家金街、巴林石文化产业园区、东联动漫产业园区以及"五彩呼伦贝尔"合唱团、"鄂尔多斯婚礼"等歌舞演出项目，都已经初具规模，发挥了集聚效应。

今后，内蒙古将按照十七届五中全会提出的关于文化建设的要求，认真抓好落实。加快文化发展，必须坚持用政策引路、用政策激励、用政策保障。近年来，内蒙古自治区就体制改革、财政投入、基础设施建设、文化产业发展人才培养与引进等出台了一批文化发展政策，优化了文化发展环境。特别是《关于经营性文化事业单位转制为企业的若干政策意见》和《关于加快文化产业发展的若干政策意见》，符合民族文化发展实际，推动了文化体制的有序改革和文化产业的健康发展。目前我们正着手制定《自治区十二五文化事业和文化产业发展规划》，为自治区文化建设发展提供强有力的政策支持。

加快转变文化发展方式　早日建成文化强省

臧世凯

十七届五中全会指出，要繁荣发展文化事业和文化产业，满足人民群众不断增长的精神文化需求。我们要以高度的文化自觉推动文化改革发展。安徽不是全国文化体制改革试点省份，但率先全面完成了改革重点任务；属欠发达地区，但实现了文化产业跨越发展。自觉源于责任，行动体现自觉。5年来，我们不等不靠、先行先试，抓住体制机制创新的根本和经营性文化单位转企改制这一中心环节，分类指导、重点突破，全面展开、梯度推进，特别是把解决思想问题与解决切身利益问题结合起来，激发了干部职工改革的自觉性和主动性，四百余家文化单位转企改制、两万多人转换身份，没有一例上访，没有一人下岗，没有发生一起国有资产流失。

要努力发挥投身文化建设的积极性、主动性，加快文化发展的紧迫感和责任感。安徽的实践充分验证了"早改早主动，真改真受益，快改快发展"。改革极大地解放和发展了文化生产力，全省文化发展呈现出事业产

臧世凯

安徽省委常委、宣传部长。

业两翼腾飞、主业辅业齐头并进、城市农村整体联动的生动局面，许多过去不敢想或者想不到的事情已经或正在变为现实。文化产业跨越发展，增速远远高于全省 GDP 增幅，也高于全国平均水平，成为新的经济增长点和发展的新亮点。

　　未来五年是安徽文化改革的深化完善期、文化发展的转型跨越期、文化建设的黄金机遇期。我们将进一步树立新的文化发展观，以高度的文化自觉，加快转变文化发展方式，着力在观念创新、制度创新、文化产业发展、要素市场体系建设、公共文化服务体系建设、精品创作生产传播、文化"走出去"、人才队伍建设等方面实现新突破，展示徽风皖韵，打造"千亿产业"，早日建成文化强省。

发展文化的潜力

——让文化成为推动经济社会发展的新引擎

刘上洋

　　十七届五中全会提出，要推动文化大发展大繁荣、提升国家文化软实力。我们要结合江西实际，认真贯彻落实。近年来，江西把文化建设摆在更加突出的位置，努力推动社会主义文化繁荣发展，为实现科学发展、进位赶超、绿色崛起提供了强大的精神动力和思想保障。

刘上洋
江西省委常委、宣传部长。

　　江西是中国革命的摇篮、共和国的摇篮和人民军队的摇篮。我们在推进文化建设中，始终坚持社会主义先进文化前进方向，把塑造社会主义核心价值体系作为一项根本任务抓紧抓好。我省围绕井冈山这一红色文化资源，举办了井冈山精神大型展览，打造了大型情景歌舞剧《井冈山》和重大革命历史题材电视连续剧《井冈山》，制作了井冈山革命斗争全景画。同时，拍摄了《共和国之魂》、《共和国摇篮》等系列影视剧和电视理论专题片，努力用红色经典传承红色文化，依托主渠道弘扬主旋律，引起广大观众的强烈共鸣。

　　十七届五中全会提出，要推进文化创新，深化文化体制改革，增强文化发展活力。文化建设的发展潜力很大，必须在发展中提升实力。当今时代，文化与经济日益交融，文化经济大有作为、大有可为。江西高度重视文化产业发展，把文化产业列入科技创新"六个一"工程，作为 10 大战略性新兴产业之一，始终坚持以发展为主题，把对内重组优化与对外开放结合起来，把做大国有文化企业与发展民营文化企业结合起来，全省文化产业呈现快速发展态势，一批文化产业项目加快建设。实践说明，只有不断提升文化产业的总体实力和竞争力，才能为推进文化建设提供坚强的物质保证，为促进经济发展作出重要贡献。

多项措施并举　开足文化动力

尹汉宁

　　宣传思想文化战线要着重领会十七届五中全会关于文化建设的有关精神，结合当前工作，抓紧研究制定我省文化发展"十二五"规划。要有大思路、大格局，着眼于全方位、全社会。具体来讲，湖北就是要做到几个"同时"：要在进一步增强国有文化企业的活力、实力、控制力的同时，鼓励多种所有制经济参与文化建设；在充分调动宣传文化单位及现有文化企业积极性的同时，引导其他行业参与文化建设、推动文化产业发展；在满足人民群众精神文化需求的同时，创造文化消费新需求，推动消费结构的优化与升级；在引导财政、信贷资金投入文化建设的同时，推动民间资本、社会资本投向文化产业；在支持省内、国内投资者兴办文化产业的同时，引进境外、国外的战略投资者参与文化建设；在激发国内文化市场活力的同时，加快文化"走出去"步伐，大力发展对外文化贸易与投资。

尹汉宁

湖北省委常委、宣传部长。

　　"十二五"期间，湖北将努力转变文化发展方式，重点实施"五大工程"：一是文化市场主体培育工程。塔基的宽度决定塔尖的高度。企业群体是旗舰企业成长的基础与空间。湖北将大力推进国有文化企业转企改制，引进战略投资者，支持民营文化企业做大做强，力争全省文化企业在五年内达到2.5万家，并培育一千家规模以上的文化企业。二是龙头企业带动工程。将推动6至8家文化龙头企业上市，培育6至8家资产和销售收入过百亿的文化企业、30家销售收入过30亿的文化企业。三是文化园区建设工程。文化产业是知识密集型产业，与工业园区相比，文化园区往往依托旅游景区、重点工程和现有资源，具有污染小、能耗低、占地少等特点。湖北将投资约一千亿元，大力推进文化园区建设。四是文化品牌创建工程。开展文化品牌创建活动，引导鼓励各县（市）根据自身的资源禀赋和现有基础，依托本地文化品牌，发展文化产业。五是文化惠民服务工程。继续实施各项重点文化惠民工程，广泛开展"文化惠民、免费看戏"活动，让人民群众共享文化发展成果。

　　加快文化发展必须建立保障措施，要有"两个积极性"，完善"两个政策"，形成"三个体系"。"两个积极性"是指，继续坚持党委、政府领导和组织推动；同时发挥文化单位和文化企业以及其他市场主体改革发展的主动性。"两个政策"是指，进一步完善支持改革的配套政策；同时，形成系统的有利于文化发展繁荣的产业政策。"三个体系"是指，投融资支撑体系；统一开放、竞争有序的文化市场体系；公益性文化事业服务体系。

深化文化体制改革　加快文化产业发展

路建平

　　十七届五中全会指出，社会主义文化建设取得重大进展，创造的精神财富影响深远。湖南省"十一五"时期，文化改革发展开创了崭新局面，实现了历史性进步。湖南文化建设的实践就充分证明了这一点。以文化产业为例，已连续五年保持20%左右的增速，已经成为全省重要的支柱产业。2009年，全省文化产业总产出达到1 594.26亿元，增加值682.16亿元，占GDP比重达到5.2%。

如果说"十一五"时期是文化建设的开创式发展期，那么"十二五"时期应当是加速发展期。胡锦涛总书记强调，加快文化体制机制创新，加快构建公共文化服务体系，加快文化产业发展，加强对文化产品创作生产的引导。"三加快一加强"是我们当前和今后一个时期文化改革发展的基本遵循。经济发展要上一个台阶，文化发展也要上一个台阶，使文化的力量与经济的力量相互促进，提升湖南软实力，增强区域综合竞争力。

湖南今后将坚持以发展为主题，抓好文化建设，推进经济发展方式转变。适应文化与科技、文化与资本、文化与其他业态相融合的新趋势，明确提出加快文化产业发展的任务，把文化创意产业列为全省七大战略性新兴产业之

路建平
湖南省委常委、宣传部长。

一，在编制"十二五"经济社会发展规划中，进一步加大文化建设的分量。

湖南文化体制改革已全面展开。湖南出版集团完成转企改制，建立现代企业制度，综合竞争实力上升到全国第二位。湖南广电实施第三轮改革，局台分设、管办分离，两个效益再次提升。湖南省博物馆全面推进公益性事业单位改革，引入竞争机制和志愿者服务模式，成为全国改革典型。文化是最需要改革创新的领域，我们必须继续深化改革，不断增强发展的活力。

打造文化品牌　转变发展方式

张田欣

　　学习贯彻十七届五中全会精神，要促进文化建设与经济、政治、社会建设的协调发展。云南是我国文化资源最富集的省份之一。中央实施西部大开发战略后，云南先后提出了建设民族文化大省和民族文化强省的奋斗目标，在加强文化事业建设的同时，加快发展文化产业。"十五"以来，文化产业增加值以年均 27.5% 的速度增长，远远高于同期的经济增长速度。2009 年，在实体经济遭受国际金融危机严重冲击情况下，云南文化产业逆势上扬，增加值突破

张田欣
云南省委常委、宣传部长。

360亿元，在全省GDP中的比重达5.9%，成为经济"寒冬"中的一股"暖流"。云南文化产业发展的强劲势头，引起了社会的广泛关注，被业内人士称为"云南现象"。

云南文化产业之所以能够在激烈的市场竞争中异军突起，一个重要原因就是致力于品牌的打造，依靠品牌聚集生产要素，拉动相关产业发展。

转变发展方式是赢得文化发展新优势的必然选择。云南在文化建设中做到了"三结合"：一是文化与旅游结合。把旅游作为文化的载体，文化作为旅游的灵魂，旅游发展到哪里，文化就跟进到哪里，实现文化与旅游互融共进、互利共赢。二是文化与企业结合。让文化进入市场与企业联姻，各展所长，提高文化的市场经营水平。三是文化与科技结合。用现代科技创新文化生产方式，催生新的文化业态，实现题材、品种、载体的极大丰富，增强文化产品的艺术感染力。社会熟知的《云南映象》、《丽水金沙》、《印象·丽江》等文化品牌，就是面向广阔的旅游市场，通过企业运作，用现代科技打造出来的文化精品。

云南文化产业虽然发展很快，但总量不大，实力不强，与建设民族文化强省的要求还有很大差距。今后，我们将继续实施品牌带动战略，培育一批市场竞争力强的文化企业集团，建设一批特色鲜明的文化产业板块，做大做强影视、出版、民族民间工艺品、文化旅游、休闲娱乐、会展、演艺、体育、珠宝、茶文化10大特色主导产业，力争到2015年文化产业增加值占全省GDP的比重达到8%左右，2020年达到10%以上，成为云南又一大战略性新兴支柱产业。

让文化成为推动经济社会发展的新引擎

励小捷

宣传思想文化战线要把学习宣传贯彻十七届五中全会精神作为当前和今后一个时期围绕中心、服务大局的重要任务，高度重视、迅速行动。当前，建设文化大省，已成为全省上下的普遍共识和共同追求，我们要变资源优势为产业优势，从实际出发，遵循文化发展的基本规律，走出一条富有甘肃特点的文化建设路子。

励小捷

甘肃省委常委、宣传部长。

2010年5月2日，国务院办公厅下发了《关于进一步支持甘肃经济社会发展的若干意见》，明确提出了努力建设文化大省的宏伟目标。建设文化大省，当前我们要着力抓好三件事：甘肃是一个经济欠发达的省份，首先要坚定建设文化大省的信心；其次，如何实现文化资源大省向文化大省的转变；最后，如何维护好、实现好广大人民群众的文化权益。

经济欠发达地区也可以实现文化的率先发展和崛起，也可以奏响文化发展的"第一小提琴"。但必须清醒地看到，现代文化事业的发展离不开经济的有力支撑，文化基础设施建设、文化资源保护开发、文化产业项目等等，都需要财政的支持或社会的投资。

甘肃是中华民族重要的文化资源宝库，文化的地域特色明显，文化品格独特，文化精神鲜明，悠久厚重、包容开放、坚守执著成为甘肃文化最显著的特征。饮誉全球的经典舞剧《丝路花雨》、《大梦敦煌》，发行量居亚洲第一、世界第四的《读者》在甘肃诞生绝不是偶然的，正是这种文化精神厚积而薄发的结果，也是甘肃对文化资源有效开发的成功范例。我们绝不能守着文化宝库而做文化乞丐，要在摸清家底的前提下，科学规划，有效保护，有序开发，形成产业。要以戏剧大省建设为龙头，加大精品创作生产力度，促进文化与旅游的有效结合，全面提高文化资源的开发度和利用率。

发展创意文化事业　打造特色文化品牌

吉狄马加

贯彻落实好十七届五中全会精神，就是要明确目标任务，抓好工作落实。青海地处青藏高原，青海文化建设的有效途径就是着力文化创意，打造特色文

吉狄马加

青海省委常委、宣传部长。

化品牌。经济的滞后，不完全等于文化的落后。相反，在经济欠发达地区往往又是文化资源富集的地区，较之其他产业，文化发展具有更大的想象空间和发展空间，完全可以通过解放思想，创新思路，在文化建设上有所作为。青海有众多的江河湖泊、高山草原、森林戈壁，自然风光雄奇壮美；汉、藏、回、撒拉、土、蒙古等民族世居于此，创造了丰富、多元的历史、民族和宗教文化。

无疑，这些灿如星河的自然和人文资源，是青海文化发展的重要依托之所在。

下一步青海将继续发挥独特的高原地理、地貌和众多具有鲜明民族、地域特色的文化优势，用创意思维发展文化事业，打造特色文化品牌，进一步提升青海的知名度和对外形象。

实践证明，这些做法不仅是可取的，也是可行的，是欠发达地区实现文化跨越式发展的有效途径。比如，我们充分利用青海湖作为中国最大咸水湖和高海拔的独特区位优势，创办了青海湖国际诗歌节，以音乐的表达形式对三江源水资源概念进行创意，创办了青海国际水与生命音乐之旅音乐会，呼吁人们重视水资源，重视生态环境的保护；以影视的形式，创办了世界山地纪录片节，通过对山地概念的运作，展示了大美青海的无限魅力；以弘扬"自然、生态、人文、和谐"的国际主题为主，创办了三江源国际摄影节。2010 年 8 月，在海拔 4 300 米的雪山脚下举办了昆仑山音乐会，该活动被载入吉尼斯纪录，受到中外媒体的广泛关注和高度评价。

第五篇

以科学发展为主题，以加快转变经济发展方式为主线，努力实现"十二五"规划主要目标

——领导、专家十人谈

党的十七届五中全会指出，"十二五"时期是全面建设小康社会的关键时期，是深化改革开放、加快转变经济发展方式的攻坚时期。深刻认识并准确把握国内外形势新变化新特点，科学制定"十二五"规划，对于夺取全面建设小康社会新胜利、推进中国特色社会主义伟大事业，具有十分重要的意义。本书编委邀请部分领导同志和专家学者，请他们深入解读"十二五"规划。

以科技创新推动我国社会发展

万 钢

万钢

全国政协副主席、科学技术部部长。

　　党的十七届五中全会审议并通过的《中共中央关于制定国民经济和社会发展第十二个五年规划的建议》（以下简称《建议》）指出，"十二五"时期要以科学发展为主题、以加快转变经济发展方式为主线，坚持把科技进步和创新作为加快转变经济发展方式的重要支撑。这是党中央在深刻认识并准确把握国内外形势新变化新特点，深入分析并综合判断今后一个时期我国经济社会发展所面临的挑战与机遇的基础上提出的，对"十二五"时期科技工作的顺利推进具有统领和指导意义。

　　"十二五"时期，科技发展必须继续坚持"自主创新，重点跨越，支撑发展，引领未来"的方针，以服务科学发展为主题，以支撑经济发展方式转变为主线，以改革创新为动力，着力推进自主创新，攻占科技制高点，培育经济增长点，围绕民生关注点，找准改革突破点，推动我国经济社会发展更多依靠科技创新驱动、内生增长，加快创新型国家建设。

　　"十二五"时期，科技部将主要力推以下六项工作：一是前瞻部署基础科学和前沿技术研究。瞄准世界科技发展前沿，超前部署基础科学和前沿技术研究，加快实施面向国家战略需求的重大基础项目研究。二是加快组织实施重大科技专项。继续把实施重大科技专项作为推进自主创新的重要任务，完善市场经济条件下的新型举国体制，优化资源配置，突出系统推进，力争取得重大进展。三是积极培育和发展战略性新兴产业。以关键核心技术和产品的研发和推广应用为核心，把握发展规律，充分发挥市场的优化配置作用、国家科技计划的基础支撑作用和国家高新区的辐射带动作用，重点发展节能环保、新能源、新一代信息技术、生物医药、生物种业、新材料、新能源汽车等战略性新兴产业。四是运用高新技术加快提升传统产业。加强新材料、新能源等高新技术成果转化和推广应用，促进传统产业升级和重点产业振兴。加快发展研发设计与服务、现代物流、创意等知识和技术密集型产业。五是加快农业科技创新。服务现代农业发展，支撑农业综合生产能力提高，保障国家粮食安全，引导科技和现代生产要素向农村集聚，促进城乡统筹和社会主义新农村建设。六是着力发展民生科技。加强人口健康、环境保护、公共安全等重点领域研究开发和推广应用。

贯彻落实科学发展观　实现转型升级新突破

赵洪祝

"十二五"时期，浙江省经济发展将进入加速转型期，社会建设进入整体推进期，体制改革进入攻坚突破期，既面临难得的历史机遇，也面对诸多风险和挑战。

保持浙江经济社会良好发展势头和发展后劲，必须深入贯彻落实科学发展观，进一步增强推进科学发展的自觉性和坚定性，始终保持开拓进取、奋发有为的精神状态，始终坚持干在实处、走在前列的工作要求，继续深入实施"八八战略"和"创业富民、创新强省"总战略，科学谋划、统筹兼顾，加快构建有利于科学发展的体制机制，扎实推动浙江综合实力迈上新台阶，转型升级实现新突破，统筹发展取得新进展，生态文明建设再创新成效，改善民生工作得到新加强，社会建设和管理迈出新步伐，努力全面建成惠及全省人民的小康社会，为率先基本实现社会主义现代化打下更加坚实的基础。

以富民强省为目的，全面建成惠及全省人民的小康社会。"十二五"时期，我们将坚定不移地走共同富裕道路，着力保障和改善民生，基本实现充分就业和人人享有社会保障，努力实现居民收入增长与经济发展同步、

赵洪祝

浙江省委书记、省人大常委会主任。

劳动报酬增长和劳动生产率提高同步，城乡、区域和行业之间收入差距扩大趋势得到扭转，社会事业加快发展，基本公共服务均等化水平继续提高，力争人民生活质量和水平居全国前列，努力实现"富民"和"强省"的统一，使发展成果惠及全省人民。

加强和改善财政宏观调控
推动经济平稳较快发展

谢旭人

　　财政工作是党和政府履行职能的物质基础、政策工具、体制保障和监管手段。完成《建议》提出的各项目标和任务，都对财政工作提出了新的更高要求。同时《建议》对"十二五"时期深化财税体制改革提出了具体明确要求，为进一步推进财政改革与发展指明了方向。财政部门将以科学发展观为统领，紧紧围绕科学发展主题和加快转变经济发展方式主线，充分发挥财政职能作用，进一步处理好保持经济平稳较快发展、调整经济结构和管理通胀预期的关系，加强和改善财政宏观调控，推动经济长期平稳较快发展和结构调整优化。

谢旭人
财政部党组书记、部长。

　　着力调整国民收入分配格局，调整和优化财政支出结构，更好地保障和改善民生。着力加快财税体制改革，积极构建有利于转变经济发展方式的财税体制、运行机制和管理制度。着力推进财政科学化精细化管理，提高财政资金使用效益和管理绩效。

　　财政部将把促进加快转变经济发展方式这个主线贯穿财政工作的全过程，今后将重点推进以下工作：一是切实加强和改善财政宏观调控，促进经济平稳较快发展和结构调整优化。二是进一步优化财政支出结构，更好地保障和改善民生。三是加快财税体制改革，促进科学发展与社会和谐。四是大力推进财政科学化、精细化管理，提高财政资金使用效益。

加快转变文化发展方式
增强国家文化软实力

蔡　武

文化建设是我国社会主义现代化建设事业的重要组成部分，《建议》对推动文化大发展大繁荣作出了明确部署。着眼长远，必须立足当前。"十一五"时期文化建设取得了巨大成就，但与人民群众日益增长的精神文化需求、快速发展的现代传播手段、不断扩大的对外开放、推动我国经济社会又好又快发展的新形势相比还不完全适应。完成《建议》提出的文化发展目标，破解四个"不完全适应"，我们必须紧紧围绕科学发展这个主题和加快转变发展方式这一主线，以科学发展观为统领，努力把握文化发展趋势和阶段性特征，进一步深化改革，推进创新，转变发展方式，破解发展难题，坚定不移地推动"十二五"时期文化建设实现科学发展。

《建议》要求，必须坚持繁荣文化事业和文化产业，加快转变文化发展方式，增强国家文化软实力。一方面，坚持"硬件"和"软件"一起抓，大力发展公益性文化事业，保障公民基本文化权益。加快推进国家公共文化服务体系示范区建设，提高基层文化设施网络建设水平，实施重点文化惠民工程，加大公共文化产品供给力度，促进基本公共文化服务均等化。另一方面，大力发展经营性文化产业，推动文化产业重点领域发展，优化文化产业布局，建设文化产业基地、园区和特色产业群，实施重大项目带动战略，扩大文化消费，推动文化产业成为促进经济发展方式转变、优化经济结构、扩大就业创业的支柱性产业。

蔡武

文化部党组书记、部长。

转变经济发展方式 推动我省科学发展

罗志军

罗志军
江苏省省委书记。

"十二五"期间，我们要坚持在发展中促转变，在转变中谋发展，把转变经济发展方式作为推动科学发展的重中之重，作为实现"经济大省"向"经济强省"跨越的刻不容缓的战略任务，主动转、加快转、率先转，加快实现由主要依靠物质资源消耗向创新驱动转变、粗放式增长向集约型发展转变、城乡二元结构向城乡一体化发展转变，进一步提高发展的全面性、协调性、可持续性。针对"十二五"发展阶段的新变化新任务，我们对发展战略进行了提升和完善，把科教兴省战略发展为科教与人才强省战略，并作为经济社会发展的基础战略，充分发挥江苏科技教育的优势，突出人才第一资源的作用，统筹推进科技强省、教育强省、人才强省建设，为建设经济强省提供重要支撑。确立创新驱动战略，并作为经济社会发展的核心战略，进一步强化创新发展的鲜明导向，大力推进理念创新、体制创新和管理创新，加快创新型省份建设，推动我省经济发展尽快走上创新驱动轨道。

我们明确提出了"十二五"时期发展的奋斗目标，江苏应该比全国平均速度快，是小平同志对江苏的谆谆嘱托。率先全面建成小康社会、率先基本实现现代化，是两任总书记对江苏发展提出的殷切期望。按照小平同志提出的现代化"三步走"战略，我们已经成功实现了从温饱到小康的历史性跨越，开始向第三步迈进。"十二五"时期，我们要确立新的更高目标追求。综合分析各方面基础和条件，我们提出两个阶段性目标，到 2015 年，全省综合经济实力、自主创新能力、国际竞争力和可持续发展能力显著增强，全面建成更高水平小康社会，苏南等有条件的地方在巩固全面小康成果基础上率先实现基本现代化，人民群众普遍过上更加宽裕安康的生活，为 2020 年全省基本实现现代化打下具有决定性意义的基础。

深入贯彻落实科学发展观
为广大人民群众谋利益

李君如

在加快转变经济发展方式的过程中，我们面临着六大突出问题。一是怎样把依靠投资、出口拉动经济转变到依靠消费、投资、出口协调拉动经济上来，扩大内需特别是消费需求，保持经济平稳较快发展。二是怎样攻克"三农"问题，特别是拓宽增加农民收入的渠道。三是怎样推进自主创新和产业提升，实现产业结构的战略性调整。四是怎样统筹经济社会协调发展，建立健全基本公共服务体系，保障和改善民生。五是怎样把发展、转变、改革有机地统一起来，在改革中加快转变和发展。六是怎样把经济体制改革与政治体制改革结合起来，落实科学发展观，转变经济发展方式。《建议》对这些问题的解决都作出了明确部署。

深入贯彻落实科学发展观，加快转变经济发展方式，从根本上说，是为广大人民群众谋利益。但是，在实际工作中，脱离实际、脱离群众的官僚主义、形式主义依然十分严重，侵犯群众利益和合法权益的事件屡屡发生，社会矛盾明显增多。这些问题，已经严重地影响了党的方针政策的贯彻落实，必须引起我们的严重警惕和高度重视。在党的十七届五中全会上，胡锦涛总书记对于深刻认识新形势下群众工作的重要性，对于加强和改进新形势下的群众工作，作了系统、深刻的论述。这不仅对于我们制定好"十二五"规划，坚持科学发展，促进社会和谐，有着直接的指导意义，而且也是在改革发展的新形势下保持和弘扬党的先进性的重要举措。

李君如
全国政协常委、中央党校原副校长。

按照科学发展观的要求和
现阶段特点破解发展难题

李 捷

　　《建议》是一个为全面建成小康社会打下具有决定性意义的基础的纲领性文献，是一个确保转变经济发展方式取得实质性进展的纲领性文献。它的颁布和实施，恰逢成功应对国际金融危机冲击取得突破性进展之时，恰逢全党全国全面贯彻落实科学发展观、深化改革开放之时，可谓意义重大。贯穿《建议》的一条红线，是"以科学发展为主题，以加快转变经济发展方式为主线"。其中的关键，是在科学理解发展理念、发展方式、发展机制上统一认识、统一行动，按照科学发展观的要求和现阶段特点破解发展难题。

　　加快转变经济发展方式，是进一步深入贯彻落实科学发展观的必然要求。这使我们联想起30年前开展的那场关于真理标准问题的大讨论。我们现在所说的关于加快转变经济发展方式的思想解放，是要把我们自己关于发展的经验和习惯做法，按照科学发展观的要求，按照转变经济发展方式的要求，重新进行一些深刻的反思。在这样的情况下，突破自我往往比突破前人更加困难一些，这一次的思想解放的深刻性就在这里。说到底，这次关于加快转变经济发展方式的思想解放，就是要使我们的思想和行为从传统现代化的模式里面解放出来，走出一条符合科学发展的中国特色社会主义现代化之路来。"无限风光在险峰"！我们对此充满必胜的信心。

李捷

中央文献研究室副主任。

科学发展观的涵义在实践中丰富和发展

韩康

"十二五"规划作为国家中期发展战略，在研究和制定过程中广泛听取民意，特别是认真吸收了国内理论界许多优秀研究成果，成为科学、民主决策的一个好实例。党的十七大报告，曾经对科学发展观作过一个理论概括，即核心是以人为本，基本要求是全面协调可持续，根本方法是统筹兼顾。一共三句话，言简意赅，十分精炼。这次"十二五"规划又有了新的发展。规划明确提出以科学发展观为主题，对这个主题的解释，除了重申十七大报告对科学发展观理论概括的三句话外，还加上了"更加注重保障和改善民生，促进社会公平正义"。这句话的补充，意义非同一般，不但使科学发展观的理论概括更加深刻、全面，也更加符合社情、民心，体现了我们党对科学发展的认识水平在不断深化、进步。

韩康
国家行政学院副院长。

《建议》表明，我们中国共产党人有足够的聪明智慧，善于总结经验，善于在实践和理论两方面与时俱进。今天，在科学发展观的指导下，我们既要物质形态和价值形态的财富增长，也要促进民生改善、环境友好、社会和谐、民众认同、机会公平的包容性增长。只要我们遵循科学发展观的指导，又不断在实践中丰富和发展科学发展观，中国的社会经济发展就一定能够沿着正确的方向前进。

发展方式转变 体制机制是关键

张晓晶

"十二五"规划有目标有举措，最需要的是勇气与魄力。如果说，自20世

张晓晶
中国社会科学院经济研究
所宏观室主任。

纪80年代以来，我国所处的外部环境基本称得上是"全球化的黄金时代"，那么，经历了这次危机，全球化的黄金时代恐怕要告一段落。全球范围内的经济再平衡与结构调整会导致世界经济增长放缓。根据历史经验，在面临增长下滑的时候，贸易保护主义必然会抬头。这表明，中国所面临的外部需求的萎缩并不是暂时的，而是一个会持续较长时间的"新常态"。作为前提的外部环境的改变，也使"十二五"规划与之前有很大不同，这就是为什么扩大内需被放在了重要位置且独立成篇。

发展方式转变，体制机制是关键。同时，要改变政绩评价体系。还要更加注重发挥价格、财税机制的作用。只有资源、能源价格合理了，资源税、环境税到位了，才真正有利于节能减排；只有劳动力、资金成本不再被压低，才会激励企业注重研发和技术创新；只有逐步增加直接税的比重，才会使地方上不会只注重规模扩张与工业发展，从而有利于产业结构的转换；只有进一步理顺中央与地方的财政关系，使地方财政有新的支撑，缓解地方财力、事权不匹配的问题，才不会出现地方单纯依赖土地财政、畸形发展房地产的问题。另外从根本上，只有打破垄断，促进竞争，价格信号才可能更加准确，从而更好地引导资源的优化配置，提高供给的效率。

文化发展为了人民　文化成果由人民共享

张晓明

《建议》首次明确提出"推动文化产业成为国民经济支柱性产业"，将文化产业提高到了一个新的高度，从未来十年的市场空间来看，这个发展目标是可行的，真正实现文化事业和文化产业的科学发展必须下大工夫。

有关数据显示，中国文化产业增加值2009年达到8 400亿元，占同期GDP比重为2.5%左右，如果增加到"国民经济支柱性产业"，至少要达到占同期 GDP 的 5%—6%。2009 年我国 GDP 约为 33 万亿元，按照每年 8% 的增长速度，到 2015 年将达到约为 53 万亿元，如果文化产业占 5% 则为 26 608 亿元。从 2009 年的 8 400 亿元到 2015 年的 26 608 亿元，年增率为 21%。这个发展指标有足够的市场空间。

当今时代是大发展大变革的时代，文化在经济社会发展全局中的地位作用会更加重要。很显然，中国的文化产业在下一个十年有着非常难得的发展机遇。消费增长、经济结构调整、新技术应用、城市化和出口结构升级被看做今后一段时期内文化产业可以搭乘的"五驾马车"。相信每辆车都可以有一定的统计数字支撑，强力拉动文化产业的快速发展。比如，近年来联合国制定了新的国际文化贸易指标体系，将富含创意设计内涵的产品

张晓明
中国社会科学院文化研究
中心副主任。

（如传统工艺品等）纳入统计，结果发现中国已经成为全球最大的创意产品出口国。这意味着，中国的出口结构在发生着日益深刻的变化。发展文化事业，要把满足人民群众精神文化需求作为文化事业和文化产业发展的根本目的，做到文化发展为了人民、文化成果由人民共享。

第六篇

新起点　新期待
—— 基层干部群众十人谈

　　候鸟掠出倩影，年轮添了新纹。每个人年年会有梦想，每个人年年会有期待。党的十七届五中全会通过的《中共中央关于制定国民经济和社会发展第十二个五年规划的建议》和中央经济工作会议，将深刻地影响老百姓的生活，激活一串串潜在的梦想和期待。我们的党历来关心人民群众的所思所想、所期所盼，正努力把他们的梦想一步步变成现实。站在新的起点上，让我们一起倾听十位基层干部群众的新期待吧！

关键词：安居

我想有个安稳的家

苏 云

10年前的夏天，青葱岁月里的我，一拍脑袋，千里赴京，从此便喜欢了北京城。后来，在此求学、工作、成家，北京顺理成章地成了我的第二故乡。

而今，对于北京，我的感情开始升华到又爱又恨阶段：关于房子，也关于家。

新的一年来临，除了工作上的期许，最大的希望是可以有一个自己的小家，温馨如千里之外的南国小家。只是，这种温馨必须用高昂的代价来换取——清空三个家庭的所有积蓄，离小资生活再远一点。

近日，特就购房一事征询过几位业内人士，众口一词，房价难降。那么，换过一个期许，希望北京有一个更加规范、合理、诚信的房屋租赁市场，希望这个市场能够走向由政府来统一调控市场标准和市场定价。

如果房屋租赁市场可以长期让人放心，不喜束缚的我就会考虑不买房。只是，目前这个市场有点混乱，一些"房屋中介"，成为让人心生恐惧之词。

按"十二五"规划，若规范好房屋租赁市场，就可以让找房变得快捷和放心；若调控好房屋租赁市场的价格体系，降低暴利空间，相信购房投机者的比率也会有所下降，中长期的租房也变得更为让人欢迎。这就是我对第二故乡的新年期许。

苏云

北京某文化公司员工。

关键词：科技

期待一双崭新的翅膀

贾 斌

我喜欢飞翔的感觉。我更喜欢在长空挑战极限。

有一次，我驾机随小分队刚长途奔袭到空军某试训基地，就遇到诸多意想不到的挑战：与这里强大的"蓝军"分队对抗。要知道，对手装备最新型，人员高素质，战法更凶狠。

空中格斗，搜索、发现、进攻、规避……双方打得难解难分。有时一个特技动作，载荷陡然增加到 6 个 G，我的脸都被拉得完全变了形。最终，我成为"击落""蓝军"飞机最多的飞行员之一。当时，我刚刚改装新机还不到 100 小时。

"和平使命—2005"中俄联合反恐军事演习激战正酣。突然，空中阴云密布，能见度急剧降低。面对如此情景，我拎着头盔第一个冲了上去。此时空中雨势开始增大，我和战友冒雨超条件起飞，云中密集队形编队机动，海上空中加油……这一次，我们实现了训练史上的新突破。

2008 年 11 月，空中加受油首次列入珠海国际航展的表演项目，我接到上级赋予的飞行任务。此时，我刚刚执行完任务归队。这一次，我和战友克服困难，以过硬的飞行技术和战斗作风，完成了空中加受油展示，并创下了加油机编队对接的最低高度纪录。

在体育训练中，有个最大负荷理论，即逐渐加大负荷、增大训练难度，在不断挑战极限中提高成绩。我不断在用这种方式增加负荷，一次次挖掘自己的潜能。目前，我驾飞的战机性能与世界一流装备有一定差距。我想，若有科技含量更高的新型战鹰，会激活我更大的飞行潜能。

"十二五"规划提出，"增强科技创新能力"，"重点跨越"，"抢占未来科技竞争制高点"，"提高以打赢信息

贾斌

广空航空兵某师空战射击主任、一级飞行员。

化条件下局部战争能力为核心的完成多样化军事任务的能力"。

　　乘着国家经济建设高速发展的东风，我国军事科研能力和武器装备现代化水平有了巨大的进步。我想，给我一双新型的翅膀，我会飞得更远更高。

关键词：创业

小村庄能干出大事业

陈熹柳

　　眨眼间，我来到香稻村已经一年，风土人情谙熟于心。这里不仅给了我挥洒才华、创造事业的舞台，更为重要的是，我由客人变成了主人，真正融入了这浓浓的乡村乡情。

　　我在村里的工作是从做一个"小学生"开始的。香稻村毗邻洞庭湖，出产的优质香米远近有名。在对村民家走访中，我听到了他们对大学生村官的真实期待："来了能不能搞点新产业，让我们的口袋更实一点"。

　　村里香稻在上世纪 80 年代曾盛极一时，却米优价不优，没个响当当的特色品牌。提升香稻产业，是村庄实现跨越式发展的关键。"能否借助'杂交水稻之父'袁隆平院士声望，为我们村的香稻造势？"一个大胆的想法浮现在我脑海里。

　　随后，我结合村情撰写新闻稿发表在《湖南日报》，争取社会对村庄的关注；另一方面，我将自己的设想向上级组织部门报告，寻求大学生村官"娘家"的支持。功夫不负有心人，2010 年 8 月 2 日，袁隆平院士欣然为我们村题词："湖南香稻第一村"。

　　在打造"湖南香稻第一村"响亮品牌的同时，我和支书决定引进草本咖啡搞试点种植，实现产业的多元化。

　　"搞这号新花样，哪晓得生下来的是个伢子还是个妹子？"在动员会上，有村民提出了不同意见。我接过他的话头说："要不这样，你今年还是按原来的种，我们这边

陈熹柳
湖南益阳市金盆镇香稻村
大学生村官。

进行试点，到年终比比到底是哪一边赚钱多些。"最终，我们争取到了村民的支持，土地收益较以前的标准翻了一番。

"十二五"规划指出：必须坚持把解决好农业、农村、农民问题作为全党工作的重中之重。中央对于农村发展的支持力度更大了，政策也更好了。目前，我们村的农业产业结构还相对单一，经营方式比较粗放。如何更好地跟上党的思路，进一步提升农业现代化水平，我还需要下更大的工夫。

拳拳赤子心，悠悠香稻情。服务村庄创业，振兴香稻特色产业是我这个年轻的大学生村官今天在做的。而明天，我有了更大的梦想：希望我们"湖南香稻第一村"的牌子打得更响，希望这片土地上的人民得到更多的实惠。

关键词：文化

生活会像动漫一样美丽

洪汛

2007 年 9 月 3 日这一天让我记忆犹新。

那天，作为传媒大学动画专业的班主任，我像往年一样翻阅全班同学的花名册时却惊奇地发现：在三十多人的新生名单里，竟然有两位外籍学生。

我有多年给国外动画进行半加工的经历，目睹了前些年中国学生想方设法去法国和日本学习动画的情景，也目睹了外国动画教授在国内讲课时高傲的眼神，但这时我却感觉到：中国动画的教学水平与制作水准真的赶上来了。

我也忘不了，20 世纪 90 年代初，当自己以高分考入北京电影学院美术系时，却被分在了动画这个"冷门"专业。当时，全校这个专业只有 8 位同学。1994 年毕业后，虽然被分配在业务对口的动画制片厂，但日常工作一直都是替国外动画片做简单的半加工，技术含量低，

洪汛
中国传媒大学动画专业教师。

经济效益也差，但我一直都没放弃。

机会只眷顾有准备的人。2001年3月，当央视一制片人将一项制作原创动画的任务交给我时，我兴奋地接受了。只用了半年多，我就编写了39集系列动画片《可口可心一家人》。该片于2003年制作完成并在央视播出，我因此片荣获电视"金鹰奖"最佳编剧奖，随后又获得了首届动画协会优秀剧本奖。

我心里明白，小试牛刀便获大奖，并非因为自己的作品特别优秀，而是因为中国动画的原创时代尚处在起步阶段。

高速发展的中国经济给中国动画提供了良好的历史机遇。几年过去，我国动画业发生了翻天覆地的变化，一个巨大的新兴产业链逐步形成。如今，上至北大、清华，下至各地的普通中专，很多学校纷纷开设了动漫教学专业。据不完全统计，我国目前动画行业的从业人员约有近千万人，全国每年还有数千名习修动画专业的学子从校园走向社会。

我注意到，"十二五"规划专门把"推动文化大发展大繁荣"写成一个大项，这彰显了国家对文化建设和文化产业的高度重视。动画产业作为一种新型文化业态，对于繁荣社会主义文化市场，会起着越来越重要的推动作用。作为从业人员，我会不断提高业务能力，抓住机遇，在实现自己人生价值的同时，为广大人民提供质量更高的精神文化产品，让每个人的生活都像动漫一样美丽！

关键词：土地

让古老的土地长出更多金子

吴发田

道口村坐落于安徽省北部，地处苏鲁豫皖四省交界处。全村3 800余人，耕地7 300多亩。不依山、不傍水，无工业区和煤矿，村民唯一指靠的就是脚下的这片黄土地。

"一朝踏上温饱路，多年难寻致富门"。往日的道口村村民以传统的小麦、大豆种植模式维持生计，平均年收入在2 000元左右。我1999年当选村委会主任后，一直在苦苦思索：发展致富的新路在哪里？

吴发田
安徽淮北市铁佛镇道口村
村委会主任。

应该说，我们村有着得天独厚的优势：土质好，排灌便利，交通优越。这让我坚定了一个信念：道口村农民今后要走的路，就是要靠门前屋后的肥沃黄土地。

经过细致的调研，我和部分村民决心引种无籽西瓜。道口村种植业结构调整的序幕也由此拉开。

为改良西瓜品种，我几年间多次到中国农科院向农业专家取经。2005 年，我们更新品种，引进了品牌优质的无籽西瓜。

西瓜生产出来了，还需要有市场。随后，我这个小村长背着行囊，住简易旅馆，甚至夜宿批发市场，先后走到了湖南、湖北、江西、上海、福建、广东、贵州等地，推销我们的无籽西瓜。2010 年，最让我自豪的是道口村的西瓜成功进入了上海世博会，登上了大雅之堂。

如今，西瓜产业给村民带来了巨大收益，道口村的 1.5 万多亩优质西瓜年创经济效益三千多万元，村里年人均纯收入 5 600 元。

最近召开的中央经济工作会议提出要加快转变农业发展方式，用现代科学技术改造农业，用现代产业体系提升农业，用现代经营形式推进农业。

我想，有了中央对农村这么好的政策支持，我们村子还应该再变个样。路子在哪里？我还是看上了脚下的田地，我要让这古老的黄土地长出更多的金子。

新的一年，新的开端，我还希望瓜、菜、菌成为村子的经济主渠道，通过调整种植结构调整提高村民的收益，为建设社会主义新农村再立新功。

关键词：公平

"蜘蛛人"也有明媚春天

方淑娴

穿梭在高楼林立的城市"森林"中，不经意抬头间，你会发现我们这样一群人：像蜘蛛一样靠一根保险绳把自己攀附在鳞次栉比的大楼外墙上，从楼顶缓缓下滑，清洗楼层的玻璃和外墙，成为扮靓城市的一道独特风景。

虽然是个女孩子，但我干"蜘蛛人"这个行业已经7个年头了。为了生活、为了挣更多的钱，我就选择了这个行业。那一根安全绳和一把刷子已成为我生活的重要部分。

第一次做"蜘蛛人"时，我感到的不是害怕，而是害羞。那天，我吊在半空中做楼面清洗，和几名女同伴累得腰酸背疼，还惹得好多人围观："要是掉下来怎么办？这些女人真是要钱不要命！"

方淑娴

来自黑龙江安达市的进城农民工。

其实，做"蜘蛛人"并不像人们想象的那么恐怖，只要胆子大，安全措施做到位了，谁都可以尝试。

我攀附在高楼大厦的外墙上，辛苦且劳累，但我很快乐。我就像一只蜘蛛一样，勤劳、真诚，艰难而又幸福地坚守着自己的生存法则。

我最牵挂的就是家中的老父亲。由于母亲去世早，是父亲把我和几个兄弟姐妹拉扯大的。我已经连续7年没有回去过春节了，因为越是春节，我的活越多，我只能在每年夏季回家。虽然过年不能回家，但我每年都要给老父亲寄些钱。

如今，我已是洁胜伦保洁公司驻一家商场的主管，手下管理着二十多个"蜘蛛人"呢。我有一个梦想，就是和我男朋友回东北老家开个属于自己的饭店。但目前还不行，因为资金还不够，还要在北京干几年。

前不久，我在网上看到"十二五"规划，党和政府要制定政策，健全扩大就业，增加劳动收入的发展环境和制度条件，促进机会公平。这说明，党和政府一直在关心着我们农民工呢，这让我感到非常温暖。

我们是农民工，来到北京城更需要市民能够尊重我们，并给我们以包容。其实，往上翻三代，大家都是农民。大家尊重我们，也会激励我们更加热爱这座城市，更加热爱自己的岗位。这样，我们的城市也会更加和谐。

我喜欢"野百合也有春天"那首歌，但如今我把它改了词，变成了"蜘蛛人也有明媚的春天"。

关键词：和平

我守护世界和平　守卫国家主权

范再军

面朝大海，和平花开。

茫茫亚丁湾、索马里海域，我海军舰艇编队正在执行护航任务。我的战友正以过硬的素质、顽强的作风，把促进世界和平与发展的主题镌刻在深蓝航道之上，把中国军人的荣誉大写在漫漫护航路。

2009 年 7 月 16 日，海军第三批护航编队起航。作为国产新型导弹护卫舰"舟山"舰舰长，我深感使命光荣、责任重大。

在远离祖国的 158 个日日夜夜里，我和战友们战狂风、斗恶浪，克服了复杂的地理环境和艰苦的海上条件，不断挑战生理、心理极限，面对可疑快艇的随时袭扰，高度警惕、灵活机动，一次次化解危机，护送 53 批 582 艘船舶安全通过了海盗肆虐的亚丁湾。

2009 年 10 月 31 日，我舰护航经过我 3 号巡逻区中部时，接到 2 艘外国商船报告，称其遇到小艇袭击，位于"国际推荐通行走廊"上，距离我编队约 10 海里。编队指挥所立即组织舰载直升机携带特战队员前出至商船受袭位置搜索，很快将目标锁定，保证了 2 艘外国商船的安全。

护航中，我们本着"互信、平等、合作、共赢"的理念，与多国海军进行了深入合作，在茫茫大洋中，架起传播友谊的桥梁。

11 月 22 日，我舰两名军官进驻荷兰"埃沃特森"舰，与此同时荷兰两名军官进驻我舰。参观舰艇、座谈交流、观摩操演……荷兰海军少校马克感慨地说：点滴见真功，无论是硬件配备还是人员意识，中国海军已经具备了丰富的反海盗经验。

一个真正的大国海军军人必须有大国的胸怀、眼光

范再军

海军某驱逐舰支队副参谋长。

和智慧。护航期间，我们创造了与外舰互访、联合护航、联合军演等多项新纪录。北约秘书长夏侯雅伯赞扬说：中国海军的护航行动对国际社会打击海盗行动作出了重要贡献。

"十二五"规划中提出：要维护我国主权、安全、发展利益，同世界各国一道推动建设持久和平、共同繁荣的和谐世界。亚丁湾护航，正是中国军人构建和谐世界、和谐海洋的生动实践。在新的一年里，我祝愿我在亚丁湾、索马里海域执勤的战友，为祖国赢得更多荣誉，充分展示我国负责任大国和我军和平之师文明之师的良好形象。

关键词：走出去

我想做海外天空的中国风筝

朱津姿

在遥远非洲安哥拉罗安达创业的日子里，虽然有些恐惧时不时在体内穿行，但我最终还是从容地面对了这片土地。

2008 年 7 月，刚刚大学毕业的我通过叔叔的联系，只身远赴非洲西部的安哥拉国，筹备做小规模的进出口服装贸易。当时，在中国驻安哥拉大使馆工作人员的帮助下，租摊位、找住所，一切都很顺利。于是，我便很快地成为一名在安哥拉谋生的小商贩。

每天收摊后，当我兴奋地走在圣保罗市场的大街上，看到周边有很多中国基建公司的中国建筑工人和我一样在非洲奋斗，内心的孤单便随之消散。

远航的帆，总有遇到暴风雨的时候。2009 年 2 月的一天，4 名安哥拉当地持枪劫匪闯进了我的摊位，在搏斗中我被打晕。当我醒来后，已经躺在医院的病床上，旁边的桌子上摆放了水果。这时，从门外进来一个四十多岁的中国男子，关切地对我说，"小姑娘，独身在外要多

朱津姿

浙江台州人，在安哥拉罗安达经商。

小心，多注意，常跟我们大使馆联系，我们会尽可能地帮助你。"我当时只觉一股暖流涌上心头。从那以后，我再没有遇到过劫匪。

前不久，我注意到我国政府非常重视海外人员的发展，并在"十二五"规划中明确地提出，要加快实施"走出去"战略，发展海外工程承包，扩大农业国际合作，深化国际能源资源护理合作，积极开展有利于改善当地民生的项目合作。现在国家这么重视，我更应该抓住机遇，利用国家的好政策发展好自身的事业。

虽然曾遇到过抢劫事件，但我仍然认为，在国内的人可以大胆地走出来，做建筑、搞工程，或者像我一样搞贸易，都是不错的选择。毕竟非洲地广人稀，发展空间很大，加上有好政策，以及有大使馆对我们的帮助，我们会获得更广阔的发展空间。

关键词：教育

在城市的角落种更多太阳

马瑞刚

马瑞刚

北京昌平京瑞学校校长。

我来自农村，祖辈文盲，直到我上学，家中才算有个识字的人。从上学的第一天开始，我就下决心好好读书。但在决定命运的高考中，以几分之差名落孙山。正当我悲观之时，母校的校长找我回校当老师，而这一干就是 8 年。1987 年底，我离开家乡只身来到北京，开始了新的生活。

人生道路上总会有冥冥之中的约定。1998 年 7 月的一天，我去东坝走亲戚，在路边发现了很多农民工孩子没去上学却在路边玩闹。原来这些孩子难以在京入学。家长诚恳地对我说："马老师，您能不能在这办个学校，我们把孩子交给你放心。"

当天晚上我彻夜难眠，想起奶奶跟我说过的话，一生四事可做："架桥、铺路、教书、行医。"办学不正是其中一件吗？这可是一件惠及千秋万代的阳光事业。于是第二天我就开始筹备办学。

1998 年 8 月初，我回到老家把能变卖的东西都卖了，把爸妈的养老钱都借来了，在七棵树村租下一个农家院，8 月 20 日一所属于打工子女的学校开学了。

自从踏上了这条荆棘丛生的办学之路，我没有彷徨，也未曾后悔过。在遭受一次次挫折之后，我更加从容、坚强。孩子们的琅琅读书声，农民工的深情嘱托，都在激励我不断前行。

为了把学校办好，我先后通过了大学自学考试，参加过北京的多项培训活动。在长达 13 年的办学中，孩子们送走了一茬又一茬，来了一拨又一拨。他们有的已学有所成，有的正在大学里深造，还有近千名孩子在我们的学校里勤奋学习。

目前，教育部门对部分农民工子弟每人每年提供 160 块钱的补助，并给予一些教学设备方面的资助。社会力量也给了我们一些捐助，但这些毕竟数量微薄，资金困难和师资匮乏仍然是制约我们学校发展的最大问题。

我创办的蓝天实验学校所在的区域正在拆迁，迎着困难，我们近日将搬至条件较好的昌平新校区。在"十二五"规划中，国家大力提倡"增加教育投入，鼓励引导社会力量兴办教育"，这对于农民工子弟学校发展来说无疑是一个大好机会。

北京的冬天，寒气逼人。我们这些散落于北京各郊区角落的民办学校，在寒风中略显单薄。但校园里来自全国各地的"流动儿童"纯真灿烂的笑脸，却真实映照着祖国美好的未来！

关键词：信念

像爸爸那样热爱生活

谭君子

谭君子，女，20 岁，四川绵竹人，北京大学法律系毕业生。她的父亲谭千秋在汶川地震时用生命庇护了 4 个学生。她说——

2008 年，很多人因为我父亲谭千秋的事迹认识了我，那个更多是因为怕

谭君子
北京大学法律系毕业生。

电视机前的亲友担心而没有掉眼泪的我。

那个时候，曾为全国各地寄来的无数封信件和送来西瓜却没见面的人感动过，也为一些应宽容相待却言词刻薄的网民所困扰过。但当一切在 2010 年归于平淡的时候，我仍然坚信这个世上更多的是好人。

2010 年，我面临的最大变化便是毕业。我认为自己缺乏对社会的接触，放弃了本来可以保送研究生或是出国的机会，离开我经历了人生最大变数的 4 年的地方，开始步入一个充满诸多可能的社会。

所以我每天坐两个小时的地铁去实习，在地铁上复习笔试可能用到的词汇，比约定的时间提早 3 个小时到公司楼下练习如何回答有关问题。

果然生活没有辜负有热情的人。我靠自己找到了一份不错的工作，在这个曾经不属于我的城市里有了一席之地。我很想告诉我那个已经会用百度却还没来得及真正享受 IT 时代、那个多年来以哼歌为乐却没能去 KTV 唱过《朝花夕拾》的老爸——"我很好"。

2010 年我去了很多地方，通过学校的项目去了美国，跟随公司出游去了越南，还趁国庆放假坐火车回了爸爸的故乡——一个叫步云桥的湖南小镇。这是一个贫困县里的小镇，但却是个有蝉鸣、有蛙叫的好地方。这里的农民在我印象里也很少有凄苦的神情，反而尽是邻居街坊或黄花地里黝黑面庞上透出的笑容。

站在职业的分叉路口，我常常质疑甚至落入现实的无奈：这是否是适合我的、在其位就能让我为社会贡献最大力量的工作。此外，我还得在找到工作的欣喜之余，时刻提醒自己保持对上班舒适环境的警惕，力图避免这种白天只能待在办公室、下班又只想休憩的规律生活，把自己对理想的憧憬给磨灭了。

有了信念便有了生活。我仍旧坚信自己，尽管再多的忧心忡忡，也终将过去。其实很多曾经为之焦急的事情与 2008 年遭遇的灾难相比，也都是过眼云烟。而当我的阅历还并不足以支持我作出正确的职业选择时，我起码可以选择做一个善良的、对生活怀抱热情的人。

第七篇

树立群众观点　坚持群众路线
站在群众立场

——十位县（市）委书记谈
"以人为本、执政为民"

　　胡锦涛总书记在十七届五中全会、中央政治局 23 次集体学习和十七届中央纪委第六次全体会议上强调，要做好群众工作，"只有坚持以人为本、执政为民，我们党的执政地位才能牢不可破，我们的事业才能蓬勃发展"，这是对全党的告诫。要解决群众反映强烈的突出问题，需要全党上下共同努力。"郡县治，则天下治；郡县安，则天下安"。县（市）委书记处于党的组织结构和国家政权结构承上启下的重要位置，他们的作用至关重要。本书编委请来中央政治局常委学习实践科学发展观活动联系点陕西安塞、广西田东、四川江油、吉林乾安、广东增城、浙江嘉善、山东桓台、湖北赤壁、河北怀来，以及全国 18 个改革开放典型地区之一的江苏江阴，共十位县（市）委书记，请他们谈如何在新形势下认真做好群众工作。

关键词：增收

千方百计让农民增收

程引弟

安塞地处黄土高原丘陵沟壑区，地形地貌复杂多样。在这里，淳朴善良的人民曾用自己的身躯和安危保卫了党中央重要的后方基地。

惠农的根本问题就是促进农民增收。长期以来，由于自然条件等诸多因素影响和制约，安塞的农民收入增长幅度较小。近年来，我们确立发展新思路，出台一系列举措，全面促进农民增收。我们建起高效农业示范园区，农业以棚栽、林果、草畜三大主导产业为重点，着力打造安塞绿色无公害蔬菜、山地苹果、安塞小米和安塞羊肉四大特色品牌。2009 年，全县农民人均纯收入 4 646 元。全县棚栽业面积现已累计达到 4.2 万棚，棚均收入 9 800 元；林果面积达到 35.01 万亩，果农人均果业收入净增八百多元；累计建成养殖小区 21 个，农民人均畜牧业收入 600 元。

虽然农民的收入有所增加，但是全县仍有 1 万多低收入人口还未脱贫，与其他发达地区相比，我们还有很长的路要走。我们也深知，中国稳不稳定，首先要看这百分之八十稳不稳定；城市搞得再漂亮，没有农村这一稳定的基础是不行的。对此，如何继续实现农民增收，仍然是我们工作中的重中之重。

为此，我们认真研究村情、乡情、县情，相关干部深入基层了解情况，认真总结了"十一五"农业和农村经济发展的主要问题和突出矛盾，制定了"十二五"农村与农业发展规划，为农民的增收创造一切有利条件。

在未来 5 年，我们将进一步加大统筹城乡发展实施力度，积极推动农村改革创新，完善统筹发展的体制机制，推动城乡生产要素资源共享；大力转变发展方式，提升现代农业、有机农业发展水平，以增加农民收入为主线，改变人居环境为目标，加强生态与环境建设和基

程引弟
陕西安塞县委书记。

本农田建设、水资源保护、农村道路建设为基础，实现收入多元化，保持农民收入持续快速增长势头。

我们还要提高农民职业技能和创收能力，引导农产品加工业在产区合理布局，发展农村非农产业，壮大县域经济，促进农民转移就业，增加工资性收入。力争到 2015 年，农业总产值达到 19.35 亿元，农民人均纯收入达到 12 000 元，其中劳务等工资性收入占到百分之十以上。

作为基层的党员干部，我们深感农村发展的重要性，深知农民增收的迫切性。我们会牢记服务群众的宗旨，扎扎实实竭尽全力为农民增收做工作。

关键词：网络

网络成为解民生问题新渠道

王西冀

广西田东是邓小平等老一辈无产阶级革命家领导和发动百色起义的革命圣土。自 2008 年以来，田东发展排位跻身广西第六位，被评为"2009 年广西科学发展十佳县"。为什么田东县能够实现跨越发展？回想起来，网民的贡献是一大功劳。

我们在开展"弄清楚群众需要我们做什么，弄清楚我们能为群众做什么"的专项活动中发现，光靠党员干部直接下乡找问题，接触面有限，谈问题不深，民情反映出的典型性、全面性不够。

为此，我们下决心把这个做法完善起来，围绕"两个弄清楚"建立了一整套的制度，网络成为"两个弄清楚"的常规性渠道。

网络问政工作风生水起。我们的许多点子、口号、问题都来自网民的贡献。正是有网民的积极参与，田东实现了谋划发展思路向人民群众问计，查找发展问题听人民群众高见，改进发展措施向人民群众请教，落实发展

王西冀

广西壮族自治区党委副秘书长、办公厅副主任。

任务同人民群众努力，衡量发展成效由人民群众评判的成效。

我们高度重视网民意见，及时正确分析研判网络舆情。去年"民情民意"共收到留言 746 条，回复率也达到了 89%。网民对网站的支持率直线上升，去年，网站的点击率超过 500 万人次，日均突破 1 万人次。北京的一位网民打来电话称赞："田东作为一个小县，一个网站每天竟然有那么高的点击率，牛！"名为"关爱田东"的网民留言："本人曾写过不少留言，一些问题得到了县领导的重视与解决……这样的网站很给力。"

党的十七届五中全会《建议》提出，要建立社会舆情汇集和分析机制，畅通社情民意反映渠道。网络已经跃出了自身的界面，上升为党政决策的智慧库。

作为县委书记，我真诚地希望广大网友对田东县发展话题"打好铁"（发好帖子），对田东县民生问题"织围脖"（发好微博），对田东县工作中的不足"拍大砖"（批评指正）。我将与网民共同努力，为田东科学发展不断"给力"。

关键词：拆迁

让拆迁工作首先符合群众利益

颜 超

2008 年 5 月 12 日地震过后的四川江油，全市城镇房屋受损达一千一百多万平方米。其中倒塌 96 万平方米，农房受损达四千多万平方米。

在这种情况下，大力推进城镇化建设，既是群众的强烈期盼，也是城市重建的必然选择。随后，我们展开了建市以来规模最大、范围最广、成效最显著的城镇建设大会战。

城镇建设，难在拆迁。近年来强制拆迁、低价拆迁等问题在一些地方时有发生，引起老百姓不满，甚至发生冲突事件。然而，我们的拆迁进展顺利。这里关键在于我们始终把老百姓的意愿放在第一位，带着深厚的群众感情进行依法拆迁。

为面对面做好群众工作，我们开展了"千方百计问民情，千方百计解民难"大走访活动，三百多名干部组成二十余个组，深入城区 32 个社区，当群众服务员、政策宣传员、矛盾调解员。通过细致入微的宣传思想工作，群众积极支持旧城改造和公共设施建设，确保了九百余个灾后重建项目的顺利实施。尤其是在不到 4 个月的时间内，全面完成了豫江大堤、中原大道援建项目的征地拆迁任务，为 3 年重建任务两年基本完成提供了保障。

拆迁要想确保始终让群众满意，必须有制度做保障。近三年来，江油市共建设新居工程、经济适用房、廉租房近 7 000 套，质量可靠、设施配套、功能完善、环境优美的居住小区，让被拆迁群众看到了未来美好的生活。我们对困难户家庭符合条件的，给予经济适用房或者廉租房安置；对低保家庭一时拿不出差价和增购钱的，政

颜超
四川江油市委书记。

府允许办理规定年限的共有产权；对无房的孤寡老人，将其安置到敬老院，不让一位群众的利益受损。

在工业园区地块拆迁中，居民鲍先生因家境贫困，拆迁组通过发动干部职工捐款一万余元，并按规定给予办理低保，使其积极配合完成了拆迁。居民姜女士长期患有重病，家庭困难，拆迁组不仅帮她联系租用房屋，还捐款为她治病，她感动地称赞"共产党好！"

目前，江油城乡面貌已发生了脱胎换骨的巨大变化，清洁整齐优美的城乡环境展现出一派欣欣向荣的景象。

> 关键词：教育

让教育惠及千家万户

刘 利

作为一名县委书记，我深知教育寄托着千家万户对美好生活的期盼，关系着民族素质和国家未来。为此，我们在人力、财力以及物力上都能把重点工作向教育推进，确保办好让人民群众满意的教育。

刘利

吉林乾安县委书记。

在过去的 5 年，我们把地方财政增长的 40% 用在了教育的发展上，年度教育支出占财政总支出的三分之一以上。为了给祖国的花朵营造一个舒适的学习环境，我们全县年均教育基础设施建设投资达到 1.5 亿元，累计建设城内校舍 74 083 平方米，实现了城内学校楼房化；新建和改造农村校舍 58 240 平方米，农村校舍实现了标准化，逐步缩小了城乡办学的差距。

目前，我们县教学装备变化很大。前不久，我去一所小学调研了解到，全县中小学微机室、电教室、语音室装备率均达到 100%，实现了互联网、卫星接收网、校园网"三网"进课堂，让学生们真正体味到了现代化社会发展的时代气息。

为了保证每个人都能受到不同程度的教育，我们从 2007 年开始实施了高中计划招生指标全部定向到校的新体制。一些普通学校的学生，也能实现进入重点高中读书的梦想。

身为父母的人都深知安全问题对学生安心学习的重要性，我们先后投入了 310 万的资金在学校实施了校警合一的电子网络平台建设，开展了"平安校园"等活动。同时，又拿出 900 万元为学生配置接送专车 136 辆。目前，全县农村中小学校车实现标准化运营，走读学生上学实现了"班车化"。

关键词：公平

让群众享受更多的公平

徐志彪

增城市地处高度工业化、城镇化的珠三角城市群，近年来逐步成为中心都市人口扩散的新空间、新兴产业发展的新天地。我们在持续快速发展的同时，一直在关注和思考如何保持社会公平，让社会发展成果更多地惠及更广泛的民众。

随着增城城市化进程的加速，外来务工人员日渐增多，近年来我们多措并举，为让外来人员和农村户籍人员在城市享受一样的阳光。如，针对农民工子女入学问题，我们下了大功夫：2005 年以来全市投入近 50 亿元发展城乡基础教育，实施12 年免费教育。同时，我们实现扶贫助学城乡全覆盖和全程资助，不让一个城乡孩子因贫失学。农民工子弟不仅能读上书，更能读好书，在我们最好的中学增城中学，农村子弟占 85% 以上，去年高考升学率更是高达 90% 多。

我们还注重完善就业创业体系，落实城乡劳动者免费职业技能培训、税费减免扶持等优惠政策；扩大农民工基本养老保险覆盖面；加快统筹城乡步伐，建立覆盖城乡的低保、医保、养老、住房、就业、教育 6 大保障体系。

徐志彪
广州市委常委、
增城市委书记。

促进社会公平，还有很多热点、难点问题需要破解。比如要深化户籍制度改革，促进符合条件的农业转移人口在城镇落户并享有与当地城镇居民同等的权益，等等。对此，我们会自觉站在人民群众的立场上，积极探索，问需于民、问计于民，让老百姓公平享受社会发展成果。

关键词：就业

扩大就业　改善民生

张明超

在 2011 年春天的钟声敲响之际，我们迎来了"十二五"开局的重要时刻。此时，作为一位县委书记，能在《党建》杂志上说说心里话，我感到十分荣幸。

在实际工作中，我深深感受到，大学生就业、农民工就业、城镇零就业家庭就业，不仅关系到一个人、一个家庭的生计，而且关系到一个人的尊严和社会稳定。这几年，我们坚持把解决农村转移劳动力、城镇就业困难人员、高校毕业生就业作为重中之重，截止到 2010 年底，全年新增城镇就业岗位 6 612个，农村转移劳动力就业 6 853 人，全县 90% 的村和所有的社区达到省级充分

张明超
浙江嘉善县委书记。

就业村（社区）创建标准。

促进群众就业需要一个较大的公共平台。这几年，我们相继建立了"大学生村官创业实践服务中心"、"退伍军人培训创业基地"、"技能培训实习基地"、"留学人员创业园协会"等一批创业平台，使城乡老百姓能快捷地享受到各项便民、温馨的就业政策服务。

大学生就业是我们县的一个亮点。我们曾专门出台了一系列促进大学生就业的政策。如，鼓励大学生到农村做村官，规定凡本县自主创业的大学生村官，凭相关证件、资料可到中国人民银行嘉善县支行申请办理"大学生村官创业贷款卡"。领取此卡后，可到嘉善农村合作银行、嘉善联合村镇银行、县邮政储蓄银行申办创业贷款。对符合条件抱团创业和合伙经营的，根据其人数和经营项目最多可获100万元授信。前不久，有位叫李婷婷的大学生村官向我们反映，她和其他8人利用新政策已领取了嘉善首批"大学生村官创业贷款卡"，解决了创业之初的资金短缺问题。

从公布的数据看，目前我国城镇失业人口和农村失业人口规模在4 200万至4 400万之间。党的十七届五中全会《建设》提出要"促进就业"，并把解决高校毕业生、农村转移劳动力、城镇就业困难人员就业问题作为工作重点。

我认为，就业是民生之本，它和每个人实现发展的空间和可能性紧密相连。在今后相当长时期内，我们会坚定实施更加积极的就业政策。

关键词：养老

让"新农保"保农民

陈 勇

把更多的实惠给予农民，让农民过上和城里人一样的好日子，是桓台县的工作重点。这项工作，我们是从构建城乡完善的养老保障体系开始的。

近年来，随着人口老龄化、城市化速度加快和就业方式的多样化，养老保险制度的矛盾逐渐凸现。对此，我们从 2008 年开始推行了新型农村养老保险制度。从 2009 年起，全县所有 60 岁以上的农民开始领取养老金，平均每人年领取养老金 494 元。列入第二批国家级试点区县后，在 19 个试点区县中第一个按新标准为 60 岁以上的农民发放养老金，平均每人年领取养老金达到 660 元。截至去年 12 月，全县适龄人口参保率达到 93.4%；累计为 60 岁以上的农民发放养老金 6 580.6 万元，其中县财政补贴达 5 520.82 万元。

"等着儿给钱养老，不如加入新农保。"这句顺口溜生动反映了桓台县养老保障的可喜现状，实现了让乡下人享受和城里人一样的养老保障的梦想。2009 年 2 月 27 日，桓台县起凤镇夏五村对 328 名 60 周岁以上的老人发放了第一季度农村基本养老保险金。当时，62 岁的村民田家共激动地说："还是党的政策好啊！以后咱农民养老不用愁了！"

近年来，我们还把保障农村五保老人基本生活权益列入重要议事日程，在山东省率先实现了农村五保老人集中供养。我县还先后扶持发展了 8 处社会化养老服务机构，并通过向社会招考，配备了专职居家养老工作人员。同时，积极发挥社区志愿者协会的作用。目前，桓台县已经初步形成集福利性、志愿性和经营性服务三位一体的新型社区居家养老机制。

临近春节，桓台县一派生机勃勃：沟渠开冻，黄土渐松，麦田望秀，碧绿万顷。在这块土地上，老有所养这个困扰了中国几千年的古老问题正在党和政府的积极努力中得到妥善解决，古老的梦想也由此逐步成为群众生活中看得见、摸得着的现实。

陈勇
山东淄博市委常委、桓台县委书记。

关键词：医疗

让百姓能看上病看得起病

丁小强

　　医药卫生事业涉及亿万人民的健康，直接关系千家万户的生活质量，是重大民生问题。赤壁市作为湖北省首批 37 个新医改试点县市之一，我们把深化医药卫生体制改革作为解决老百姓"看病难、看病贵"这个基本民生问题的重大机遇，加强基层医疗卫生服务体系建设，全力推进基本药物制度和医保覆盖工作，让人民群众在医改中真正得到实惠。

　　解决"看病难"，重中之重是农村卫生组织建设。几年来，我们先后筹资五千七百余万元，对基层医疗卫生机构进行了全面的升级改造。建成了 7 家标准化、现代化的乡级卫生院，维修了 38 家村级卫生室，建成 3 个省级示范村卫生室，4 个社区卫生服务中心和 22 个社区卫生服务站。我们还投资为基层医疗单位购置设备一千一百余套，装配给 16 所卫生院、社区卫生服务中心和 138 个村卫生室，积极培训农村卫生人员，提高了基层医疗单位的诊断治疗能力。

　　解决"看病贵"，关键的是要严格施行国家基本药物制度。为此，我们大胆创新，全力推行国家基本药物制度。一方面，积极落实地方财政补偿，对参加改革的单位进行前期补偿，保障基层医疗卫生单位在改革初期正常运转。另一方面，建立健全长效补偿机制，对经常性收支差额，由财政在预算中足额安排。去年市财政共提供补偿资金一千三百五十余万元，保障了国家基本药物制度的稳定实施，大大降低了老百姓的就医成本。

　　深化医改的着力点在于基本医疗保障体系建设。我们去年投入 1 285 万元，用于新农合、城镇居民、关破企业退休医保资金配套和城乡医疗救助等，促进了基本医疗保障制度的进一步完善。全市新型农村合作医疗、城镇职工和城镇居民基本医疗保险覆盖面、参保率均达

丁小强

湖北咸宁市委副书记、
赤壁市委书记。

到 90% 以上。报销比例逐年提高，实现了"全市一张网、就医一张卡"的快捷服务，农村参合人员住院报销最高支付限额由 3 万提高到 5 万元，城乡医疗救助的最高标准也大大提高。

学界公认，推进医疗制度改革是一个世界性难题。我认为，在国家医改政策的带动下，赤壁的基本公共卫生服务会不断推进，医疗环境会不断优化，医疗水平会不断提升，如何让普通老百姓都看得上病、看得起病的愿望一定能够成为现实！

关键词：反腐

用反腐成效取信于民

景庆雨

"腐败越反越多"、"反腐败无效无用"，这是近年来常常听到的个别议论。作为一名党员领导干部，我也非常痛恨腐败，也始终在关注着老百姓对反腐的关注。

客观地说，只要你能理性公正地审视，就会发现：通过全党上下的共同努力，消极腐败现象滋生蔓延的势头正在得到有效遏制，反腐败斗争取得了明显成效。然而，我们应清醒看到，当前仍然存在一些突出问题。对此，我们围绕党风廉政建设和反腐败斗争，在制度措施上进行了积极探索。

近年来，我们注重以解决群众实际问题为根本，加强党风党纪教育，夯实拒腐防变的思想基础。我们在党员干部中广泛开展党纪条规教育、《廉政准则》知识测试和手机竞赛、预防职务犯罪知识电视大赛等活动，在县广播电台、电视台播出《职责与犯罪》专题节目，创编《公务人员警示日志》，深入开展民主评议政风行风活动，建立纠风工作长效机制。

构建"防火墙"是防止腐败发生的重要路径。我们

景庆雨

河北怀来县委书记。

注重优化管理，围绕"查、评、控、管"深化权力运行监控机制建设，查找廉政风险点，制定相应防范措施一千条。同时，我们建立了重大决策"旁听制"、乡镇议事制、基层单位重大事项会议纪要等制度，完善了权力运行监测反馈、廉政谈话、岗位廉政教育等制度，还组成检查组坚持不定期明察暗访，抓不落实的事，查不落实的人，取得了实实在在的成效。

还有一点应引起我们高度重视的是要严肃查办违纪案件，打击腐败握指成拳。如去年全国纪检监察机关给予党纪处分 11 万人，在社会上起到很好的震慑效果。我们注重舆情网络信息的收集、研判和处置，强力推行领导包案责任制，对重点案件逐一落实包案领导、责任人和办结期限，整合力量、集中攻坚、强力突破，发挥查办案件的治本功能，有效提升惩治和预防腐败的综合效应。

这些强有力的反腐倡廉举措，顺应人民群众的期待，最终密切了党同人民群众的血肉关系，也赢得了人民群众的信任和拥护。

关键词：服务

以群众的幸福指数引领发展

朱民阳

2005 年末，江阴成为江苏省首批全面小康建设达标（县）市。这个时候我们开始静心地思考：经济发展为什么？小康达标后干什么？经过讨论大家形成认识：经济社会发展必须改变以往单纯追求 GDP 的模式，将视角更多地转移到实现群众切身利益上来，决定全面实施"幸福江阴"战略，以百姓的幸福指数引领发展。

随后，我们对"幸福江阴"战略进行了细化：力求让每一位勤劳的江阴人"个个都有好工作，家家都有好收入，处处都有好环境，天天都有好心情，人人都有好身体"，让百姓幸福和民生需求成为江阴发展的唯一目标。

做强经济是为民造福的物质基础。针对百姓持续增收等现实要求，我们实施新兴产业发展计划，加快经济结构优化和内涵提升。5 年来，在全面完成"十一五"节能减排目标基础上，去年的地区生产总值达到 2 005 亿元，城乡

朱民阳

江苏无锡市委常委、江阴市委书记。

居民人均收入年均增长 10% 以上，其中江阴农民人均纯收入连续十年居江苏第一。

蓝天白云、绿树成荫是老百姓的幸福祈盼。我们把生态资源当成最宝贵、最有竞争力的资源，强调"环境污染就是政府或企业的负债"，健全了资源环境科学决策体系，率先实施"河长制"和排污权有偿使用等制度。在江阴南部六镇实施高效益的农业开发、高水平的工业开发、高标准的旅游开发和高品质的人居开发，为子孙后代留好发展空间。

我到社区走访调研时发现，老有所养、老有所乐整个家庭就会和谐。为此我们提出了"老年人幸福才是真幸福"，分门别类构建起了一套社会养老、居家养老和社区养老的三级养老体系，把百姓的"经济蛋糕"分合理、分公平。同时，加大投入，关注提高相对弱势群体的生活质量。

5 年的"幸福江阴"建设，我们的切身体会就是，只要心里装着老百姓，把发展的落脚点放在人民幸福上，就真正能实现国民幸福指数与 GDP 的同步提高，民主与民生的同步推进。

第八篇

加强和创新社会管理
做好群众工作
促进社会和谐
—— 两会代表、委员十人谈

2012 年 2 月 19 日，胡锦涛总书记在省部级主要领导干部社会管理及其创新专题研讨班开班式上强调，加强和创新社会管理，以解决影响社会和谐稳定突出问题为突破口，提高社会管理科学化水平，维护人民群众权益，促进社会公平正义，保持社会良好秩序，建设中国特色社会主义社会管理体系。当前我国处于社会矛盾凸显期，社会管理领域存在的问题还不少，十位两会代表、委员各抒高见，其建议值得借鉴。

关键词：医疗改革

深化改革缓解群众看病就医难题

陈　竺

　　胡锦涛总书记在省部级主要领导干部社会管理及其创新专题研讨班开班式上指出，要"健全食品药品安全监管机制"，"加快医疗卫生事业改革发展"。

　　当前，各种制约医疗卫生事业发展的体制机制障碍尚未从根本上得到解决，只有加强和创新社会管理，深化医疗卫生事业改革，才能逐步缓解看病就医难题。

　　"看病难、看病贵"的主要原因有：医药卫生资源总量不足，基层卫生服务体系薄弱；医疗保障制度不完善，还不能消除"因病致贫"现象；公立医院公益性质淡化，合理的医疗服务体系尚未形成；药品和医用器材生产流通秩序混乱，价格虚高；基本公共卫生服务存在较大的城乡、地区和人群差异，影响了疾病预防控制的效果。

　　两年来，深化医药卫生体制改革围绕保基本、强基层、建机制的原则全面展开，在缓解"看病难、看病贵"等方面取得明显进展和初步成效。今年将突出抓好建立基本药物制度和加快公立医院改革试点，进一步缓解"看病难看病贵"。

　　一是巩固完善新型农村合作医疗制度，推行基本公共卫生服务均等化，提高筹资和服务水平。2011年，中央已明确新农合政府补助标准提高到每人每年200元，要在稳定参合率基础上，进一步提高新农合保障水平。全面推开提高儿童白血病、先天性心脏病保障水平的试点，开展提高重性精神病、乳腺癌、宫颈癌、终末期肾病等大病保障救治水平的试点。提高新农合管理经办机构精细化管理水平。规范定点医疗机构服务能力，扩大新农合支付方式改革。不断完善新农合制度。积极推进新农合立法，争取《新农合管理条例》早日出台。

陈　竺
全国政协委员、
卫生部部长。

今年，基本公共卫生服务经费标准由人均 15 元提高到 25 元。加强妇幼卫生服务体系能力建设，启动和实施好提高精神卫生能力建设项目，提高全民健康水平。

二是以实施基本药物制度为抓手，建立基层医疗卫生机构新的运行机制。规范做好基本药物采购、配送工作，加快建立科学长效的基层医疗卫生机构补偿机制，推进基层医疗卫生机构综合改革。政府办基层医疗卫生机构全部实施基本药物制度，全部配备使用基本药物，并实行零差率销售。通过综合配套改革，落实基层医疗卫生机构的功能定位、编制、财政补助、机制转变和绩效考核等政策，切实把药品费用负担降下来。

三是集中力量加快公立医院改革试点。确定一批看得准、见效快的公立医院改革政策措施，向全国推广。同时，鼓励指导试点城市在"管办分开、政事分开、医药分开、营利性和非营利性分开"等重大体制机制综合改革上先行探索，形成经验，逐步推广。优化公立医院结构布局，优先建设发展县医院，建立公立医院与城乡基层医疗卫生机构分工协作机制，加快推进以电子病历建设和医院管理为重点的医院信息化建设。扩大优质护理服务范围，推行预约门诊、检查互认。加快形成多元化办医格局，满足群众的多层次医疗服务需求。

四是进一步健全基层医疗卫生服务体系。完成 2 000 所县级医院、5 000 所中心乡镇卫生院以及社区卫生服务机构等建设项目。突出县医院综合服务能力和重点专科建设。采取订单定向免费培养医生、招聘执业医师、全科医生规范化培训等措施。逐步规范对乡村医生的补助政策，鼓励有条件的地区为乡村医生提供养老保障，提高卫生资源的有效利用。

相关链接

● 《人民日报》2010 年 7 月 6 日报道，中国人口占世界的 20%，但卫生总费用仅占世界总额的 3%。

● 2 月 17 日，国务院公布了 2011 年度医药卫生体制改革工作安排，提出政府对新农合和城镇居民医保补助标准均由上一年每人每年 120 元提高到 200 元；城镇居民医保、新农合政策范围内住院费用支付比例力争达到 70% 左右。

关键词：政府公信力

要善用媒体建设政府公信力

梅宁华

胡锦涛总书记在省部级主要领导干部社会管理及其创新专题研讨班开班式上强调，要"强化政府社会管理职能"，"深刻认识和准确把握社会管理规律"。运用媒体等社会公共资源建立政府公信力，成为提高社会管理水平的重要方面。近年来，随着我国经济社会发展，媒体对政府公信力影响越来越深远，应引起高度关注。

应当看到，政府决策大都直接关系群众切身利益。阳光的、透明的政府决策，对于提高政府公信力有着无可替代的重要作用。这些年，政府在信息公开方面做了大量工作，如就重大事项举行听证会，设立新闻发言人制度，政务信息上网等，然而这与群众的期待、社会的要求相比仍有不小的差距。

事实上，不透明的政府决策，往往会为人们所不解。如近年一些地方的群体性事件，之所以小事闹成大事，其中的一个原因是信息不公开。

当前，要创造条件，让舆论更好地监督政府。目前阻碍政府信息公开的，是形形色色的部门利益、地方利益等。各级政府要转变观念，建立可靠、常态的机制，越是与群众切身利益相关的信息，越不能封闭化。新闻媒体应担当起社会责任，客观真实报道政府的决策过程、执行过程，让群众和社会监督，目的是为了使党和国家的意志和决策得到正确实行，使人民对政府更加信任。

要适应现代社会发展趋势，善待善用媒体，建设有中国特色的新闻发布制度。从提高政府信息透明度的角度看，各级政府都掌握大量权威、丰富的信息资源，但有些地方还没有达到善待善用媒体的新要求，如在一些群众关心的问题上，处理不当，以至于陷入一种被动应对的状态，影响政府的公信。

梅宁华

全国人大代表、《北京日报》社长、党组书记。

　　要进一步加强和完善信息网络管理，提高对虚拟社会的管理水平，健全网上舆论引导机制。同时，要提高各级政府驾驭媒体的能力，尊重公众知情权，善用媒体这个信息传播平台。要让群众知道政府的工作动向，尤其是在涉及公众切身利益的问题上，把政府的工作置于社会监督之下，真正实现把对党负责与对人民负责统一起来，使人民政府更加为人民所信任。

相关链接

　　● 新华社消息，截至 2010 年 12 月底，我国网民规模达到 4.5 亿，超过 66% 的网民经常在网上发表言论。

　　● 2012 年 2 月 21 日至 23 日，全国党委新闻发言人进行了第一次集中培训。中央纪委、中组部、中宣部等 13 个党中央部门的新闻发言人、全国 31 个省区市和新疆生产建设兵团以及计划单列市、省会城市的党委新闻发言人和新闻发布工作团队责任人共二百余人参加了培训。

关键词：住有所居

进一步巩固房地产市场调控成果

朱正举

　　胡锦涛总书记在省部级主要领导干部社会管理及其创新专题研讨班开班式上强调，要"加快推进以保障和改善民生为重点的社会建设"，"加快推进住房保障体系建设"，"使发展的成果更好地惠及全体人民"。

　　住房问题和房地产业，事关人民群众的根本利益，事关经济社会发展全局。近年来，城市房价过快上涨，引起党中央、国务院高度重视，为此国家连续出台房地产调控相关政策。

　　为进一步做好房地产市场管理和调控工作，巩固扩大调控成果，建议抓好以下工作：

　　要进一步落实地方政府责任。地方政府要合理确定本地区年度新建住房价格控制目标，并向社会公布。要加强对城市人民政府住房保障和稳定房价工作的监督和检查，对于新建住房价格出现过快上涨势头、土地出让中连续出现楼面地价超过同类地块历史最高价，保障性安居工程建设进度缓慢、租售管理和后期使用监管不力的，要启动约谈问责机制。

要坚决执行差别化的税收信贷政策。严格执行国家有关购买普通住房与非普通住房、家庭唯一住房和非唯一住房的差别化税收政策。严格执行个人转让房地产所得税征收政策，加强对土地增值税征管情况的监督和检查。严格执行住房贷款首付款比例和利率政策，银行业监管部门要加强对商业银行执行差别化住房信贷政策情况的监督检查。

朱正举

全国人大代表、河北省住房和城乡建设厅厅长、党组书记。

要合理引导住房需求。各直辖市、计划单列市、省会城市和房价过高、上涨过快的城市，在一定时期内，要从严制定和执行住房限购措施，抑制投机性住房消费。采取住房限购措施的城市，要加强对购房人资格的审核工作。

要增加住房建设用地供应。认真落实保障性住房、棚户区改造住房和中小套型普通商品住房用地不低于住房建设用地供应总量的70%的要求。加大城中村、棚户区改造力度，盘活存量土地，拓展住房用地供应。进一步完善土地出让方式，大力推广"限房价、竞地价"方式供应中低价位普通商品住房用地。

要坚持和强化舆论引导。新闻媒体要对各地稳定房价和住房保障工作好的做法大力宣传，引导居民从国情出发理性消费，为促进房地产市场平稳健康发展和加快推进住房保障体系建设提供有力的舆论支持。

相关链接

● 中国社会科学院对2010年中国居民生活质量调查显示，房价问题的关注度在逐年上升，半数城镇居民首要期待是"降低房价"。

● 国家统计局公布，2011年1月份纳入统计的70个大中城市房价同比上涨的有68个，其中10个城市的新建房同比涨幅超过10%。

● 新华社消息，2011 年，全国保障性安居工程住房建设规模或将高达 1000 万套，相比去年增长 72.4%，计划新增的 420 万套住房中，公共租赁房将占主要部分。

关键词：教育公平

加强社会管理　促进教育公平

朱和平

胡锦涛总书记在省部级主要领导干部社会管理及其创新专题研讨班开班式上要求："坚持优先发展教育"，"进一步加强和完善基层社会管理和服务体系，把人力、财力、物力更多投到基层"。

目前我国教育工作取得较大成绩，但也存在不少问题。如：教育资源分布不均衡。东部地区与西部地区、城镇与农村、中心城市与边远地区，在教育的投入上都相差甚远；如，一些大学教育存在同质化、模块化现象，培养的一些大学生就业后缺乏创造力。

教育寄托着亿万家庭对美好生活的期盼，关系着民族素质和国家未来。教育公平更是关系到家庭幸福、社会和谐，是社稷民生的大事。当前，加强社会管理，促进教育公平，有许多工作需要做。

朱和平
全国政协委员、空军指挥学院副院长、少将。

一是要优先发展教育基础设施建设，进一步加强和完善基层社会管理和服务体系，把人力、财力、物力更多投到基层。同时，着力推进教育内涵式发展，坚持走以促进公平和提高质量为重点的内涵式发展道路，建立健全覆盖城乡的基本公共教育服务体系，满足人民群众多层次、多样化的教育需求。

二是要加大对落后、薄弱地区的投入。坚持公共教育资源向农村、中西部地区、贫困地区、边疆地区、民族地区倾斜，促进城乡、区域教育协调发展。通过对西部、对农村、对城市相对落后地区进行政策性倾斜，也可通过轮岗、交流等办法，让师资力量、教学条件等在更大范围内均衡发展，逐步让全国的孩子都能站在同一条起跑线上。

三是要严格招生制度，促进门槛公平。要严厉查处各级招生中的违法违纪行为，杜绝有人利用冒名顶替、张冠李戴、偷梁换柱的手段侵犯他人利益。严格加分和优惠政策、"实名制推荐"的审查把关，防止有人钻制度的空子。

四是要加大对弱势群体的帮扶。重视进城农民工子女受教育的权利，取消"赞助费"，帮助他们解决实际问题。重视城市低收入家庭子女受教育的权利，一律取消中、小学校的"择校费"，降低大学的学费，防止高收入群体利用经济优势垄断最优秀的教育资源。

相关链接

● 《求是》发表文章论及，财政性教育经费占国内生产总值的比例 2004 年世界平均为 4.7％，我国 2009 年仅为 3.59％。有关部门根据"十二五"期间教育发展目标，测算出 2012 年我国财政性教育经费需求占国内生产总值的比例应达到 4.41％。

● 红旗出版社《提问 2011》显示，目前我国进城农民工近 2.3 亿，他们的子女受教育问题引起社会关注。

关键词：公共文化

让公共文化覆盖城乡各个角落

周和平

胡锦涛总书记在省部级主要领导干部社会管理及其创新专题研讨班开班式上指出，要"进一步加强和完善社会管理和服务体系"，"统筹经济建设、政治建设、文化建设、社会建设以及生态文明建设"。

当前，公共文化服务体系建设取得很大成绩，但与人民群众日益增长的精

周和平
全国政协委员、文化部原
副部长、国家图书馆馆长。

神文化需求还不相适应，与进一步提高全民族文明素质、全面建设小康社会的目标要求还不相适应，主要表现在以下方面：

公共文化资源总量仍然不足。以图书馆为例，目前我国人均图书馆占有量还低于国际图书馆协会联合会的标准，一些基层地区的老百姓甚至还无法获得图书馆服务，全国尚有不少县级图书馆无购书经费。

城乡差距大的现象依然突出。2009年各级财政对农村文化投入仅占全国文化事业费的29.4%，城镇居民人均文化事业费远高于农村居民人均文化事业费。

服务方式和手段还不完全适应时代发展的需要。新媒体已经进入了人们的文化生活，然而，我国平均3.23个公共图书馆才拥有一个网站。在全国省级图书馆中，只有约22%的图书馆通过手机提供服务。

当前，要把促进基本公共服务均等化作为社会管理源头治理的重要基础，积极推动公共文化服务体系建设。

一要加强公共文化设施建设，完善覆盖城乡的公共文化设施网络。以基层为重点，进一步改善图书馆、博物馆、文化馆等公共文化设施条件，加强基层流动文化设施的建设力度。在农村，要使县有文化馆、图书馆，乡镇有综合文化站，行政村有文化活动室。在城市，要将社区公共文化设施建设纳入城市规划。

二要创新公共文化服务机制，着力提升公共文化服务能力。加强优秀文化产品的推广与普及，探索基于群众文化需求的公共文化产品提供机制。加大公共文化产品供给，推广公共图书馆总分馆制，通过流动服务等方式，向社区和农村提供延伸服务，使公共文化服务惠及全民。

三要实施重大文化惠民工程，增加公共文化资源总量。实施国家数字图书馆推广工程和公共电子阅览室建设计划，继续推进全国文化信息资源共享工程，努力将文化共享工程建成资源优质丰富、技术先进实用、服务便捷高效、网络覆盖城乡的数字文化服务阵地。

四要加强经费投入，为公共文化事业发展提供有力的经费保障。建立以政府为主导、社会力量广泛参与的公共文化经费保障机制。采用政府购买、补贴等方式，向基层、低收入、进城务工人员、未成年人、老年人、残疾人等特殊群体提供免费文化服务。

相关链接

● 《"十一五"时期文化发展规划纲要》将加强"公共文化服务"作为文化建设的重要组成部分，并明确基本建成公共文化服务体系的路线图和时间表。

● 新华社消息，2011年底国家级、省级美术馆全部向公众免费开放，全国所有公共图书馆、文化馆（站）实现无障碍、零门槛进入。这之前，全国部分博物馆向公众免费开放。

关键词：拓展就业渠道

发展新兴产业 提供就业岗位

毛丰美

胡锦涛总书记在省部级主要领导干部社会管理及其创新专题研讨班开班式上强调，要"着力抓好就业这个民生之本"，"解决好人民群众最关心最直接最现实的利益问题"。

就业关系到一个人的尊严和社会稳定。近年来，我们坚持集体为主带动民营的发展模式，推进了一、二、三产业协调发展，为扩大群众就业创造了条件。

1985年以来，我们村抢抓商机，建起宾馆、贸易大楼、农贸市场，共提供了二千二百多个就业岗位，安置村民就业二百多人，就业的村民第一次尝到进城上班的甜头。

我们村先后创办矿产加工、机械制造等十多家企业，村民在本村就业达到一千一百多人。特别是发展乡村生态旅游景区，我们年旅游综合收入1 700万元，安置农

毛丰美
全国人大代表、辽宁省凤城市大梨树村原党支部书记。

民就业八百多人，被授予"全国农业旅游示范点"、"中国农业公园"、"全国生态文化村"。

然而，从全国范围看，当前农民工、大学生、城乡弱势群体等就业形势不容乐观。对此，破解劳动力就业难题，要加快产业结构调整步伐，推动就业结构的转变。要在第三产业中推行服务创新，努力增加新的服务项目，大力发展现代服务业和生产服务业。要重视对人力资本的投资，提高劳动者的素质。要加强劳动力市场体系建设。进一步培育劳动力市场，包括促进自主就业和培育创业环境，实现多渠道就业。

同时，从国家发展整体看，解决就业问题，最重要的是维持经济的增长速度，因为就业问题是一个派生需求，要保证就业岗位，就需要一定经济增长速度。另外，重大项目、产业规划、投资都要充分考虑就业问题，就是要把更多的岗位实际和我们的产业、我们的政策结合起来，要进一步强化就业评估。

相关链接

● "十二五"规划建议提出，要加快发展新兴产业，扩大就业。依靠第三产业解决就业问题几乎是世界各国的通用选择。

● 据人力资源和社会保障部副部长张小建介绍：在"十二五"期间，每年城镇就业人口供给将达 2 500 万人，但有 1 300 万人难以就业。也就是说，将累计有 6 500 多万人处于失业状态，接近一个中等省份的人口总和。

关键词：社会保障

加快构建新型社会保障制度

郑功成

胡锦涛总书记在省部级主要领导干部社会管理及其创新专题研讨班开班式上要求，要"加快推进覆盖城乡居民的社会保障体系建设"，"使发展成果更好地惠及全体人民"。

面对当前社会保障方面出现诸多困难和矛盾，我们应从现实国情和国家长远发展战略目标出发，加快构建新型社会保障制度，在解除城乡居民后顾之忧的同时，不断提高其生活质量及幸福感。

一是构建多层次养老保障体系，在本世纪中叶实现人人享有体面的老年生活。我国养老保障制度改革与发展的宏观思路是：以解除所有国民老年后顾之忧、确保老年人生活质量为基本目标，通过将现有各种基本养老保障制度整合成职工基本养老保险、公职人员基本养老保险、农民基本养老保险三大保险制度与老年津贴制度，同时维护家庭保障，发展职业性与商业性老年保障措施，最终建立起以缴费型养老保险制度为核心的多层次养老保障体系。就多层次的老年保障体系而言，我国特别需要将有关福利政策与家庭政策和家庭保障有机结合起来，尽可能地使家

郑功成
全国人大代表、中国社会保障研究中心主任、民盟中央委员。

庭保障功能得以延续与维系；同时，还需大力发展包括职业年金、企业年金及其他可以为老年人提供生活来源的职业性养老保障，鼓励通过商业性人寿保险以及其他市场购买方式获得老年经济保障，不断提高整个养老保障水平。

二是构建综合型社会救助体系，免除人们的生存之忧。我国社会救助改革与发展的战略目标应当是从单项救助向综合型救助、从城乡分割救助向城乡一体化救助、从生存型救助向促进发展型救助、从维持温饱型救助向追求一定的生活质量型救助发展。不过，基于城乡分割与地区发展严重失衡的现实，社会救助体系建设需要分步推进。在第一阶段（2008年—2012年）从缩小不公平入手，以城乡一体的最低生活保障和自然灾害救助为支架，以急难救助等为重要内容，向城乡一体、覆盖全民、能够基本满足国民多种生活困难救助需求的综合型社会救助体系发展。

三是促进社会福利事业大发展，全面满足城乡居民的社会福利需求。政府需进一步发挥主导作用，促使社会福利从照顾弱者向普惠全民转变。在体系建设目标方面，我国的社会福利应以社区服务为基础，以政府主导、社会参与、受助者自助的各种社会化福利服务（包括老年人福利、儿童福利、妇女福利、残疾人福利、住房福利、教育福利等）及相应的福利津贴为主体，以职业福利

为补充。在保障内容方面，需要随着社会发展进步与民生诉求升级向更广阔的领域延伸。例如，从人的需求出发，国家需要考虑并适时建立长期护理保险，发展临终关怀事业。在实施方式方面，社会福利应实现包括筹资社会化、设施社会化、服务社会化在内的实施方式社会化。当然，发展社会福利事业是一个渐进的过程。我们的建议是，在第一阶段（2011年—2015年）能够初步形成社会福利体系制度框架，重点推进城乡老年人、残疾人服务体系建设和幼儿事业发展。

相关链接

◉ 新华社消息，中国要在2020年建立起覆盖城乡的社会保障体系。

◉ 2010年11月17日召开的国务院常务会议确定：各地区要尽快建立社会求助和保障标准与物价上涨挂钩的联动机制，逐步提高基本养老金、失业保障金和最低工资标准。

关键词：抑制通胀

要加强管理防止出现大规模通胀

贾 康

胡锦涛总书记在省部级主要领导干部社会管理及其创新专题研讨班开班式上强调："要以人民群众利益为重，以人民群众的期盼为念"，"着力解决好人民最关心最直接最现实的利益问题"。

物价直接关系到老百姓的生活成本，关系到老百姓的生活质量。我们应客观看待当前形势：延伸去年的态势，2011年政府支出总量不宜、也难以作出较大调整，预计在积极财政政策的延续期，将继续保持一定赤字规模。

从理性上分析，去年10月CPI同比4.1%的涨幅，有75%来自食品因素，10%来自房价因素，其他只占1成多一点；11月CPI上涨5.1%的构成中，食品价格、房价上涨因素占比达92%，其他商品对整个物价上涨影响度只有8%。若我们能有效增加食品和住房的供给，将有效促进总供需平衡。

贾康

全国政协委员、财政部财经科学研究所所长。

以上可看出，当下的通胀还并不是全面的、有普遍杀伤力的。因此，在政策管理上不仅仅只管抽紧银根，还要增加供给。随着秋粮大丰收，预计春季粮食价格会往下调。同时，国家还应推出一系列措施稳定物价，包括放出库存、物价管制等。

在积极财政政策的大框架下，2011年后结构性减税的重点之一是，要增值税扩大范围替代营业税，减轻服务业的税收负担，促进服务业进一步细化、扩大和升级换代。同时，要进一步实施培育自主创新能力的税收政策，调整完善鼓励企业研发投入的税收优惠措施，对政策重点支持的战略性新兴产业或领域，实施优惠税率和扩大税前扣除范围。为减轻中低收入阶层的税收负担，要通过个人所得税改革降低低端税负，培育中等收入阶层，同时强化对高端的征收调节。

在减税的同时，某些领域结构性增税也需要有所考虑。2011年还要争取有所突破的是资源税和房产税改革，而资源税则应成为经济欠发达、但资源富集的西部省份的税收支柱。

相关链接

● 新华社消息，2010年从7月到11月，全国物价连续5个月涨幅扩大，"通胀"成为2010年下半年困扰中国经济发展的主要难题之一。2011年1月份，居民消费价格总水平也同比上涨4.9%。

● 新华社消息，2010年11月20日，国务院调控物价"国十六条"组合拳出击，增加低收入人群补贴、价格管制和加强监管防止囤积投机等举措纷纷出台。

● 新华社消息，2月19日，中国人民银行两个月内两调存款准备金率并一次加息。专家分析，这是回笼流动性，抑制通胀。

关键词：反腐

要加大从源头上治理腐败的力度

张 耕

胡锦涛总书记在省部级主要领导干部社会管理及其创新专题研讨班开班式上指出：要"把群众满意不满意作为加强和创新社会管理的出发点和落脚点"，"坚决纠正损害群众利益的不正之风"。

从近年来检察机关查办腐败案件的情况看，反腐败工作出现一些新动向：一是大案要案突出。领导干部特别是高中级领导干部腐败犯罪案件时有发生，且涉案金额较大，社会危害性严重。二是重点领域和环节案件频发。工程建设、房地产开发、土地管理和矿产资源开发等领域职务犯罪易发多发。三是案件结构发生明显变化。企业工作人员比例下降，国家机关工作人员和农村基层组织人员比例上升；贪污、挪用公款犯罪案件有所减少，贿赂犯罪案件增加。

张耕
全国政协教科文卫体委员会副主任，最高人民检察院原党组副书记、常务副检察长。

四是犯罪类型和手段出现新变化。新兴经济领域案件和运用高新技术手段作案呈上升趋势，跨地区、跨国境案件增加。五是腐败犯罪日益成为影响经济发展和社会和谐稳定的重要因素，损害民生民利，破坏市场经济秩序，严重损害党群干群关系，破坏社会和谐稳定。

反腐败斗争关系党的生死存亡，关系国家长治久安，是一项长期性、复杂性、艰巨性的工作。对此，要加强社会矛盾源头治理，坚持"标本兼治、综合治理、惩防并举、注重预防"的反腐败工作方针，从源头上加大治理腐败的力度。同时，认真研究把握腐败现象发生原因、规律和动态，堵漏建制，不断完善体制、机制和各项工作制度，真正从源头上防范腐败现象的发生。

要进一步加强和完善社会管理格局，切实加强党的领导，强化政府社会管理职能，坚持"党委统一领导、党政齐抓共管、纪委组织协调、部门各负其责、依靠群众支持和参与"的具有中国特色的反腐败领导体制和工作机制，在党中央坚强有力的统一领导下，形成反腐败工作合力。

要突出办案重点，加大打击力度。针对人民群众关心的反腐败热点、难点、焦点问题，重点查办国家公务员利用行政审批权、行政执法权、司法权等公家权力谋取私利的腐败犯罪，特别是发生在领导机关和领导干部中的腐败案件；官商勾结、权钱交易，严重破坏市场经济秩序、损害公平竞争的商业贿赂犯罪；涉及民生、严重损害群众利益的职务犯罪案件，特别是群体性事件和重大责任事故背后的腐败案件，切实加大打击力度，最大限度地遏制和震慑腐败犯罪分子。

要加大追逃、追赃工作力度。要加强公安、工商、税务、出入境管理、司法等部门的合作，加强国际司法合作，切实做好防逃和境内外追逃追赃工作，决不让腐败分子逃脱党纪国法的惩处，决不让腐败分子得到任何经济上的好处。

相关链接

● 新华社消息，近年来，《中国共产党党员领导干部廉洁从政若干准则》、《关于领导干部报告个人有关事项的规定》等一系列制度规定先后出台，预示反腐长效机制正在逐步建立。

● 新华社消息，2010 年，全国共有 5 098 名县处级以上干部被处分，804 名县处级以上干部被移送司法机关。

关键词：加强党的建设

切实加强党的执政能力和先进性建设

程恩富

胡锦涛总书记在省部级主要领导干部社会管理及其创新专题研讨班开班式上要求：要"进一步加强党的领导"，"引导各级组织加强自身建设"，"增强服务社会能力"。

程恩富
全国人大代表、中国社会
科学院马克思主义研究院
院长。

党的领导、人民当家做主和依法治国是中国特色社会主义民主政治的特征和精髓。但是，目前对坚持党的领导，个别别有用心的人仍有不同看法。

党的领导是实现"十二五"时期经济社会发展目标的根本保证，当前必须加强党的执政能力和先进性建设，不断提高党领导经济社会发展能力和水平，推进中国特色社会主义道路建设。

一方面，要进一步推进马克思主义时代化、中国化、大众化，努力巩固和加强马克思主义地位。要推进学习型党组织建设，把思想理论建设放在首位，加强和改进干部教育培训，注重实践锻炼，提高全党马克思主义水平；坚持立党为公、执政为民，保持党同人民群众的血肉联系；坚持改革创新，增强党的生机活力；坚持党要管党、从严治党，提高管党治党水平。

另一方面，要抓好"执行力"这个重要环节，加强和创新社会管理，建设中国特色社会主义管理体系，提高党的执政能力和巩固党的执政地位。这里，要进一步加强和完善党和政府主导的维护群众权益机制，形成科学有效的利益协调机制、诉求表达机制、矛盾调处机制、权益保障机制，统筹协调各方面利益关系，加强社会矛盾源头治理，妥善处理人民内部矛盾，切实维护群众合法权益。

在新的历史时期，党的建设要坚持以执政能力建设和先进性建设为主线，保证党始终走在时代前列，才能更好地带领全国各族人民实现小康社会的奋斗目标，走向中华民族的伟大复兴。

相关链接

● 新华社消息，中国共产党目前是拥有 379.2 万个基层党组织的世界第一大党，其中基层党委 18.3 万个、总支部 23.5 万个、支部 337.4 万个。

●《参考消息》转载西班牙驻华使馆前商务参赞凡胡尔的文章：中国共产党使中国变成一个在国际社会不容忽视、备受尊重的中国；中国共产党是中国社会稳定的最大保障。

第九篇

学习：永葆先进的不竭动力 强军兴军的科学方略

——军队和武警部队政治部领导十人谈

学习是治国安邦之道，学习是强军兴军之策。每逢重大历史关头，我们党和军队总是通过大兴学习之风加强自身建设、推动事业发展。党的十七届四中全会提出建设学习型党组织的战略任务以来，全军和武警部队采取有力举措，精心组织筹划，学习型党组织建设扎实开展，稳步推进。就如何进一步推动学习型党组织建设，本书编委邀请十位军队和武警部队政治部领导畅谈体会。

要不断丰富和提升学习的内涵和层次

王兆海

王兆海
海军政治部主任。

海军党委把建设学习型党组织的内在需求与党中央、中央军委的战略意图高度统一起来，不断丰富和提升学习的内涵和层次。首先，我们注重拓宽政治视野，系统学习毛泽东、邓小平、江泽民三代领导核心的重要论述特别是科学发展观，在学原著、钻原著中提升思想境界和全局意识；重点学习胡主席关于国防和军队建设重要论述特别是海军建设重要论述，切实掌握蕴含其中的立场、观点和方法，增强从政治上思考、审视和研判问题的能力。其次，我们注重提升战略素养，准确理解把握党的路线方针政策和国家重大战略部署，自觉服从和服务于党和国家的工作大局，始终从军队建设全局出发筹划军事斗争准备、指导军事行动，自觉做到观察问题有战略眼光，分析问题有战略头脑，处理问题有战略思考。最后，我们注重提高谋略水平，坚持紧跟国家利益拓展步伐谋划，紧跟战争形态演变步伐谋划，紧跟武器装备更新换代步伐谋划，紧跟军事技术升级步伐谋划，真正在学习研究中，不断深化对新世纪新阶段"建设一支什么样的海军和怎样建设"、"为什么要加快海军发展和怎样实现科学发展"、"向什么目标推进海军转型和怎样转型"等重大问题的认识。

伴随着民族复兴对综合国力、国际竞争力和抵御风险能力的深切呼唤，海军战略性、综合性、国际性军种的地位作用更加凸显，与之相适应，建设学习型党组织的标准和要求也就更高，必须拓展学习视野，提升海军学习型党组织建设的层次和境界。针对海军战略性军种特点，我们把学习的侧重点从相对单一向系统综合延伸，深入学习以信息技术为主要内容的高新科技知识，更加自觉地学习部队的条令条例、国家的法律法规，广泛学习和涉猎政治、经济、文化、哲学、历史地理、民族宗教、外交礼仪和现代管理等知识，提高运用媒体、舆论引导等本领，提高外语的运用和交流能力，努力提高广大党员的人文素养。我们把学习的着眼点从狭窄视域向国际视野拓展，密切关注世界各国海军建设发展理念和发展趋势的新变化，进一步突破封闭半封闭的思维局限，充分利用海上联合军演、军舰互访、远洋护航及"和平方舟亚非行"等对外交流活动，进一步扩大知识储备、优化专业素养、提升外交风度，真正使能力素质伴随人民海军走向深蓝、走向世界的进程而不断提高。

开展形式多样的学习活动
形成全员化常态化学习格局

郑卫平

　　机关各部逐级签订抓建工作目标责任书，从领导干部到普通党员人人制定落实措施和学习计划，各部处之间广泛开展挑应战活动。读马列经典、读20本好书、办理论夜校、举办读书会等形式多样的学习活动，在机关迅速开展起来。军区党委机关大抓自身学习型党组织建设的情况通过《战士报》等媒体通报部队后，在部队引起强烈反响，普遍反映受到了教育震动，强化了抓好学习型党组织建设的责任感。

　　近年来，我们坚持紧贴形势任务需要，每年组织团以上领导干部集中开展1至2次专题学习调研活动，对解决部队建设发展重大现实问题，牵引和推动部队大兴学习调研之风，起到了很好作用。军区党委围绕学习贯彻胡主席关于新形势下国防和军队建设重要论述这个主题，组织专题学习调研活动，作为推进学习型党组织建设的一个具体抓手。全区数百名师以上领导干部积极参与，军区常委和各军级单位主官亲自承担研究课题，大家学习理论，深入调研，思考对策，形成了一批很有质量的学习调研成果，军区以电视电话会议形式组织全区部队进行成果交流。整个活动持续时间长，参与人员多，

郑卫平

广州军区政治部主任。

成果丰富，形成了声势，产生了很大影响。部队普遍反映，这次专题学习调研活动，彰显了军区党委大兴学习研究之风的坚强决心，重视团队学习和学习工作一体化的崭新理念，坚持理论联系实际的良好学风，对推动部队扎实抓好建设学习型党组织各项工作，起到了很好的导向和促进作用。

形成全员化常态化抓建格局，是推进学习型党组织建设持续深入发展的重要保证。为此，我们注重完善制度机制，通过规范抓建的目标内容、方法途径、基本要求和组织领导，完善学习教育制度、党员干部培训制度、调查研究制度和考核评价机制，使抓建工作的开展有了完善的制度保障；注重丰富活动载体，通过广泛开展"创建学习型党组织、争当学习型党员干部"活动，"四会优秀政治教员"和"基层理论学习之星"评选表彰活动，向"李向群连"、驻香港部队中环机务站女兵群体、军区司令部工程师潘俊等先进典型学习活动，以及组织开展形式多样的基层学习竞赛活动，有效调动了广大党员干部投身学习型党组织建设的积极性；注重搞好结合渗透，通过及时总结推广部队创造的"在开展创先争优活动中规范党组织学习"、"在经常性思想教育中充实学习内容"、"在重大演训活动中摔打磨炼干部"等经验做法，指导各级把学习型党组织建设融入部队建设和完成任务的各项工作中去，实现了抓建活动与经常性工作有机融合、相互促进。

学以养德是共产党人党性修养的重要内容

吴昌德

成都军区各级党委和部队积极响应党中央和胡主席关于建设马克思主义学习型政党的号召，认真贯彻落实军委总部有关指示，通过提高认识统一思想，进一步完善学习制度；严格学习纪律，严密组织集体学习；紧贴实际确定学习专题，注重研究解决部队建设重大现实问题；用军区党委中心组学习成果带动机关和部队的学习，在全区上下营造并形成了重视学习、崇尚学习、坚持学习的浓厚氛围。

学以养德是共产党人党性修养的重要内容。在我们党和军队大兴学习之风

吴昌德
成都军区政治部主任。

的历史上，重视马克思主义理论的学习，注重加强党员的党性修养，是党的建设的基本经验和优良传统。新形势下，我们要深入学习中国特色社会主义理论体系，坚定革命的理想信念；要深入学习我党我军光荣历史和优良传统，增强宗旨意识和群众观念；要深入学习践行社会主义核心价值体系，树立正确的人生观价值观；要深入学习马克思主义哲学和现代科学知识，发扬务实作风和科学精神。

开展学习要注重研究解决现实问题

于建伟

　　胡主席指出，要按照建设马克思主义学习型政党的要求，完善学习制度，丰富学习内容，创新学习方法，努力把各级党组织建设成为学习型党组织。我们注重把党委中心组与机关的学习捆在一起抓，同步计划安排、同步组织实施，以党委中心组的学习带动机关、促进部队。注重把军师职主官集训与团以上干部普遍轮训捆在一起抓，每年举办两期军师级单位军政主官理论集训班，指导部队分批次对团以上干部进行轮训，形成了团队式学习的鲜明导向。

　　倡导学习互动、注重研讨交流、实现成果共享，是学习型党组织的基本组学形式，也是求得学习效果最大提升和学习成果最大辐射的重要途径。我们搭建交流平台，依托武警政工网建立学习论坛，开辟建言献策、读书征文、网上教育等专栏；依托《人民武警报》、《武警

于建伟
武警部队政治部主任。

政工通讯》等设立建设学习型党组织专刊；依托警营广播、警营电视台、墙报板报等载体，开展学习竞赛、笔记展评和论坛答辩等形式多样的交流活动，丰富了学习形式，浓厚了学习氛围。促进成果共享，及时编印学习纪要、学习简报，把学习研究成果汇编成内部资料，印发部队，为官兵学习提供方便。

学习的一个重要目的，在于研究解决现实问题。坚持以课题牵引学习，把课题研究与科学决策、解决问题、促进发展有机统一起来，推动学习向实践转化。我们在组织学习活动中，注重科学确定研究课题，把建设现代化武警、提高部队党的建设科学化水平、培育当代革命军人核心价值观、依法从严治警等作为重点研究内容，使确定的课题既紧贴年度学习计划安排，又紧紧围绕部队建设发展的重大现实问题展开。注重围绕课题调查研究，对年初确定的研究课题，采取领导牵头、机关参与、一人一题的办法，深入部队蹲点调研、解剖麻雀，集中力量攻关破解，促进了重大问题的研究解决。注重搞好成果转化工作，定期召开理论务虚会、重大现实问题研讨会，使课题学习研究的成果进入党委决策、进入工作指导。我们先后出台《建设现代化武警纲要》，修订《支队（团）落实基层建设纲要〈三十条〉》，制定创先争优活动《实施意见》、经常性思想工作《实施细则》和基层文化建设《意见》等，增强了学习的针对性和实效性。

以课题研究牵引学习　以研究成果深化学习

张西南

围绕贯彻落实胡主席重要指示，二炮党委梳理出 7 类 62 项重点研究课题，组织机关和部队深入研究。二炮党委中心组和机关按学习专题，师以上领导干部理论集训班按学习主题，分课题进行集中学习和研讨。结合年终工作总结和新年度工作筹划，组织机关和部队进一步深化学习研究，使胡主席关于国家安全形势的新判断、二炮战略地位的新定位、思想政治上必须非常过硬的新标准、军事斗争准备的新任务、依法从严治军的新要求深入人心，真正成为推动部队建设发展的强大思想武器。

二炮各级党委在推进学习型党组织建设中，坚持把研究问题、破解难题作为重要着力点，以课题研究牵引学习，以研究成果深化学习，取得了扎实成效。二炮党委始终把研究解决重大现实问题作为推进学习型党组织建设的重大课题，紧密联系形势任务发展变化和二炮部队建设实际，着力在把握特点、探索规律、寻求对策中形成解决问题的实际举措。各级党组织坚持以科学理论为指导，以现实问题为中心，采取专题化学习、课题式调研、对策性研讨方式，每季度确定一个学习专题，明确一个研究重点，组织党委班子成员分课题深入调查研究和集中学习研讨。

张西南

第二炮兵政治部副主任。

盘活学习资源　优化学习方法

陈金泉

针对一些政治干部工学矛盾突出、学习零敲碎打、忽冷忽热等现象，我们先后制定党委中心组带机关干部理论学习、党日活动、学习研讨等一系列计划方案，明确学习目标，规范学习内容，突出学习重点。把学习型党组织建设同深入学习实践科学发展观、创先争优等活动结合起来，同到爱国主义教育基地、改革开放前沿地带和地方党建示范单位参观见学、调研考察统筹起来，盘活学习资源、优化学习方法。发挥综合部门职责作用，加强对学习落实情况督促指导，结合实际搞好学习安排，保证学习科学、有序、高效运行。

针对一些政治干部学习目标不清晰、成效不清楚现象，我们依据政治干部具体岗位职责，量化学习成效考评标准，采取以会代训等形式，明确各二级部领导的学习应着眼强化"六种能力"，即组织本部门开展业务工作能力、大思路大手笔谋划工作能力、把握政策规定依法指导工作能力、组织协调能力、与时俱进开拓创新能力和加强自身建设能力，明确政治机关干事应做到"能参善谋"、"能说会写"、"能协调会办事"，成为学习型专家型政治干部。坚持高标准与实效性

陈金泉
军事科学院政治部主任。

相结合，区分不同岗位和层次，以能力素质提高、完成各项任务、解决棘手问题和开展课题研究的质量效益为主要依据，细化绩效评估标准。结合召开民主生活会、干部考核、半年形势分析和年终工作总结等时机，采取个人述学、组织考学、群众议学、党委评学的方法，对学习情况进行检查讲评，确保学习的质量和效果。

我们着力引导政治干部围绕工作中重点难点问题开展课题研究，使深化学习研究过程成为改进创新政治工作的过程。我们充分利用本院科研优势，借助军队政治工作研究中心平台，设立专兼结合的"政工研究小组"和"人才办公室"，推动开放研究、联合攻关。强化政治机关研究职能，提高政治机关研究素质，完善课题制、项目制、讲评制、激励制等研究制度，组织政治机关干部高标准完成政治工作课题研究任务，努力使学习研究与政治工作相互促进。2010年以来，政治机关干部先后承担全军计划课题3项，在国家级报纸杂志发表学术文章七十余篇，《大型文献电视纪录片〈忠诚〉对加强军队思想政治建设的启示》等研究成果受到军委、总政首长批示肯定，为改进创新政治工作提供了重要理论支撑。

为了深入贯彻落实党中央关于建设学习型党组织这一重大战略决策，去年以来，我们军事科学院政治部注重以科学完善的制度，保障学习型党组织建设扎实推进，努力建设学习型研究型政治机关，培养学习型、专家型政治干部。我们着力构建"六位一体"的学习机制：通过激发动力机制，着力引导大家自觉自愿学习，变"要我学"为"我要学"；通过计划导学机制，明确学习目标，规范学习内容，突出学习重点；通过学研相长机制，使深化学习研究过程成为改进创新政治工作的过程；通过绩效评估机制，量化学习成效考评标准，确保学习的质量和效果；通过竞争激励机制，把学习态度、学习精神、学习能力和学习成效作为考评干部的重要内容，努力形成注重学习的用人导向；通过成果转化机制，我们着力促进学习成果向工作实践转化。总之，通过建立健全长效机制，使学习成果融入工作、推动建设，切实把政治机关建设成为党委信得过、靠得住，在部队有威信、受欢迎的好机关、强机关，有力地促进政治机关建设科学发展和政治干部个人全面发展。

以党委领导为龙头　注重学习的指导性

张继温

发挥党委机关带头作用，紧紧抓住党委机关这个重点，努力把领导班子建设成为学习型领导班子，把各级机关建设成为学习型机关，影响和带动各级党组织学习。军区各级党委和部队认真抓好校院两级党委中心组学习，坚持领导干部先行，每逢党的重要会议召开、胡主席的重要讲话发表、国家重要政策出台、军委总部重大部署，校党委都及时组织学习，研究贯彻措施。校党委中心组每月确定一个专题进行调查研究，把理论学习与研究解决问题联系起来。

国防科技大学认真贯彻落实胡主席关于建设学习型政党的重要指示精神，把握院校特点规律，突出抓好党的创新理论武装，大力推进学习型党组织建设。学校不断加强发展战略研究，牵引思维提升，把增强战略思维、创新思维、辩证思维能力作为学习的重要着力点，引导官兵自觉把学校建设发展放在国际军事竞争、富国强军历史进程、我军建设第二步发展战略中筹划思考。围绕教育教学、人才培养、科学研究等国内可比性办学指标和工作重点，举办国防科技大讲堂、国防科技前沿论坛，邀请优秀留学归国人员为党员作报告，开阔战略视野、培养战略胸襟、加强战略运筹。着眼为履行我军历史使命提供人才、科技和智力支持，设立专题进行研讨，深入各军兵种和军区作战部队、国防工业部门、国内外高校集中调研、考察、交流，形成干部教育训练培训、拔尖创新人才培养和高水平创新团队建设等一批学习工作成果。以"提高人才培养质量、增强自主创新能力"为主题开展解放思想大讨论，结合学校建设发展和"十二五"重点建设规划实际，从教育理念、基础研究、人才质量、安全管理、服务保障等方面查找不足、破解难题，在实现什么样的发展、怎样发展，创建什么样的

张继温

国防科学技术大学政治部主任。

一流大学、怎样创建一流大学上形成新的共识。

构建集训培训长效机制，把理论培训集训作为基层理论武装工作重要抓手。举办基层党委、党支部书记培训，把胡主席关于新形势下国防和军队建设重要论述和全军党的建设座谈会精神纳入学习内容，帮助基层党组织书记准确理解把握加强和改进新形势下军队党的建设部署要求，自觉增强提高学校党的建设科学化水平的责任感紧迫感。组织基层干部集训，先后举办《政治工作条例》、《思想政治教育大纲》、《共同条令》、学员队正规化管理和依法从严治军、防范重大安全问题集训，提高基层干部履职尽责素质。组织开展基层政治教育课竞赛观摩和政治理论课教学竞赛观摩活动，提升基层干部开展思想政治教育的能力素质和政治理论教员授课水平，推进理论武装工作在基层落实。

以理论学习为抓手　永葆学习的先进性

康春元

康春元
北京军区政治部副主任。

党委中心组学习在部队学习中处于龙头地位，对基层理论学习具有重要的导向作用。近些年，北京军区党委中心组和机关集中学习后，都及时梳理学习成果，通过《政治工作信息》、《战友报》、政工网刊发学习纪要、转载授课录像，为部队理论学习提供借鉴。一些旅团还探索了让基层干部和理论骨干代表旁听中心组学习讨论的做法，开拓他们理论学习的视野。实践证明，党委中心组分专题组织学习的做法，对重大问题形成思想共识，运用理论指导实践的思路对策，都对基层的理论武装具有重要的引领指导作用。许多基层单位借鉴中心组学习的做法，围绕领会把握创新理论的基本思想、基本观点、基本要求，一个专题一个专题组织学习，一个问题一个问题讨论交流，收到了明显成效。

领导干部学习宣传党的创新理论，既是对基层理论学习的思想发动，也是抓好基层理论学习的必然要求。近些年，每当党的科学理论有新的发展，党、国家和军队召开重要会议或作出重大决策部署，军区都组织各级领导干部先学一步、学深一些，指导他们运用学习成果深入部队宣讲辅导，深刻诠释重大理论问题，回答解决官兵关注的重难点问题，及时有力地统一部队思想、凝聚官兵意志。

理论源于实践又高于实践，具有概括性、抽象性的特点，要真正为广大官兵所掌握，必须有贴近基层、实在管用的抓手和载体。近年来，军区积极适应基层官兵的文化水平、理论基础和认知能力，总结推广了宣讲辅导灌输、名篇诵读背记、通俗读物诠释、信息媒体传播、社会课堂启迪、文艺形式宣传、政治环境熏陶、讨论交流辨析、融入实践感悟等12种方法形式，使科学理论在官兵喜闻乐见的学习实践活动中"入耳入脑"，扎实推动了中国特色社会主义理论体系的大众化普及化。部队反映，这些方法形式架起了理论通向群众的桥梁，让党的创新理论进入了基层、走近了官兵，真正成为了建连育人的法宝。

以多样形式为载体　提升学习的主动性

王文杰

随着时代的发展变化，干部的学习需求越来越具有个性化、差异化特点，传统的"教什么学什么"的学习培训方式已经不能满足干部需要。实施自主选学工程，就是着眼不同层次官兵学习需要，有针对性和选择性地设置学习内容进行学习培训，帮助改善团以上干部知识结构，提升战略思维、创新思维、辩证思维能力。军区坚持采取一个单元突出一个学习主题的办法，组织系统学习政治、经济、社会、科技、历史、文化等相关的知识理论，努力提高军区部队团以上干部领导部队建设科学发展和有效履行使命任务能力。参加自主选学的干部普遍反映，军区把组织培训和自主选学结合起来，充分体现了"尊重人、服务人、提高人"的现代培训理念，改变了干部在教育培训

王文杰

兰州军区政治部副主任。

中的被动地位，使他们学到了自己想学的东西，顺应了干部成长需要。

在团以上党委机关广泛开展自主选学工程，计划用 3 年时间，每年安排 2—3 个学习单元，系统学习党的创新理论，学习新形势下国防和军队建设思想、军队信息化建设等有关学习内容，体现了军区党委长期抓学习的决心和力度，有效解决了部分团以上干部把学习当"软指标"、说起来重要、做起来次要、忙起来不要、不能善终的问题。同时，坚持把"自主报名、个人读书、系列讲座、学习研究、成果交流"五个环节作为一个学习周期整体来抓，注重抓好每个环节的连贯性落实，通过环环相扣、层层推进，确保每个学习内容都得到有效落实。

以课题学习为牵引　增强学习的针对性

王清葆

我们党历来重视自身的理论学习，始终把学习作为关系党的事业兴旺发达的战略任务来抓，特别是在革命和建设处于重大历史关头，都强调加强学习、重新学习。近几年来，南京军区党委着眼坚持党对军队绝对领导，把铸牢军魂、强化精神支柱作为理论学习的首要任务；紧紧围绕使命任务，把研究推进军事斗争准备作为理论学习的重要着力点；紧贴部队实际，把研究解决重大现实问题作为理论学习的重要任务；紧跟时代发展步伐，把创新方法手段作为提高理论学习质量水平的重要途径。

坚持把专题式学习、课题式调研、对策式研讨结合起来，把学习理论、解决问题、推进发展统一起来，不断增强理论学习的针对性实效性。军区党委常

王清葆

南京军区政治部副主任。

委带领机关选定的每个专题理论学习，都要围绕部队建设一两个重难点问题进行学习研究，学习成果都以纪要形式下发部队指导工作、抓好贯彻落实。紧跟时代发展步伐，把创新方法手段作为提高理论学习质量水平的重要途径。军区各级积极适应时代进步、社会发展和人们认知特点的变化，不断开阔思路，拓展资源，创新理论学习方式方法，形成了研究式学习、讲座式学习、互动式学习、开放式学习、网络化学习"四式一化"的方法路子，进一步激发学习热情、增强学习实效。2009 年军区两期军师干部理论集训班，军区党委常委率领集训班全体学员，到井冈山、永新三湾、瑞金、古田等革命根据地参观见学、寻根问祖，重温我党我军光辉历史和优良传统，学习我们党建军治军一系列重要原则形成发展过程，收获很大、效果很好。

第十篇

外国使节眼中的中国共产党

——十四位外国驻华大使谈中国共产党

中国给了世界震撼，中国共产党领导中国人民创造的一个又一个辉煌成就令世界瞩目。在纪念中国共产党成立 90 周年之际，让我们倾听十四个国家的驻华使节是怎样评价中国共产党的。

奇迹证明 "没有共产党就没有新中国"

池在龙

我曾多次访问中国。我了解到和接触到的中国共产党党员，都给我留下很深刻的印象。

毫无疑问，中国共产党成立 90 年来所走过的道路是光辉的道路。今天的中国综合国力和国际地位得到了空前提高，人民的生活水平不断改善，社会更加和谐稳定。取得这样的成绩，离开中国共产党是根本想象不了的，惊人奇迹证明 "没有共产党，就没有新中国"。

我最近看了中国的电视剧《毛岸英》。该剧真实地反映了一名中国共产党党员的形象。朝鲜战争爆发后，毛岸英高举抗美援朝、保家卫国的旗帜，在朝鲜的土地上献出了自己的生命，打退了美帝国主义的侵略，是一位伟大的国际主义战士。毛岸英有着坚定的信仰、火热的工作热情和青春的活力，他的形象给我留下深刻的印象。

目前，不仅中国的电视台在播放《毛岸英》，朝鲜国家电视台也在反复播放。从剧中，我们可以看到毛岸英对社会主义坚定不移的信念，中朝传统友谊的历史根基。

现在中朝两国友好关系气氛非常好，文化交流得到进一步发展。去年我们除了创作歌剧《红楼梦》以外，在金正日总书记亲自关心与指导下，我们还创作了歌剧《梁祝》。我想以后两国之间的文化交流会更加活跃。

中朝友谊经受了历史的检验，不管是世代交替，还是岁月流逝，中朝之间牢固的友谊从未改变。目前，中朝友谊在两党两国最高领导人的亲切关怀下，正继续得到发展。

池在龙

朝鲜驻华大使。

中国共产党的执政经验值得学习

阮荣光

我在国内的很多朋友打电话来让我了解中国各个高校关于马克思主义教育的经验，比如教材编著的情况，每年上多少课，怎么上等。我调查后感到中国在教育青年人上坚持了马克思主义的指导思想，很值得我们借鉴。

越南十分关注中国反腐倡廉的办法，比如中国提的十六字方针："标本兼治、综合治理、惩防并举、终身预防。"中国通过多年总结探索，形成了一套反腐机制，比如党内监察条例、处罚条例等，我都翻译成了越南文，供越共中纪委参考。

我们特别注意借鉴中国共产党在干部队伍建设方面的经验。中国共产党关于干部队伍建设的制度很健全，特别重视对干部进行政绩观、发展观的引导，选拔领导干部做到了德、能、勤、绩、廉，这些执政经验很值得我们学习。

我还注意到，中国的理论工作现在更加注重向老百姓倾斜，出版了很多老百姓喜闻乐见的理论读物，如《理论热点面对面》等。

我认为，中国共产党能够那么好地领导这个国家，一个重要原因是理论上的创新。中国共产党构建了比较完善的理论体系，很不简单。此外，对中国在党建方面的一些创新，如"三个代表"重要思想、科学发展观等，我都很关注。

中国共产党党建有个提法叫"伟大工程"，我非常认同。一个党的建设有很多工作要做，关键是要与时俱进，中国共产党做到了这一点。

阮荣光

越南驻华公使。

因为中国共产党，世界经济得以"上浮"

拉佐夫

我访问过中国很多地方，它们都是独具魅力的地方。我无法停止对这个独一无二的国家表示惊奇。

近几年来，中国的经济发展确实已经成为世界经济发展的一个重要因素。你不能不承认，多亏了中国共产党，世界经济体系才得以"上浮"，并克服了全球金融危机。

我认为，中国的稳定发展为俄罗斯的经济发展创造了机遇。去年我们两国的双边贸易额再创历史新高，超过了危机前的水平。中国也首次在俄罗斯对外贸易伙伴中拔得头筹。

我对在中国发生的事情非常关注。尽管发生了许多自然灾害，中国还是成功地将国民经济转向相对快速、稳定的轨道。在这种背景下，中国采取的是预防"过热"和二次经济放缓，加强农业和工业基础，将通货膨胀保持在可控制的范围。

中国非常注重环境保护问题。近几年来，在城市建设以及建立自然保护区方面都在向更好的方向转变，并在北京筹备 2008 年奥运会期间实施了一系列改善首都环境状况的大规模方案。

令我们感到欣慰的是，中国开始实施耗资巨大的让松花江休养生息的方案。这对我们来说实在太重要了，因为这直接影响到居住在与中国毗邻的俄罗斯辽阔地区居民的生活条件。

我曾在苏联共产党中央国际部工作过十多年。我还特别想指出的是，苏联、苏共（布）及共产国际对中国共产党给予了很大帮助。在中国共产党的领导下，中国人民站起来了，成为自己命运的主人，并自信地向前迈进。

拉佐夫

俄罗斯驻华大使。

为弘扬中华文化，
中国共产党作出巨大努力

丁合复

丁合复

法国驻华公使衔参赞。

我尝试了解中国，尤其是中国的小城市和乡村。我尽可能多地去中国边远地区和北京周边的小村里参观。这是极有意思的发现之旅，能让我了解中国的发展程度。

我对中国先进的基础设施建设速度感到震惊，如高速公路、高速铁路、机场、火车站等。法国的一些企业和建筑师参与了中国的基础设施建设，这让我们感到自豪。

尤其令人赞叹的是优质文化基础设施，如博物馆、剧院、音乐厅和演出场馆等的增加。这一现象不局限于北京、上海、广州这样的大城市，还辐射到为数众多的城市。如武汉，我们与保利集团合作，于今年4月在武汉琴台大剧场举办巴洛克音乐演出季。

中国与法国之间有着丰富的文化交流，尤其值得一提的是法国卢浮宫与中国故宫之间的合作日益深入。

为弘扬中华文化，中国共产党作出了巨大努力。中国的昆剧、弹弦乐器古琴和古琴曲、维吾尔族舞蹈先后被列入世界非物质文化遗产名录。中国还有一批非物质文化遗产项目获得联合国教科文组织和国际社会的承认。

最受国际社会瞩目的无疑是中国的现代艺术发展。如今，中国现代艺术被介绍到世界许多国家。法国"卡地亚当代艺术基金会"最近举办中国画家岳敏君的画展。

法国驻华大使每年都应邀旁听在京召开的全国人大会。我注意到，每年的人大会越来越多地集中反映民众关切的热点问题，如住房、价格、教育、健康，等等。这与法国人关注的问题相似。

中国共产党高层的思想很开明开放

苏杰生

不算我的祖国，中国是我生活过的第八个国家。很自然，我会作一些比较，我觉得中国十分迷人。

我认为，每个人都会被中国的魅力吸引。只要你看看今天中国人的生活质量和人们的基本需求，就会明白了。最有趣的一点是，印度决定开始教授中学生学汉语。

大多数人，当然包括印度人民的总体印象，都觉得中国共产党高层的思想很开明、很开放。尤其是在建设更美好的中国方面，一点都不教条。

我觉得，此次金融危机问题的源头在于西方的银行业。中国和印度制定的合理政策奏效了，我们现在已到了可以经受住风雨考验的地步。曾经，大家都认同西方人设立标准。现在我们可以思考从别人那儿获得的建议、标准或是说法是否对我们有利。

从印度的角度看，中国既可以产生机遇，也会带来挑战。我们可能和中国合作来加速印度的现代化。我们也认为，在某一方面印度也可以促进中国的发展。

过去3年间，中印的发展是比较强劲的，而世界其他国家还在危机的泥潭挣扎。所以，我们看到很多国际需求都是直接或间接由中国和印度推动的，因此这会影响到政治领域，所以就出现20国集团、金砖国家这样的组织。

我觉得，中国共产党在储备领导人方面非常认真，并有很多令我印象深刻的机构，比如中央党校。这也是中国公共管理质量较高的原因吧。

苏杰生
印度驻华大使。

中国共产党选择绿色发展给世界带来机会

芮捷锐

我在中国待了 4 年。中国给我印象最深的是中国人民的活力、追求成功的意愿以及中国的区域多样性和中国目前的蓬勃发展。

今年也是辛亥革命一百周年。中国共产党结束了中国持续一百多年的分裂和落后，统一了整个国家。中国实行对外开放政策，成为世界上一个非常强大的国家。

中国共产党应对国际金融危机，行动非常快速、坚定。这也帮助我国成为幸免于金融危机影响的国家。由于中国的刺激计划，我国出口大幅增长。

我到过中国很多地方，发现各地都非常重视环保。在促进替代能源、清洁能源，提高能效方面，中国成绩斐然。中国共产党的"十二五"规划纲要，特别强调清洁能源、能源保护、绿色可持续发展。我相信，这将给世界带来参与中国绿色发展的商业机会。

我记得刚来中国的时候，我发现人们就节能环保谈论得很多，但是却没什么实质性的行动。而现在，中国在节能环保上投入大量的资源和资金。此外，中国在植树方面规模也大得让人难以置信。

我参观了吉林长春一座公共汽车厂，他们生产的公共汽车使用液态天然气，使用效率很高。我们与中国其他地方还有一些环保合作项目，比如合作一些重金属垃圾补救项目，使土壤恢复到可利用的水平。

我了解中国党和政府的工作程序。中国是一个很大的国家，治理如此规模的国家是一个多么复杂的事啊。

芮捷锐

澳大利亚原驻华大使。

中国共产党应对金融危机可得一个高分

严农祺

我在中国生活时间跨度较长。我夫人说中国是最适合她生活的地方。但我认为意大利人对中国认识不够。如果现在把北京三里屯或上海浦东照片带回意大利，没人相信这就是中国。过去意大利援助过中国，现在意大利希望中国企业家去开展商务活动。为此，我们大使馆还通过简化签证等程序，方便更多中国人去意大利投资、旅游。

严农祺
意大利驻华大使。

中国的变化给我留下深刻的印迹。首先是飞机场的不断扩建，第三航站楼很壮观，中国的变化从我们一进机场就感受到了。上个世纪 90 年代的中国几乎是自行车的天下，如今是汽车充满大街小巷，这说明中国人的生活水平提高了。

中国的城市化已经进入了一个加速发展时期。我有个梦想是沿着 312 国道开车到乌鲁木齐。这条东起上海西至新疆霍尔果斯口岸的东西大通道，促使了中国西部地区的加速发展。

在这次金融危机中，中国共产党积极应对，解决好自己的问题，也促进了世界问题的解决。中国无论是外汇储备还是居民储蓄，无论是财政收入还是基础设施建设的空间，与世界其他国家相比都有较大的回旋余地。如果让我打分的话，您从我刚才的评价中就应知道，这是一个很高分数。

文化软实力彰显了中国共产党的魅力

易慕龙

中国悠久的文化传承了世世代代。现在中国文化的传播不仅是在亚洲区

易慕龙

印度尼西亚驻华大使。

域，也在世界各国传播开来。文化软实力彰显了中国共产党的魅力。

目前，据说有一千万到两千万华人在印尼。我的婶婶就是福建人。中国人到印尼，也将中国的文化有效传到印尼。比如说中国的春节，现在印尼已经把春节同样作为公休日。比如筷子，很多印尼人都觉得使用中国筷子便捷。我本人也特别喜欢使用筷子。还如印尼的粽子，我没想到它来自于中国。

现在中国有 13 亿人口，经济增长快，文化显得很突出，在世界各个角落都有中国文化身影。上世纪 80 年代去欧洲访问的时候我看到饭店里的中国菜翻译是日语，但是后来看到好多国家中国菜的解释都用中文。目前，在印尼有了很多中国研究中心。

中国在印尼举办的"中印尼 2010 年伊斯兰文化展演"，我是推动文化展演的一员。中国 2009 年到访印尼的游客 36 万人，2010 年达到了 45 万人。文化有着特殊性，我们也无法用数量去衡量中国文化的影响。

中国为什么能够发展成这样的国家，我认为中国有个很好的行政机构支持，在共产党的领导下，非常有纪律性，并能团结各个民族。正是多方面的结合，才会使中国发展得如此强大。如果对中国共产党为民造福打分的话，我给出的成绩是最高的，我表示祝贺。

中国共产党的成就看得见摸得着

叶海亚·载德

今天，中国人民在中国共产党的带领下已经取得了举世瞩目的成就，成功应对国际金融危机，老百姓过上幸福的日子，这些是看得见的，也是摸得着的。

同时，中国在改善民生、发展民主、保障人权方面也取得了巨大的成就，这些都证明了中国共产党的领导是正确的。

近年来，中国政府通过制定和实施民族政策，使少数民族地区社会经济等各方面发生了历史性巨变，各族人民和睦相处。中国共产党始终高度重视少数民族和民族地区的发展，对少数民族贫困地区给予扶持，组织发达地区与少数民族地区开展对口支援，也照顾少数民族地区在生产生活方面的特殊需要。

中国共产党还实施了西部大开发战略。不久前，我去了宁夏回族自治区，那里的少数民族生活水平有很大的提高，我感受到了中国民族政策的正确性。

叶海亚·载德

沙特阿拉伯驻华大使。

众所周知，随着中国海军舰艇编队开始执行护航任务，中国在维护国家利益的道路上迈出了重要一步。通过中国护航这件事可以看出，中国完全有能力保护好自己的国家和人民。

当然，中国在沙特的留学生呈现出增长的态势，目前沙特国立大学中，外籍学生当中以中国的留学生居多，有很多的沙特大学非常愿意接收德才兼备的中国留学生。

中国的自然环境保护得很好。比如四川的九寨沟就像人间天堂一样，还有雄伟的慕田峪长城，让人流连忘返。

我们见证了人类发展史上绝无仅有的历程

苏亚雷斯

我来中国后的见闻大大超出了预想。中国迅速发展不仅仅局限在少数大城市，而是遍及全国，这太了不起了。我们正在见证的，是人类发展史上的一个绝无仅有的发展历程。

在金融危机的形势下，中国共产党果断决策，保持了人民币汇率稳定，给国际市场增强了信心，还慷慨地帮助他国应对债务危机，这很可贵。

我认为中国现行的政治制度是中国历史的产物。选择中国道路是出于必

苏亚雷斯

葡萄牙驻华大使。

然。在"十二五"规划中，中国共产党更加注重医疗、养老、教育、休闲、环保等问题。

我也注意到近年来中国共产党在保护传统文化上的努力。我在北京接触到不少中国艺术，包括绘画、音乐以及其他艺术形式，中国艺术的旺盛生命力给我留下十分深刻的印象。

我曾去内蒙古和中国其他地区访问过，留意到当地在环保方面作出的努力。环保上还有许多事情等待我们去做，但中国已经走对了路。

我在内蒙古访问时，发现当地各族人民亲如一家。我也参观过其他一些少数民族聚居地，如贵州的苗族。当然了，访问都很短暂，但我注意到，少数民族在民俗、音乐等方面都得到了较好保护。

澳门回归后取得了巨大的成就。我多次去澳门，让我感到印象深刻的是澳门仍保留着文化的多样性。在这里，澳门论坛推动着中国和其他葡萄牙语国家的交流。

中国正在国际舞台上不断找正自己的位置，与其国土面积、人口和经济容量相匹配。

中国共产党在不断追求完美

埃森利

到中国我才发现，中国正以前所未有的速度发展，外部对中国的评价信息难以跟上中国发展脚步。

就像土耳其存在发展不平衡一样，中国东部和西部也存在发展不平衡的情况。其实发展的概念都是相对的，比如拿乌鲁木齐和上海相比，上海可能显得

埃森利

土耳其驻华大使。

更加繁荣，但实际上乌鲁木齐也是一个非常繁华的城市。中亚其他大城市，比如比仕凯克和喀布尔，它们的发展都远逊于乌鲁木齐。

我曾4次访问乌鲁木齐。乌鲁木齐有很多高科技产业基地，风能、太阳能等新能源得以利用，可口可乐在全球最大的装瓶工厂也设在乌鲁木齐。乌鲁木齐的农业、纺织业发展都很发达，与邻国的贸易非常活跃。不管是从欧盟还是美国的标准来说，乌鲁木齐已经取得很大的成功，是一个非常繁荣的城市。从确定西部大开发的决心可以看出，中国共产党在不断追求完美，希望西部和东部同样发达。

土耳其非常支持中国的"十二五"规划，并积极参与西部大开发。4月20日，土耳其就有一个代表团去乌鲁木齐探讨产业合作事项。

我注意到，为推动少数民族地区的发展，中国共产党作出了巨大的努力。记得在吐鲁番一个农户的家里聊天时，他们告诉我，生活环境很好，他们对自己的日子很满足。他们的孩子正在接受非常好的教育，这对于下一代融入中国这个不断发展的社会是非常有益的。

中国共产党执政是理智而循序渐进的

穆斯塔法

显然在中国只有一年多的时间，但通过走访，我对中国的认识要远远高于之前所有。

中国所取得的成就举世瞩目，比如说工业的发展，经济的发展，城市建设发展，人民的精神面貌，等等。中国变化的不仅仅是举办奥运会、世博会的大

穆斯塔法

伊拉克驻华大使。

城市，还有中小城市。

关于人权，就中国目前而言，生存权是第一位的，经济发展就应是第一位的。近年来，中国在保障人民生存权上取得重大进展。

当然，中国取得这么大成就自然有其道理。如中国有独特的历史和文化，中国的发展模式是其他国家都不能比的。作为执政党，中国共产党每一个政策和每个阶段的政策都非常好地满足了中国 13 亿老百姓的需求，这个是成功的最重要原因。

中国执政党既理性又感性。中国在国际领域能承担更多的责任，如在伊拉克的重建过程中，持一种同情关怀的态度，坚持不干涉内政，真诚发展了两国的友好关系。

现在中国有很多的公司参与伊拉克的重建，比如电信方面的华为，还有很多水利水电、石油公司等，他们在中伊两国之间的合作中发挥了很大作用。

我认为，中国的一系列变化最终要归功于执政党。如果没有中国共产党理性的、充满智慧的、非常平稳的及循序渐进的改革措施的话，中国人民可能还处于水深火热之中，至少赶不上现在的发展局面。

中国共产党在不断强大

艾哈麦德

从 1981 年首次来中国学汉语开始，我的人生有很长一部分生活在中国，对中国共产党有较全面的认识和了解。我曾听过一些西方国家的讲座，说中国共产党在走下坡路。但我所了解的真实的情况是中国共产党在不断强大。

中国共产党成功最大的原因是对人民负责任，真正去为老百姓服务。他们

艾哈麦德

孟加拉国驻华大使。

能够真正了解中国存在的问题，积极想办法迅速去解决它，并且能让广大人民看到这种急迫的不懈努力。

比如，面对全球金融危机，中国共产党提议拿出 4 万亿扩大内需。这样可以减少工人失业，也促进很多基础产业的长期可持续发展。中国还增加了一些补贴优惠的政策，如家电下乡等，也是很实实在在地在扩大内需。

中国共产党一直在完善执政模式。他们采用了民主集中制的方式，党内决策越来越民主，避免由一个人说了算。他们在人才选拔机制上是以贤和才来选拔干部，而不是看这个人的资历、背景和关系。他们在打击自身腐败方面很有决心，有很多贪官落马，并受到法律制裁。

中国的民族政策是非常开明的，我接触过很多中国的少数民族，他们很认同中央政府的政策。政府还在不断提出新的政策来改善少数民族的生活，保护他们的语言和文化。去年 3 月，我们的总理来中国访问参观了少数民族村后，感到中国民族政策非常好，有很多地方值得学习。

中国共产党每次改革都有深刻的时代特征

罗德里格斯

这几年，我见证了中国的巨大变化。

每次跟中国共产党党员接触，能感受到他们是一个拥有共同信仰、不爱炫耀、很简单很务实的一个群体。我非常敬佩他们对社会主义的信仰和锲而不舍的求真精神。我认为这是一种独特的政治文化，它可代表中国先进文化方向。

我对中国共产党一直是非常钦佩和欣赏的。中国共产党进行的每次改革都

罗德里格斯

玻利维亚驻华大使。

有着深刻的意义，都代表着当时那个时代的特征。

改革开放三十多年来，中国共产党努力让每个老百姓的生活品质都得到了提高，这是非常了不起的一个成就。

还有一个不容易被人发现的重要秘密是，在中国共产党领导下，工人、农民等各个阶层人们的精神面貌发生了很大变化，中国人越来越自信了。这来自心底的自信才真正反映出一个国家和民族的深层变化。我相信这些都是向西方偏见的一个很好的反驳。

此外，中国的每一段创新改革都是环环相扣，社会经济发展的每一步都是和下一步连接起来。现在，中国共产党开始实施的"十二五"规划，是中国朝着更高的目标发展的起点。

理性地想一想，世界上很少有哪个国家政党像中国共产党这样具有长远眼光，成功地连续实施社会和经济发展五年规划。我认为这也是其他国家政党可以借鉴的地方。

第十一篇

做好群众工作
推动基层建设

—— 十位"小巷总理"谈做群众工作

　　胡锦涛总书记2011年2月19日在省部级主要领导干部社会管理及其创新专题研讨班开班式上强调，要"加强社会矛盾源头治理"，"妥善处理人民内部矛盾"。"十二五"规划也提出，"创新社会管理机制"，"最大限度地增加和谐因素，化解消极因素，激发社会活力"。当前，建设和谐社会需要一大批善于做群众工作的行家里手。一些基层干部、党员勇于担当"小巷总理"，巧妙化解一线矛盾，把思想政治工作做到群众心里，把问题解决在基层，他们现身说法，值得借鉴。

用人文关怀引领青少年走向阳光

李秀蓉

胡锦涛总书记强调要"加强和创新社会管理","加强社会矛盾源头治理","十二五"规划纲要也提出要"加强人文关怀，注重心理辅导","为青少年营造健康成长的空间"。

作为湖北武汉 12355 青少年服务台的一名工作者，我通过交往、交流，在人文关怀和心理辅导中，引领青少年走向阳光。

"李老师，谢谢您，我现在已经上学了。"2009 年 2 月的一天，我收到了曾经心理帮扶半年的"问题少年"小罗发来的短信。小罗幼年丧父，母亲改嫁，他由年迈的祖父母抚养。他虽然从小成绩优异，但很自卑、焦虑，对社会也有偏见，这样的心态使他产生了弃学的念头。

小罗 15 岁那年拨通了我的电话。我对他的成长经历、心理问题进行了详细地分析和思考，制定了一套心理帮扶计划。我和小罗交流中，发现他情绪波动较大，我就帮助他平静一下情绪，并耐心劝说和鼓励他登台表演节目，重拾了信心。此后，我又安排让他在服务台担任小志愿者，使他在帮助他人过程中，认识到肩负的社会责任。慢慢地，看着他脸上露出笑容，我心里感到无比骄傲。

爱就是要让每一个缺少关爱的孩子看到希望。2008 年 7 月份的一天，一位身患脑瘤的单亲母亲焦急地来到服务台求助。她说儿子小王今年 17 岁，辍学在家，心理叛逆，对社会多疑，整天无所事事在街头闲晃。

我首次上门家访，小王误认为我们把他当做了精神病人，非常排斥心理咨询师的帮助。察觉此情形之后，我便多次单独上门跟小王沟通交流，不久便和他建立了相互信任，并为他制定了 3 个月的跟踪式心理帮扶计划。随后，小王慢慢开始改变，看待社会有了健康心态，也摆脱了一些恶习，并竞聘当上一名酒店保安，走上正常

李秀蓉

湖北省武汉市 12355 青少年服务台工作人员。

的生活轨道。

倾听是关爱的美。三年多来，我已记不清自己接听和处理了多少青少年求助电话和案件。2009年，我被评为"湖北省优秀青年卫士"。我打心底里为自己能帮助一名名青少年走向阳光而感到由衷高兴。

从源头化解矛盾换来万家幸福

朱仲青

胡锦涛总书记指出，要"加强和完善党和政府主导的维护群众权益机制"，"统筹协调各方面利益关系，加强社会矛盾源头治理，妥善处理人民内部矛盾"。

我1987年加入党组织，在基层从事政法综治工作26个春秋。几十年来，我积极从源头化解社会矛盾，维护了乡村邻里和谐。

2010年3月的一天，天空下着细雨，璜山镇溪某村村民金先生开着自家的摩托车，迎面和一辆重型作业车撞上了，金先生经抢救无效死亡。这个消息如晴天霹雳，使金先生一家亲戚朋友十几口人，都冲到了车主周先生的家里讨要说法。

朱仲青
浙江省诸暨市璜山镇政府综治办主任。

我接到消息后，立即拨通双方的电话，要双方保持克制。赶到现场后，我又把当事人拉到旁边一一做工作，但两家的意见始终达不到一致，首次调解没有成功。当天下午，死者家属以讨回公道为由，到周先生老家和工作单位上门闹事，并扬言要极端维权。我连忙放弃休息时间，赶到死者家里告诉他们这是违法的。我知道死者家属的悲伤，也知道车主的无奈，将心比心地做调解，等两边情绪都稳定后，我又组织他们的亲友进行侧面沟通，两家终于达成了赔偿协议。

在璜山镇某村，钟三（化名）和钟五（化名）是多年的老邻居，关系一直和睦。没想到因为造新房子的事情，两家反目成仇。原来这两家都想在诸东公路规划区内建房，但因为建房先后，房屋高度等意见不一致产生了矛盾，一来二去，两家就各不相让，势如水火。

为了能让两家心平气和地坐下来，我就到他们要建房的地方进行测量，还到国土部门了解两家相关的土地审批手续。我担心时间长两家的矛盾又会激化，便每天一个电话打到双方家里，耐心听取两家的意见，并4次召开座谈会。最后两家人都同意各让一步，化解了纠纷。

二十多年来，我辗转奔波在乡村坎坷的小路上，乐此不疲地调解矛盾纠纷，看到纠纷得到化解，剑拔弩张的村民言归于好，夫妻破镜重圆，老人得到赡养，我心里感到无比舒畅。

警民深情滋养一方平安

张援越

胡锦涛总书记要求，要"加强和完善基层社会管理和服务体系"，"把群众满意不满意作为加强和创新社会管理的出发点和落脚点"，"着力解决好人民最关心最直接最现实的利益问题"。

张援越

四川省成都市公安局青羊分局太升路派出所社区民警。

我2004年转业到成都市公安局青羊分局后，主要负责太升南路责任区的治安工作，注意维护群众利益，努力争做让人民群众满意的好警察。

2007年底，太升南路上的两大商家因租用一大型商场产生纠纷，引来一些群众围观。我当时正在市儿童医院解决医患纠纷，到不了现场，就立即打了电话过去，真诚、公平协调双方利益，风波便迅速平息。

2010年5月，成都到巴中的高速公路修通，一家运输公司要进行客运线重新招标。部分老客运车主因车辆老化达不到高速公路跑长途的要求，没有中标，由此引发对公司不满。我赶到现场后，把省运管局相关领导和这家公司有关人员等请到现场，与车主代表进行多次协商，终于达成谅解。

作为社区民警，只有倾心尽力为群众和商家排忧解难，才能更好地融洽警民关系。2008年3月，我在内姜街巡查时，了解到辖区居民胡某18年来一直未落上户口，我通过近五个多月艰辛调查取证，及时向上级领导汇报，终于将胡某的户口问题解决。忠烈祠东街的空巢老人李某，子女不在身边，我也经常去看望，她儿子今年回来对我说："现在我妈只认你不认我了，我们全家衷心感谢你！"

这些年来，我先后被评为成都市"创建精神文明城市先进个人"、市公安局"十佳群众工作能手"等，激励着我倾心营造警民鱼水深情，滋养一方平安！

让"黄丝带"为大爱飘扬

吴华芳

胡锦涛总书记强调，要"坚持贯彻党的群众路线"，"发挥人民首创精神"，"支持人民团体参与社会管理和公共服务，发挥群众参与社会管理的基础作用"。

作为爱心网友、镇江市红十字会"黄丝带"志愿者团队成员，我曾与众多网友发起了上百次的爱心公益活动，为困难群体特别是危重病孩子、特困学子筹集医疗费和学费一百五十多万元。今年3月初，江苏省授予我"优秀志愿者"称号。

很多镇江人，至今还记得2009年那场全城拯救白血病孩子宋雨阳的义卖活动。为了感谢那一千多名爱心人士，我特用网名"仪人"的身份，从外地订购了一千多支康乃馨，分别赠送给他们。

"要为大爱镇江做美丽注脚。"市红十字会领导要求我们的爱心服务不能仅仅局限在镇江一座城市。近些年

吴华芳

江苏省镇江市红十字会
"黄丝带"志愿者。

来，我先后发起为湖北山区孩子募捐书籍、衣物；为西南旱灾地区学校募捐水壶；为连云港贫困学校捐建 10 座图书室等行动。

去年 6 月份，我收到一份来自苏北沭阳的网络求助信后，又和网友们发起了一场声势浩大的跨江助学行动，促成镇江爱心人士与沭阳当地三十多名特困学子长期结对，确保这些孩子不用再为学费担忧。

去年 3 月，我成为"0511 爱心家园"负责人之一，随后为困难老人服务的洗衣队、洗脚队相继成立。这些队员中有不少是曾经受到过救助的人，他们也加入到回报社会的事业中来，定期为老人送去洗衣、洗脚等服务，送去亲情交流。网友"溪之语"曾为身患骨癌的亲戚家孩子求助"0511 爱心家园"，在我们的帮助下，筹集到善款近 20 万元。"溪之语"此后也成为一名网络志愿者，在跨江助学行动中，"溪之语"结对帮助了一名特困孩子。

如今我又担任了镇江市志愿者协会干事，肩头又多添了一份责任和使命。面对这份没有收入还不时贴钱的苦差，看着娇小的女儿，自己也曾有过放弃的念头，可看到那么多爱心人士、爱心网友的热情和无私，我坚定了走下去的勇气。

村官要善断家务事

王全生

胡锦涛总书记指出，要"坚持思想上尊重群众、感情上贴近群众、工作上依靠群众"，"着力解决好人民最关心最直接最现实的利益问题。"

我 1998 年加入中国共产党，今年 55 岁了。有人说：人民调解工作是和稀泥、搅拌机、两面脸。近 20 年的调解工作经历告诉我，要用亲情去和泥，用事实来搅拌，用法律和道德来做脸面，这样才能使感情真正贴近群众，更好地化解矛盾、营造和谐。

俗话云，清官难断家务事。其实，只要工作到位，村官也能断清家务事。2007 年年初，三社一户人家因为意见不一，刚过门的 80 后儿媳妇要求和公公婆婆分开住。他们家只有一道小院，儿媳妇的娘家人也帮着女儿说话，一定要公公婆婆搬出去。我动之以情晓之以理几个小时，终于劝服了这位儿媳妇，使公婆免遭露宿之苦。半年后，这位儿媳妇生了一对龙凤胎，全家人的生活和和美美，再也不提分家的事了。

　　调解需要宽厚仁爱之心。村民王某曾因抢劫罪判刑5年，刑满释放回家后三十多岁还没媳妇，七十多岁的母亲常年患病，家中一贫如洗，两间破房失修欲倒。王某失去了生活的信心，想破罐子破摔。我得知这一情况后，就与村组商量，一方面动员大家将他家破旧房屋修缮好；另一方面村上协助购回一辆三轮车，让他搞运输。如今，王某通过勤劳致富，娶上了媳妇，日子过得红红火火。

王全生

甘肃省静宁县八里镇高城寨村调委会主任。

　　调解还需解决好具体问题。2007年3月的一个上午，我正在地里干活，忽然有人告诉我大批群众围住了高速公路上的施工队。我撂下农具就跑往现场。原来高城寨七社的村民饮水取自不远处的赵家沟，正在施工的高速路切断了他们去赵家沟的取水路。我明白国家工程建设是大事，然而九十多户人家的日常饮水更是大事。我调解了七个多小时，终于平静了群众的情绪。随后，我又找到有关部门协调，给全社人通上了自来水。

　　多年来，我共调处矛盾、化解纠纷近200起，避免群体性械斗事件十多起。多年来我们村没有发生一起民转刑事件，没有发生刑事案件和重大不稳定事件。

用爱心真情点亮人生

刘焕英

　　胡锦涛总书记要求，要加强和完善"特殊人群管理和服务"，"进一步加强和完善信息网络管理，提高对虚拟社会的管理水平，健全网上舆论引导机制"。

　　能为虚拟社会的管理服务出一份力，为特殊人群贡献一份爱心，是我毕生

刘焕英

江西省弋阳县"网络妈妈"。

的荣幸和追求。我本应有个无忧无虑的花样年华，可 14 岁那年的一场大火，使我成为一名烧伤面积达 91% 的残疾人。残酷的命运摧残了我的身体，也教会了我坚强。我重新学会了洗脸、刷牙、吃饭、穿衣等生活小事，并考取了会计员和助理会计师，23 岁那年终于走上工作岗位，并于 1998 年光荣加入党组织。

一次，我和女儿 QQ 聊天时，无意中结识了一位网名叫"一生有你"的江苏一名高二学生。交流中，我得知他有自己的理想，但因为沉迷网络游戏，变得对学习丝毫不感兴趣。在交流中，他渐渐喜欢上了我这位阿姨。我借这个机会不停地勉励他。当得知他的父母因为他的成绩不太好而对他态度不好时，我左思右想，花了好几天时间写了一封 7 页长信寄给他的父母。这封信让"一生有你"的父母改变了对儿子的态度。此后，"一生有你"学习成绩明显提高。

"一生有你"的转变，让我意识到自己在网络世界里的价值。作为一位母亲，我有责任去唤醒那些迷失在网络中的孩子。

江西宜丰县有位高三学生，因沉迷网游，产生厌学症。焦急的妈妈费尽周折找到了我。当时我右脚伤口发炎，疼痛得厉害，但看到这位妈妈的真心求助，我便通过 QQ 与这名学生联系。经过多次主动与他交流，他慢慢地接受我了。为了能最终打动他、激励他，我将自己的亲身经历告诉他。"阿姨，你遭遇了如此的不幸，还能惦记我、关心我，我多么希望现实中能有你这样一位好妈妈呀！"看到他的回复，我欣喜不已地敲击着键盘："好啊！只要你能重新捡起书本，我十分乐意做你的网上妈妈。"他在 QQ 里给我留言："妈妈，我听您的，现在我已经开始在家复习了，请您放心！"

8 年来，我利用网络先后帮助引导三百多名网游成瘾的青少年走出迷途，为数百个家庭送去了和谐幸福，有人亲切地称我为"网络妈妈"，这对我是一种莫大的荣誉。

和谐社区是我梦想中的家园

于淑芬

于淑芬

黑龙江省牡丹江市东安区建福社区居委会党支部书记、主任。

胡锦涛总书记强调，"解决社会管理领域存在的问题既要增强紧迫感、又要长期努力"，"十二五"规划纲要也提出要"加强动态管理，更加注重平等沟通和协商"，"最大限度地增加和谐因素"。

社区工作包罗万象，近年来，我们时刻为居民着想，为他们多提供帮助，共同建设一个和谐的社区，营造梦想中的家园。

为困难群体排忧解难是居委会义不容辞的责任。居住在建福小区6号楼的孙某一直在外经商，有一次他开着一辆豪华车回来探亲，小区内的一群孩子玩耍时，不慎将石头砸在了车的前盖上。孙某揪住两个十来岁的孩子，提出要其家长赔偿4 000元。无奈的家长找到居委会，我立即赶到现场。经过几个小时苦口婆心的调解，终于化解了纠纷。

提供帮助也要因人而异。建福社区的马某丧偶多年，膝下有5个子女。2003年，马某经人介绍认识了一位老人，产生了再婚的想法。马某的子女得知这一消息后，共同极力反对，使老人与子女们的关系越发紧张。于是，我一个一个上门去做马某子女的工作，向他们讲述伦理道德和相关法律，讲述老人抚养5个子女长大成人的艰辛及目前老人内心的郁闷和孤独。渐渐地，子女们的思想发生了转变，2004年2月，两位老人喜结良缘。

调解需要爱的力量。24岁的内蒙古青年孙某孤身一人在牡丹江打工，在网上结识了女孩王某，渐渐互生爱慕之情。见过面后，王某感觉孙某与心目中的白马王子相差甚远，提出分手。带着无限憧憬的孙某已经深深地陷入爱的旋涡不能自拔。当孙某抱着为爱殉情的心理来到王某家门口割腕自杀时，邻居及时将事情报告了我。我立即叫人帮他包扎，并将其搀扶到居委会办公室，了解到孙某已经2天没吃东西了，我为他买来热腾腾的饭菜，并一勺一勺地亲自喂他，开导他勇敢面对人生，珍惜生命。此时的孙某被我的行为打动，泪水涟涟，幡然悔悟。

10年来，我和社区的同志化解辖区各类纠纷三百余起，调解矛盾一百余起，建福社区成为居民认同的和谐家园。

培育积极社会心态激发群众潜能

彭 勇

彭 勇
中国华能重庆分公司副总经理、援建拉萨项目部负责人。

胡锦涛总书记指出，"加强和创新社会管理"，要"最大限度激发社会活力"。"十二五"规划纲要也提出要"加强人文关怀，注重心理辅导"，"培育奋发进取、理性平和"的社会心态。

2009年8月下旬，作为中国华能集团承担无偿援建拉萨某项目部的负责人，我和同事带着公司领导殷切期望，踏上高原的征程。

建设工地位于拉萨远郊的色玛村，海拔近4 000米，含氧量只有平原的一半，很多人都不同程度出现了高原反应。同时，不少参建员工身体严重透支，多人病倒。更为困难的是，此时有不少员工思想开始动摇，甚至有的出现埋怨、畏难、退缩的情绪。

把集团公司打造成服务中国特色社会主义的红色公司、注重科技保护环境的绿色公司、与时俱进面向世界的蓝色公司，是中国华能的"企业文化"。"信守诺言，无私奉献"是我们企业文化的魂。

这时，我把所有的党员都动员起来，结合企业文化组织大家重温在冬季来临前向藏区同胞供电的承诺："风暴强意志更强，海拔高斗志更高"、"缺氧不缺精神，艰苦不怕吃苦"。与此同时，举办生动多彩的文化活动，并积极开展心理辅导，激发员工斗志。

通过及时的思想政治工作，凭着华能人"逢山开路，遇水搭桥"的拼搏精神，全体参建人员咬紧牙关，开工 33 天便提早完成了主厂房所有主机基础，约五千方混凝土的浇筑任务，开工 64 天便完成主厂房的钢结构吊装，仅用 100 天完成首台机组投产。

在最困难的时候，缺氧、高寒、伤病等问题不断干扰员工的施工进度。此时，一些员工的家庭也遇到一些实际困难，我们及时协调组织帮助解决家里困难，解除了职工的后顾之忧。一位员工深情地向组织表决心：我知道，援建项目饱含着祖国人民对藏胞的深厚民族情谊，作为一名党员，我一定勇于担当。

永远都打不垮的是顽强的战斗意志。我们就这样坚持着，坚持着。很快，一座 9 台共 10 万千瓦的西藏最大火电厂拔地而起。

带走一身的疲惫，留下一片温暖和光明。雪域高原的冬夜亮起来了，千家万户藏区人民的电暖器热起来了，一个个农牧民的青稞面研磨机转起来了。看到眼前的一切，幸福的笑容绽放在每一个参建人员脸上。

促进乡邻和睦是我这辈子的心愿

李春娥

胡锦涛总书记提出要求：要"加强和创新社会管理"，要"最大限度增加和谐因素"，"最大限度减少不和谐因素"，"确保社会既充满活力又和谐稳定"。

作为 1947 年加入党组织的老党员，我今年快 90 岁了。我在家门口做了一辈子的义务调解工作，为村民和谐共处做了力所能及的工作，这是我一生中最大的乐趣与欣慰。

做好调解，靠的就是一副热心肠。有一次，村里两户人家的主妇吵架，我碰上其中一个，她给我讲述事情发生的经过，我就和她聊天并劝解："现在日子好了要珍惜，别因这点小事添堵。低头不见抬头见，互相让一步，体谅一下就都过去了。"正当我劝解她的时候，另一位听到我们的谈话，就主动走过来了，她说心里也很过意不去，主动表示要跟她和好。

李春娥

山西省沁源县沁河镇北园村村民。

化解邻里矛盾，我也十分注意公允的立场和将心比心的窍门。村里有一对 80 后小夫妻，脾气都不太好，时常吵架。吵完架，媳妇就来找我评理。我总是先安慰她："盆子碗，乱三乱，在一个锅里吃饭哪有不磕磕碰碰的？"并指出她也有不对的地方。然后我再叫上她丈夫数落一通，并教育他："男子汉要学会大度。"慢慢地，他们夫妻吵架就越来越少了。

还有一户村民，婆媳关系不好，儿媳有时甚至指着婆婆的鼻子叫出名字骂。我听说以后，主动找到儿媳对她说："你丈夫和儿子都是独生子女，将心比心，如果将来有一天你的儿媳这样骂你，你心里是什么滋味儿？"一席话说得她不出声了，婆媳关系也慢慢地好了起来。

我每天做的都是琐事，说的话也没什么大道理，但村民们都说，我是村里的"一宝"。这些年来，在大家共同努力下，村里从未发生过案件和大的矛盾纠纷，总体上保持了十分和睦融洽的氛围。

在服务群众中共建和谐

颜利贞

胡锦涛总书记强调，"加强和创新社会管理，根本目的是维护社会秩序、促进社会和谐、保障人民安居乐业"，"必须始终坚持以人为本、执政为民"。"十二五"规划也提出要"化解消极因素，激发社会活力"。

我 1994 年加入党组织，今年 48 岁，担任村妇女主任 17 年了。这些年来，我想方设法化解村里的各种纠纷矛盾，促进了家庭和睦和社会和谐。

2008 年夏天，村民李某因家庭矛盾与堂舅大打出手，愤怒的李某扬言要炸了堂舅一家，而堂舅家也不甘示弱，双方剑拔弩张。听到这个消息，我拔腿就往李某家赶，我知道他与堂舅矛盾的根源还是在他的母亲身上。在李某家里，我整整做了 3 天的思想工作，苦口婆心的劝解让李某一家十分感动，全家人和好如初。

　　村民王某有一手泥瓦工的好手艺，但他沉迷于打牌赌博，挣的钱全扔在了牌桌上。为这事，王某的妻子没少和他吵闹。去年年底，王某的妻子一气之下，扔下了一岁半的女儿回了娘家。眼看儿子天天只顾打牌，孙女常常饿得哇哇直哭，王家的老人急得与儿子大吵一场。听说这件事后，我主动上门进行调解，先是陪同王某去岳母家接妻子，然而王某的妻子对王某十分灰心，认为王某改不了赌博的陋习，不肯回家。于是我将王某介绍到附近的一家建筑公司做工，由老人照看孙女，从王某的工资中每月扣出 1 000 元作为女儿的生活费和老人的赡养费。很快，王某一家的生活回归了平静。

颜利贞

湖南省涟源市荷塘镇烟溪村妇女主任。

　　去年 4 月，我得知怀孕 5 个月的李某回村了，李某是非农户口，已生育一胎，按政策不能生育第二胎。可李某的丈夫性格暴戾，曾坐过牢，村里人都不敢招惹他。可我偏偏不信这个邪，屡次登门做夫妻俩的工作，向他们宣讲国家的奖励扶持政策，终于做通了他们的工作，我陪同李某去做了引产，手术后也一直陪着照料她。这件事让李某及其丈夫都很感动，后来每次孕检都能积极主动地参加。

第十二篇

红色团队　决胜未来

—— 十位来自英雄团队的军人谈国防

　　胡锦涛总书记在庆祝中国共产党成立 90 周年大会上的讲话中强调，要"坚持党对军队绝对领导的根本原则和人民军队的根本宗旨，培育当代革命军人核心价值观，拓展和深化军事斗争准备"，"全面提高以打赢信息化条件下局部战争能力为核心的完成多样化军事任务能力。"2011年八一前夕，本书编委走访了人民军队的十个英雄团队。

王牌挑战未来

颜 锋

这是镌刻在蓝天上的骄傲。

近年来，空军某部英雄的"王海大队"先后完成了首次对海上陌生目标实施精确打击训练，首次在远程机动中对陌生目标进行精确打击，首次在最低条件下实施飞行员自主保障……一连串沉甸甸的首次，让"王海大队"在长空留下一道道优美的航迹。

其实，"王海大队"是注定会成为苍穹排头兵的。这不仅是历史赋予它的使命，更是历史赋予它的机遇。

历史未曾走远。参加抗美援朝战争前，大队长王海和战友们平均驾驶喷气式战斗机训练时间只有二十多个小时，而他们的对手美国空军飞行员大多参加过第二次世界大战，飞行时间多在 1 000 小时以上。

颜 锋

空军航空兵某大队大队长。

必胜的信念创造奇迹。1951 年 11 月 18 日下午，180 余架美机分头飞至我方上空进行狂轰滥炸，大队长王海带领战友架战机起飞迎战。几次冲击，我 6 架战机硬是冲破了美军的"圆圈阵"。在这次战斗中，他们一共打掉了 5 架敌机，其中王海本人包办 2 架。5：0！"王海大队"一举成名。

随后，大队长王海带领战友们在抗美援朝战场上以"刺刀见红"的精神，创造了击落击伤敌机 29 架的战绩，形成让美军飞行员畏惧的"米格走廊"，被誉为"英雄的王海大队"。他本人因击落击伤敌机 9 架，成为空中王牌。

进入 21 世纪，大队装备一批空军最新型战机，作战指挥平台信息化程度也大幅提高，但"闻战则喜，英勇顽强，敢打必胜，有我无敌"的红色传统依然融进每一位指战员血液里，整个大队弥漫着一股"英雄气"。

"第一时间出击"不仅是"王海大队"党员干部的座右铭，也是大家对自己的要求。不久前，上级组织多军兵种实兵演练，"K"时即将到来，机场仍然笼罩在浓浓的大雾之中，能见度不到 200 米。担负远程对地突击任务的 4 名飞行员都不是骨干人员，但年轻的共产党员没有一人在困难面前退缩。随着指挥员一声令下，双机编队准时到达，一举命中目标。

在一次空地对抗演练中，大队飞行员下半夜起飞，双机编队超低空飞向对手的导弹阵地。为了不被对手的雷达发现，他们驾驶战机贴着山腰的雷达盲区飞行，天刚亮就准时抵达目标区上空，打了对手一个措手不及。

王牌决胜未来。当一支部队上上下下都形成了这种崇尚战斗、敢于战斗、争当战斗英雄的浓厚战斗文化氛围时，这支部队的战斗力便会源源不断上升，这支部队也便会成为未来空中的王者。

"尖锋"垂直打击

李中柱

这是一次陌生地域远程空降突击机动演练。空中连续飞行三个多小时后，空降兵某部抵达目标区域。

龙卷风、沙尘暴、大面积上升气流袭来，哪一项都是空降官兵跳伞演习的"沼泽地"。"跳！"800米高空，风劲吹，沙狂卷，伞漫舞。身负兵器、弹药的官兵们沉着冷静地处置各种特情，强行着陆。

李中柱
空降兵某部八连指导员。

此时，多数官兵或被强风拖拉或被龙卷风卷起来又摔下，有的被拖出百米以外，手背、膝盖等多处磨得血肉模糊。但指挥员一声令下，官兵们不顾个人的安危，快速集结突破，跨壕沟、越反空降堡、穿铁丝网，勇猛地赴向"敌"阵。仅仅数十分钟，"敌"四十多个目标便淹没在火海之中……

参加这次演习的是空降兵"上甘岭特功八连"官兵。人们或许从电影《上甘岭》中了解到他们历史：上甘岭一役，敌人向八连防守的阵地投掷炸弹五千余枚，发射炮弹的密度是每秒钟6发，八连官兵坚守坑道阵地14个日日夜夜，最后将被敌人枪炮击出381个弹孔的战旗插上了上甘岭的主峰，"特功八连"的英名也由此诞生。

八连荣誉室现保存的 387 面旗，述说着一个个英雄的故事，并浓缩成"只吹冲锋号，不打退堂鼓！"的连魂。

近日，他们在海拔二千多米的原始森林进行林区跳伞训练，这在空降兵建制连是首次。这里有很多陡峭的悬崖，几十米的深沟，还有毒蛇猛兽出没。八连在执行这一训练任务中，每架次飞机第一跳的位置都由党员干部包了，全连森林跳伞成功实施三百多人次。八连还先后在夜间、丘陵地、水网稻田、原始森林等复杂地域，十多次演练打头阵，为空降兵部队跳伞摸索出宝贵的经验。

曾经，中国空降兵面对着这样的尴尬：空中使用飞机机动，地面受空降能力制约，装甲战车等重型装备降不下去，伞兵只能靠两条腿走路，靠轻武器击敌。近年来，传承着英雄血脉的官兵们，积极参与重型装备空投试验，破解了伞兵突击车和伞兵战车等重型装备空投的难点，这也标志着中国空降兵的空运空投能力实现新跨越。

英雄情结映照着勇士的豪情。如今，上甘岭"特功八连"早已实现了从步兵连、摩步连向战车连的跨越。连队官兵除了能驾驭伞兵突击车和伞兵战车外，还能熟练运用 4 种以上武器。

"战歌如雷，马达轰鸣，英勇的空降兵飞向敌后……"滚滚浓烟里，战车和着嘹亮的《空降兵战歌》隆隆向前。如果把空降兵比做人民军队实施垂直打击、插向敌人心脏的一把刺刀，那么，"上甘岭特功八连"正是这把刺刀上的尖锋。

长空镌刻英雄航迹

王晓娜

书写江山者，亦被江山书写。走进空军地空导弹兵"英雄营"营史馆，在驻足凝望那一张张珍贵的历史照片、一件件当年战斗的实物中，我们进入到那个"十年转战风与雪，八万里路云和月"的光辉岁月。

1958 年 12 月 26 日，中国地空导弹兵的种子部队二营经中央军委特批成

王晓娜
空军导弹某营教导员。

立。这天恰好是毛泽东主席的生日。1959年10月7日，美蒋一架"RB-57D"高空侦察机到首都窜扰，被二营一举击落。这惊天一击开创了世界防空史上的奇迹——人类第一次用地空导弹击落敌机。之后，二营六进西北，五下江南，战斗足迹遍及18个省市，又击落4架敌机，并打破"U-2"不可击落的神话。1964年6月6日，二营被国防部授予"英雄营"荣誉称号。

"荣誉不仅仅是传奇，更是责任。"这一血脉正延续成为全营官兵谋打赢的实际行动和能力。

那年4月，"英雄营"首次进行某新型装备实弹检验性打靶。一望无际的戈壁滩上，备受瞩目的实弹演习正在紧张进行。"敌"机已经飞临兵器杀伤区边缘，箭在弦上的兄弟营在这个节骨眼上，兵器突然出现故障。这时，"英雄营"从接通导弹同步到射击，目标已飞出理论上的有效射击范围。营长根据平时的摸索和推演，果断下达命令："射击！"令出弹起，导弹在理论杀伤区外4.5公里处把目标撕得粉碎。

当信息化浪潮一次次涌向军事斗争准备工作时，"英雄营"面临一次次挑战。在"实战"化的训练中，他们不断挖掘新装备和指战员的潜能，增强抗击强敌的本领。从隆冬的塞北茫茫雪域到盛夏的江南炙热大地，从大漠风口到雷雨实验区，他们不断挑战训练极限，推出了导弹连续准备、连续装填、连续转移发射的"三连续"等17套新训法，检验和完善了在信息化条件下的5套新战法。

长空镌刻新的航迹。今天的"英雄营"在信息化建设的道路上已经实现了武器装备由分散配置向系统集成转变，官兵素质结构由单一型向复合型转变，作战能力由阵地固守型向机动全方位转变，部队防空作战能力实现了新的突破。

此时，当我们再回望"英雄营"历史时，猛然体悟到：一名军人只有洞悉和清楚自己的昨天、今天、明天，他才会更好履行党和人民赋予的使命，一支部队亦然。

两栖精兵铸劲旅

贺跃华

在我海军陆战队某旅军史馆的一本留言簿上，数十个国家的高级将领和驻华武官用不同的语言写下这样的赞叹："这是一支任何对手都不能轻视的部队！"

"战时是跨海攻坚、登岛作战的第一突击队，平时也是一支善于攻坚克难的应急力量。"谁能想到，作为人民海军序列中最年轻的兵种，这支劲旅刚刚走过短短 30 年。

近年来，他们先后完成了抗震救灾、奥运安保、国庆阅兵、索马里护航、中外联合演习等重大任务，被表彰为"全军先进师旅党委"、"中国青年五四奖章集体"，两次被军委记集体二等功。

随着国家的利益不断向海洋延伸，可以说海军陆战队已经成为一支不可替代的军事力量。登陆作战，是各国军事家公认的难度最大、伤亡最重的战争行动。兵力完全暴露在敌人火力之下，没有任何退路，只能背水攻坚，杀出血路。

万里海疆，广袤国土，从内陆到海洋，从水面到水下，从陆地到空中，都是该旅砺兵大舞台。雷州半岛最热的季节，气温接近 40 摄氏度。上至旅领导，下至士兵，他们进行为期 3 个月的"炼狱"式海练，人人都得过关。1 月的南国，海水冰冷刺骨。该旅把"蛙人"统统赶下大海，组织低温潜水，锤炼恶劣条件下的水下作战能力。两栖侦察队女子陆战队员与男队员的训练内容相同，潜水、攀岩、车辆驾驶……她们练就"走、打、藏、侦"的本领，掌握了两栖作战的过硬能力。

2006 年春，国产新型两栖装甲装备在全军率先列装该旅。较上一代装备，新装备在信息化程度上有了很大的提高，特别是两栖装甲指挥车的配备，可以使作战的指挥所实现随队指挥，实现了战场的可视化。对此，他

贺跃华
海军陆战队某旅政治委员。

们积极探索新装备战斗力生成模式。如今，这支部队兵种由单一到合成，装备由半两栖化到立体化，已经具备较强的机械化、信息化两栖作战能力。

"铸剑先铸魂"。旅党委把举旗铸魂作为加强部队建设的首要任务，让"军魂永驻、信念不倒"成为陆战队员攻坚克难、一往无前的力量源泉。

"海军陆战队的兵，一眼就能看出来！"一位将军如是说，"陆战队官兵浑身充满野性和血气，顽强的战斗精神已经渗入每名官兵的骨髓深处。"驻地老百姓形容海军陆战队的兵："没有白的，没有瘦小的，走路一阵风，浑身上下一股野性和血气。"

一支时刻准备打仗的部队，总是把每一次急难险重任务当做一场战斗。这里的官兵最喜欢对抗训练，他们已做好随时能够上战场的准备。在旅综合战术训练场，用的全是具有一定杀伤力的空爆弹、TNT 炸药。

由于任务特殊，队员要掌握野战生存、跳伞、直升机滑降、潜水、爬鱼雷管、爆破等战斗技能。训练时尽管常常命悬一线，但没人退缩。在海军陆战队指战员的字典里，只有两个字：冲——锋！

深海大洋雷霆出击

张伯硕

"我相信你们在海上是最棒的！"2007 年，时任美海军作战部长的马伦上将参观海军某支队潜艇时，在留言簿认真地写下这样的感言。

赢得马伦留下这样评价的是新中国的第一支潜艇部队，也是人民海军的"种子"部队之一。五十多年来，这枚深海的"种子"承载了无数人的潜艇梦。

1951 年 4 月，海军挑选 275 名优秀官兵，进驻前苏联海军太平洋舰队驻旅顺老虎尾的潜艇分队学习。在苏联教官"80% 学员的文化条件不具备学潜艇"的诧异眼神中，他们发扬战争年代啃硬骨头的精神，以优异的成绩结业。

犁开大洋上的波涛，新中国潜艇部队从此开启了波澜壮阔的历程，首次公海远航训练、首次突破岛链侦察等多项纪录，从此这支意义深远的潜艇部队诞生了。

张伯硕

海军某潜艇支队政治委员。

　　这是潜艇官兵的自豪。1956 年 1 月 10 日，毛主席亲自视察了新中国建造的第一艘潜艇，围着巨鲸一样的潜艇，他转了足足一圈。由此，海军特授予潜艇支队"115"号潜艇"56-110"荣誉舷号。

　　时光荏苒。近年来，随着国产新一代潜艇陆续入列，支队转型发展迎来了千载难逢的机遇。支队党委想方设法把武器装备的最大效能发挥出来，累计投资九百余万元建成模拟训练系统，全面推行鱼水雷技术阵地新型管理模式，自主研发舰艇武器装备岗位职责管理信息系统，积极探索跨区保障模式，确保了手中的武器装备随时保持蓄势待发的状态。

　　未来战争呼唤一支智能型、专家型的高素质军事人才方阵崛起。支队党委始终坚持"瞄准打赢、主动作为、重点培养、整体推进"的思路育才、聚才、用才，积极构建科学合理的人才建设格局。建立健全"支部书记之家"、"艇长学习日"、干部业余学校、水兵夜校、网上党校、远程教育以及干部换岗锻炼、考核讲评、士官兼职教练员、士官长等制度措施，充分发挥"酵母"作用，力求一个人才催生一个群体、一个群体创出一番业绩，形成了各类人才大量涌现、智慧竞相迸发的生动局面。

　　"大洋亮剑，有我无敌。"近年来，支队完成多样化军事任务能力得到巨大飞跃，先后出色完成了奥运安保、军事演习、外事活动等几十项重大任务。"和平使命—2005"中俄联合军演中，支队某新型潜艇在碧波深处发射导弹命中目标，首次向世界成功展示我海军潜艇实际使用潜射导弹的能力。

　　潮起海天阔，扬帆正当时。新一代潜艇人传承前辈的创业精神，肩负时代寄予的重任，将共和国的潜艇事业不断向深海拓展，向大洋挺进，只要党中央一声令下，随时能够从深海大洋雷霆出击！

叱咤海空铸长城

宋关牧

挟雄风，铸倚天利剑；驭雷霆，啸万里海空。

宋关牧
海军航空兵某团政治委员。

近日，装备新型战机的海军航空兵某团，成功实施了复杂环境下的海空进攻与机动防御作战演练。一次次突破表明，海军航空兵信息化条件下远程突防和精确打击能力有了新的跨越。

这是一个连创辉煌的英雄部队，回眸历史的天空，他们的航程波澜壮阔。在抗美援朝和国土防空作战中，他们英勇善战，击落击伤敌机 31 架，创下了"同温层歼敌""双机对头着陆"等世界空战史上"八个第一"，涌现出了一批著名战斗英雄。1965 年 12 月 29 日，国防部授予这个团"海空雄鹰团"荣誉称号。从此，全团官兵用生命和鲜血凝成的叱咤长空、敢打敢拼的英雄精神，融进官兵血脉。

岁月如歌，辉煌延续。"海空雄鹰团"先后经过多次战机换代，均在短时间内形成作战能力。实现装备历史性跨越的该英雄部队，潜心演练应对高技术战争的战术、战法。超远程，大纵深，超视距……面对挑战，他们以崭新的面貌出现在世人面前。

几年前，这个团又一次改装某新型战机。为了尽快具备"全领空出击、全天候作战、全疆域到达"的作战能力，这个团党委瞄准作战对手，模拟战场环境，同步训练与非同步训练并行，不断加大高难度科目的训练比重；对单个科目科学组合，提高单位训练时间的含金量；有针对性地开展极限训练，不断飞出装备的优越性；利用新战机的机载视频系统和信息化手段，实现训练由粗放型向精确型转变。很快，"封锁反封锁"等 8 个填补航空兵部队空白的战术训练课目在海天演兵场不断得到检验。

忠诚铸就海空铁拳。他们充分发挥党组织的战斗堡垒作用和党员先锋模范作用，不断攀登新高峰，创造了某新型战机装备部队以来首次夜间大规模大航程转场、首次异地机场同时紧急升空远程奔袭、首次长时间远海飞行等海军新装备训练史上多项新纪录；完成了海上昼夜间低空、超低空远程奔袭；深海、最低气象条件下起降等实战课目训练和重大演习演练任务。他们用最短的时间、最高的效率，创造了三代机改装的纪录，团队再一次完成了脱胎换骨。

日前，"海空雄鹰团"飞行员100%达到了"四种气象"飞行能力，并悄然崛起一支智能型、专家型的高素质军事人才方阵。近年来，他们先后出色完成了数十次上级赋予的战备巡逻、海空警戒和重大演习等任务，创下了全军第一个新型战机对海攻击、新型导弹首次发射全部命中等一系列新纪录。团队实现"全领空出击、全天候作战、全疆域到达"的目标。

铁军面前无困难

梁中辉

"铁军来了！""铁军来了！"无论你是在军事演习现场，或是在抗洪抢险现场，或是在抗震救灾现场，当你看到迎风展开的"铁军来了"的大旗，心底顿时会生出一种升腾的力量。

北伐战争打出威名、南昌起义担当主力、长征路上开路先锋、抗战时期首战平型关、解放战争从东北打到海南……"叶挺独立团"，这支中国共产党独立领导武装斗争以来资格最老的家底部队，被朱德元帅称为"红军的老祖宗"，是一支敢于刺刀见红的部队。

今年是"叶挺独立团"成立86周年。无论是战争年代，还是和平时期，"叶挺独立团"之所以能够勇当先锋，攻坚破险，屡建奇功，根本在于一届届班子、一茬茬官兵坚持听党指挥，大力弘扬铁军优良传统，锤炼形成了"铁的信念，铁的意志，铁的团结，铁的纪律，铁的作风"的"铁军精神"。

岁月的车轮载着"叶挺独立团"走近机械化、信息

梁中辉
济南军区某团政治委员。

化战争时代。这个团先后迎来轮式步战车、自行迫榴炮和车载榴弹炮等一大批新型装备，率先成为全军第一支轻型机械化步兵团。新形势、新任务、新机遇，也给官兵带来新挑战。

敢为人先是"叶挺独立团"官兵的个性。新装备列编后，没有训练教材，没有保障器材，没有训练场地，没有现成模式可借鉴，但是他们不等不靠，充分发扬长征途中的"开路先锋"精神，在"闯"和"创"中探索实践。很快，他们就跑院校、进工厂、访教授、问专家，广泛收集资料，编写出各类训练教案五百余份，填补了全军装甲步兵、新型自行迫榴炮等多个专业训练的空白，换装当年就使新装备形成了战斗力。

建设信息化铁军，是"叶挺独立团"官兵的使命和责任。当前，在全军上下大力推进军事训练转型的热潮中，他们将一批信息技术革新成果加盟到"中军帐"中，研发了机械化机动车辆监控系统、兵棋推演系统、火力毁伤辅助决策系统等9类指控软件，自主研制轻武器射击自动报靶系统、多功能夜间照明器等四十余种革新器材，提高了指挥信息化水平和精确指控能力，再次成为打赢征途上的"开路先锋"。

"铁军面前无困难，困难面前有铁军。"在应对多样化军事任务考验中，"叶挺独立团"也向党和人民交出满意答卷。98长江抗洪抢险，他们用血肉之躯筑起一道道钢铁之堤；"和平使命—2005"中俄联合军事演习，他们以昂扬的战斗精神和出色的战斗素质展示了铁军威武之师的良好形象；四川汶川抗震救灾，他们用双手为灾区群众点燃了生命的希望；苏丹国际维和，他们以严明的纪律和精湛的技能，在国际舞台上展现了中国军人的风采。

八一前夕，当一批老战士回到"叶挺独立团"时，禁不住赞叹：铁军传统依旧在，九州扬威分外红！

没有攻不破的城

廖文生

在人民解放军的序列里，一支部队以一个城市的名字来命名，"临汾旅"

是唯一的一个。这个"唯一"是和一段血与火的历史紧密联系在一起的。

曾经，作为尧帝之都的临汾城，是晋南军事重镇。城郊外有个"挂甲屯"，据说当年李自成兵临城下，屡攻不克，气得将盔甲挂于屯庄的树上，拍马而去。李自成挂甲三百多年后的1948年3月，时任晋冀鲁豫军区第一副司令员的徐向前率8纵、13纵等5.3万兵力，发起临汾战役。

廖文生

南京军区某旅政治委员。

面对阎锡山经营成的"铜墙铁壁"，8纵23旅党组织大胆创新，他们依靠群众智慧，在城墙底部挖了两条110米长的坑道。1948年5月17日，两条坑道同时点火，爆炸后城墙被炸开两个五十余米宽的大缺口。我突击部队乘机迅速发起冲击，临汾城被一举攻克！

23旅创造了奇迹！毛泽东称赞临汾战役是"开创了城市攻坚作战的成功范例"。随后，徐向前亲手将一面绣有"光荣的临汾旅"的锦旗授予23旅。

走进南京军区"临汾旅"荣誉馆发现，从战争年代到和平建设时期，它一路走来屡建功勋，在抗美援朝战场上，在国防建设施工工地，在抗洪抢险第一线，"临汾旅"的军旗始终高高飘扬。

今天，"临汾旅"仍在续写着昔日的辉煌。在旅指挥所内的大屏幕上，一场对抗演练进入僵持状态。一阵寂静后，"临汾旅"利用新战法首先使"敌"中枢网络瘫痪。紧接着，几架直升机从远处呼啸而至，数十名全副武装的士兵从天而降，直插"敌"阵地纵深……

昔日铁脚板掘地三尺破敌城，今朝新一代立体作战踏敌营。近年来，"临汾旅"加速部队训练转型，通过濒海训练、攀崖训练和机降训练等贴近实战的演练，部队的作战模式实现了由地面单一化到立体化的跨越。

浙江某海域孤岛上，官兵们攀行在悬崖峭壁间，砺胆识、磨毅力、练生存，挑战生理极限，在近似实战的环境下摔打磨砺，苦练野战生存能力。

安徽某山区天寒地冻、漫天飞雪，这支部队成建制拉到冰天雪地的陌生地域进行实兵实弹检验，通过练协同、练战法、练指挥，磨炼机动作战硬功。

其实，没有创新就没有我们"临汾旅"。如今虽然部队武器装备大大改善，指战员综合素质显著提高，但"临汾旅"依靠群众不断创新的传统始终在传承。各级党组织注重发动群众，一个个着眼未来信息化战场需求的新战法、新训法，见证着新一代"临汾旅"官兵在谋打赢的征程上奋勇前进的足迹。

如今，"临汾旅"成为让世界认识中国军队的名片。近年来，先后接待一百多个国家和地区国家元首、政府首脑、军事和民间代表团参观，以良好的精神风貌和精湛的军事技术，向世界展示了中国军队威武之师、文明之师、胜利之师的光辉形象，被誉为"中国陆军的窗口"。

锻磨大国长剑

张继春

威武的战略导弹令世人瞩目。

曾经，东南沿海亮剑扬威，西北大漠气贯长虹，长安街上雄姿英展，燕山脚下首发命中……这就是第二炮兵首个"百发百中旅"、首个"一等功旅"。

这是一支有着辉煌历程的战略导弹部队，走过令中国人骄傲的历程：组建于1993年，是我军首支常规导弹部队，先后完成十多项全军重大战备训练任务，并发射了我国第一枚战略导弹，开创了第二炮兵军事训练的十多个"首次"，三次受中央军委通令嘉奖，荣立集体一等功，有"神剑第一旅"之称。

进入新世纪，阿富汗战争、伊拉克战争，呈现的全新作战理念，精确化、非接触式作战手段，如一串串烙印，深深刻在全旅官兵心上。同时，非对称打击中弱势一方的无奈，也深深刺疼全旅官兵的眼睛。

大国需要长剑。二炮部队的超强核威慑力量始终是鼎定国家安全的战略盾牌；其灵活多样的常规作战能力，更是信息化时代我军维护国家利益的撒手锏。

"每一次走过繁华街市，看到和平生活中一张张幸福的笑脸，我都想：战争离我们有多远"，这是一名指挥员

张继春
第二炮兵某旅政治委员。

的感受。目前这个旅战斗力虽然处在二炮前列，但官兵从不敢稍有松懈。营房里常年放着"定远"、"镇远"模型，让官兵别忘有亚洲最大战舰的北洋舰队照样全军覆没的惨痛教训。早上出操，更是先猛喊一通"首战用我、用我必胜"。

战斗精神是英雄部队的精气神。旅党委紧紧围绕转变战斗力生成模式这条主线，让战斗精神在日常训练和完成重大任务中加钢淬火。坚持全员额覆盖，既训基层分队又训首长机关，既训战斗班排又训公勤人员；坚持全科目落实，每周 5 公里越野考核雷打不动，每月整旅整装拉动风雨无阻，每 2 个月作战区演练常态保持，每年 3 个月野外合成训练成为制度。

未来战争是芯片的较量，人才的对抗。历届旅党委坚持用打赢的要求培养人才。近年来，全旅有三十多人获全军优秀人才奖，形成"旅有专家、营有尖子、架有骨干"的人才群体，还为上级机关和兄弟部队输送六百多名技术骨干，涌现出"全军科技练兵先进个人"高津、"第八届中国十大杰出青年"硕士连长沈方泉等一大批科技人才，有效缩短了战斗力成长周期。

目前，他们装备的新型导弹已经完全实现了车载化，部队行军途中停车进入阵地，竖起发射架，就能把导弹打出去。完成一级战备准备工作的时间相比原来提前了三分之一，体现了部队快速反应能力。随时随地都能执行任务，导弹攻击的突然性、隐蔽性增强，对敌威慑力也大幅提升。

"神剑第一旅"以神勇的英姿向世人昭告：中国战略导弹部队能够肩负起"保卫祖国安全，维护世界和平"的神圣使命！

维稳处突真英雄

张 鹏

"英雄八连"真英雄。近年里，驻守西北的武警某部八连在执行增援打击、空中投送、铁路输送、要地镇守、目标封控等任务中，以绝佳的战绩出色完成了任务，武警部队党委给八连荣记集体一等功。

"活着当英雄，死亦成掩体"，这种忘我精神是写在"英雄八连"荣誉室里的骄傲。1948 年 11 月淮海战役中，八连与敌人遭遇，战斗异常残酷。连长张

张鹏

武警 8671 部队八连指导员。

春礼身上多处负伤，班长王洪仁肠子被炸出体外，在全连只剩下 7 名勇士的情况下与敌展开肉搏战，最后全歼敌人一个加强营。经历过一百三十余次硬仗、恶仗的洗礼，第三野战军苏北兵团授予八连"英雄连"称号，连长张春礼被授予"华东一级人民英雄"称号。

战争的硝烟已经远去。如今，武警某部八连官兵在英雄主义的旗帜下，注重在艰苦环境和急难险重任务中摔打部队，磨练官兵的顽强意志。穿戈壁、进沙漠、上高原、过草地，先后远程机动陕、甘、宁、青、蒙 5 个省区的 66 个县市，进行适应性训练，经历了多种天候、多种地域、多种艰苦条件下的锤炼摔打，提高了整体战斗力。

一次，他们赴高原执行任务。当机动到海拔 5 213 米的唐古拉山时，连队意外遭到暴风雪围困。这时，干部党员立身为旗，组织全连与暴风雪进行了殊死搏斗，终于按时到达指定地域。

随后，官兵们在海拔 4 000 米的半山腰住石缝、睡窝棚、喝雪水、吃干粮，全连官兵战胜高原缺氧、脱发嘴裂、指甲凹陷、心脾增大等身体不适，宁可身体透支，不让使命欠账，最后出色完成任务。

沧海横流方显英雄本色。当宝中铁路一段山体受洪水冲刷多处出现滑坡，150 米铁路被 800 立方米的泥石覆盖，铁路被迫停运。接到抢险命令的八连官兵，顾不上吃中午饭，迅速徒步赶到 4 公里之外的出事地点，挖土清淤，开通道路。当铁路疏通时，已是晚上 8 点，车站护路的工人激动地说："英雄连队的官兵一个人就是一台推土机。"

处突维稳当先锋。在一次核查清理行动中，八连官兵顶风冒雪、啃干粮、吃榨菜，连续坚守近 50 个小时。面对生死考验，时任连长孔为雨 3 次化装深入侦察，摸清地形地貌和不法分子骨干窝点。当夜，他带领官兵进行铁桶式封控。行动中，官兵个个如下山猛虎，突击抓捕行动成功。班长范阿波脚板被 5 寸长的铁钉刺穿，但他忍受剧痛完成了任务。

第十三篇

深入基层一线
回答时代命题

——宣传思想文化战线十二位负责人谈"走基层、转作风、改文风"

深入基层一线，体察国情民情，反映火热生活。2011年8月"走转改"活动开展以来，全国宣传思想文化战线广大工作人员深入一线，扎根基层，情系百姓，把握社会脉搏，回答时代命题，推出了一批文化精品，产生了良好社会反响。为此，本书编委约请宣传思想文化战线十二位负责人从不同角度谈"走转改"的收获、体会与感悟。

锻炼队伍　打造精品

李从军

新闻界开展的"走转改"活动正向纵深推进。在前一阶段基础上，新华社正按中央领导同志要求，加强组织协调，完善保障措施，推动这项活动广泛深入持久开展，确保取得实实在在成效。

深化"走转改"，我们强调树立"人民至上"理念，锻炼采编队伍扎根基层、服务人民的能力，提高采编人员打造精品力作的水平。

走基层，就要走到百姓之中；转作风，就要在思想感情上与群众水乳交融；改文风，就要以受众喜闻乐见的方式，反映人民群众所思所想所盼。作为党的新闻工作者，要履行好职责就必须深入实际、深入基层、深入群众，让基层意识、群众观点融入血液，成为价值理念、职业追求。

锻炼采编队伍，就要健全完善有利于编辑记者深入基层、深入群众的工作制度，真正把活动由客观工作要求转化为采编人员的自觉行动，促进编辑记者树立群众观、马克思主义新闻观和科学发展观，离中心更近、离基层更近、离热点更近、离民生更近，把体现党的主张与反映人民心声统一起来，把坚持正确导向与通达社情民意统一起来，把正面宣传为主与加强和改进舆论监督统一起来，不断强化全心全意为人民服务的意识和能力。

打造精品力作，就要为人民立言、为时代放歌，让思想的力量推动发展，让精神的光彩照耀时代；就要站在国家和民族高度，敏锐感知时代潮流，带着使命感、责任感采访调研，把党和政府要说的与人民群众想听的紧密结合起来，把新闻的思想性知识性与趣味性、可读性紧密结合起来，创新观念、内容、形式、方法，使新闻报道清新朴实、动人心弦，为汇聚起推动我国改革开放和现代化建设的强大力量发挥重要作用。

我们相信并期待，随着"走转改"活动向纵深推

李从军
新华社社长。

进，新闻战线将经历一场前所未有的跨越发展，产生一批时代和人民呼唤的精品佳作。

长期坚持　久久为功

吴恒权

"走转改"活动启动以来，人民日报社全体采编人员积极参与其中，大量来自基层一线、反映群众心声的报道，带来了一股清新之风。这几个月，"走转改"稿件安排在一版头条位置的就有 22 次之多，创造了人民日报的历史纪录，多次受到中央领导同志的充分肯定。

人民群众对"走转改"活动也热烈欢迎。前些天，我就收到了一位乡镇干部的来信。他在信中说：小到一个村庄的故事，一个普通人的故事，也可以登上人民日报的头版头条，这在以前是难以想象的。从中我们可以看出，"走转改"这条路子走对了，走进了广大读者的心中，走进了人民群众心中，这样写新闻，这样办报纸，我们更有信心。

我们认为，"走转改"活动是坚持"三贴近"原则、改进新闻工作的根本措施，是加强新闻队伍建设、推动新闻事业健康发展的根本途径，"走转改"活动不是阶段性任务，而是一个长期任务。我们提出，当前要结合报社建设一流媒体的目标，结合适应新的舆论环境和媒体生态的各项改革措施，进一步深化"走转改"活动，做到长期坚持、久久为功。

近段时间，我们一直在研究如何深化报社的"走转改"活动，提出了不少具体措施，其中最紧要的有这么几条：一是开掘深度，拓展广度，重点围绕党和国家工作大局展开，抓关键问题，在地域、行业上也要尽可能多样、广泛起来。二是继续抓住为群众解决实际问题这个着力点，依托我们的工作，量力而行、尽力而为，解决那些应该解决、也有条件解决的问题。三是继续在改

吴恒权

人民日报社总编辑。

进文风上下工夫，转文风不仅限于"走转改"专栏的稿件，更要向所有报道拓展，用新的表达方式、传播语态适应时代变迁。同时，还要进一步研究"走转改"长效机制，扎扎实实地深化这项活动，让"走转改"带来的好作风、好文风内化于心、落实于行。

贵在求真务实　成在持之以恒

徐如俊

　　"走转改"活动给新闻界带来了一股新风，正在催生新的价值观和新闻观。

　　"走转改"活动让报纸版面新风扑面。一个时期以来，来自基层的新闻、沾着露珠的报道在重要版面和版面重要位置上亮起来，越来越多的记者尝到了走基层的甜头。我们在新闻版开设了"蹲点笔记"、"基层发现"等专栏，4个多月时间，已经刊登了五百多篇稿件。编委会全体同志都参加了"走转改"采访。

　　"走转改"活动得到了广大采编人员的积极响应。本报记者参加"走转改"活动多达三百多人次，编辑部采编人员几乎全员出动，不少人去了多次。青年编辑记者都把参加"走转改"活动当做业务成长的重要机遇，纷纷报名到艰苦的地方、到大家平时不多去的地方采访。4个多月来，我们的记者多次深入偏远乡村、车间一线、边疆口岸、民族地区等平时很少涉足的地方。

　　"走转改"是新闻实践活动，更是职业精神职业道德教育的载体。"走转改"活动催生出新的价值观和新闻观。通过基层采访，老编辑、老记者找回了采写新闻的激情；年轻编辑记者则体会到了"沉下去才能看到最美的风景"。"人民至上"的价值观和新闻观生长在采编人员心中。拜人民为师、向实践学习正在成为大家的自觉追求。

　　"走转改"是新闻工作者一项应当长期自觉坚持的实践。经济日报有着深入实际的优良传统，我们的老领导

徐如俊
经济日报社社长。

安岗同志 30 年前就倡导"脚底板下出新闻"。新的一年里,"走转改"活动要不断深化。我们要把走基层与日常报道更好地结合起来,把"走转改"活动与重大主题宣传结合起来,与"三项学习教育"结合起来,让这项活动常态化。

在"走转改"中回应时代新要求

王 求

从去年"走转改"活动部署开展到实施至今,中央人民广播电台努力从以下四个方面践行"走转改"要求。

大兴调研之风。将世情、国情、党情、民情教育调研贯穿活动中,以培训、座谈、研讨、征文等方式交流思想,深入思考我们担负的社会责任的内涵和意义,清醒认识实现履行使命的途径和方式。

推进宣传创新。精心策划,以多元、多样化的活动,推动"走转改"成为全台的自觉行动和职业追求。台属各媒体推出了一批源自群众视角、反映群众实践的专栏专题,播发了一批立足群众立场、回应群众关切的新闻作品,涌现了一批充满群众感情、善用群众语言的优秀采编人员。

建立长效制度。包括领导、管理及考核监督机制,制定长期规划和短期安排,努力使活动扎实推进并收到实效。

发挥示范作用。13 位台领导分别带队到基层采访调研,不仅引领编辑记者从丰富的社会实践中汲取智慧和力量,而且思考新时期舆论把关人的责任,带领全台在"走转改"中不断把握社会脉搏,回答时代命题。

"走转改"并非一时之计,而是新闻宣传的一项长期工作、系统工程。如何使活动不断深化、持之以恒、务求实效,我们认为要抓好如下三个环节。

抓好整体设计。将"走转改"和全台宣传、业务建设相结合,将领导干部示范与编辑记者创优相结合,进行系统设计,扎实推进,使全台"走转改"体现在日常

王求
中央人民广播电台台长。

宣传联系群众上，重大宣传做出影响，固定栏目办成品牌。

搞好重点活动。今年我们将结合新春走基层活动、迎接十八大及落实十八大精神等重大主题宣传，精心策划组织台领导、中心级领导与一线人员下基层，确保活动实效。

考核监督到位。今年我们将探索建立重大宣传考评及奖励机制，每个季度对"走转改"报道进行一次评比，推动全台沉下身，接地气，抓现场，重鲜活，将争先创优贯穿在整个活动中。

为基层送去温暖　给百姓带来欢乐

赵　实

我们中国文联会同 54 个团体会员，集中开展了"送欢乐下基层"活动，进一步拓展了"走转改"实践活动内容，为丰富和活跃基层群众文化生活作出了积极贡献。

据不完全统计，从 2011 年下半年至今，中国文联及各全国文艺家协会共组织了四十多支文艺队伍、2 500 多位知名艺术家和文艺工作者，深入到二十多个省区市进行慰问演出活动近百场次，观众达数十万人。在中国文联的影响和带动下，各地文联发挥自身优势，组织了二百八十多支文艺队伍、九千多名文艺工作者，举办各种文艺活动 249 场次，直接受益群众一百多万人，让普通百姓共享了文化改革发展的成果。

实施中，我们精心组织，上下联动，各团体会员积极响应，密切配合，扎实推进了各项工作落实。此次系列活动主题鲜明，内容丰富，形式新颖，喜闻乐见，汇集了各个艺术门类，形成了整体合力，既有大型的慰问演出活动，更有文艺小分队的慰问、采风、创作活动。艺术家们踊跃参与"送欢乐下基层"活动，不讲条件，不计报酬，真情服务，表现出艺术家们的社会责任和文

赵　实

中国文联党组书记、副主席。

化良知。在活动中，艺术家们也受益匪浅，获得了教育感召，得到了心灵净化，提升了精神境界。

"走转改"活动的实践，给了我们有益的启示：要建立长效机制，确保开展活动常态化、制度化，既要"送艺术"给群众，又要"种艺术"在基层；要健全工作机构，组建一支由知名文艺家、中青年文艺工作者和文艺爱好者构成的文艺志愿者队伍，建立文艺志愿者服务组织机构；要扩大活动平台，借助和依托重大节庆和纪念日等有利契机，整合和挖掘民族民间文化资源，促进"送欢乐下基层"文化惠民活动长期有效地开展。

把深入生活和文学创作对接起来

李　冰

"走转改"活动开展以来，广大文学工作者热烈响应。他们深入基层、融入群众，记录社会变迁、描绘时代风貌、反映群众心声、讴歌人民创造，人民群众拍手叫好。"走转改"活动推动文学工作者进一步树立群众观点、坚持群众立场、贯彻群众路线。

毛泽东同志在《延安文艺座谈会上的讲话》中阐释了文艺"为群众"以及"如何为群众"等重要问题，号召文学家艺术家"必须到群众中去，必须长期地无条件地全心全意地到工农兵群众中去"。尽管70年后时代不同了，文学工作者队伍也更新换代，但今天开展"走转改"活动所要解决的仍然是"为什么人的问题"。当前文学创作环境良好，可是一些作家在创作时却感到"底气"不足，对现实生活的主流和本质把握不住。其中一个重要原因就是不"接地气"，不同程度地脱离群众、脱离现实生活。倡导作家深入生活、深入基层、深入群众，是克服肤浅和浮躁的良药，是一切进步文艺工作者的艺术生命之所在，是社会主义文学事业兴旺发达的根本道路。

李冰

中国作家协会党组书记。

按照"走转改"的要求，中国作协采取多种措施，支持和帮助作家把深入生活作为创作的一种常态，化为作家自己内在的要求。我们组织作家队伍进工厂、进农村、进军营、进学校采访采风。特别是"走进红色岁月"采访采风活动和赴汶川、玉树地震灾区采访创作活动，许多作家亲历现场，深入挖掘，心灵深受震撼，形成了一批有分量的选题，产生了一批优秀的作品。今后我们要继续引导作家走得出、沉得下、蹲得住，在以往行之有效做法的基础上，开辟组织作家深入生活的新途径新方式，使深入生活与创作需要更紧密地对接。

弘扬军事新闻工作者"走"的传统

孙晓青

军事记者从当年在中央苏区的《红星报》和红色中华通讯社开始，就形成了走的传统。在这次"走转改"活动中，解放军报社记者以饱满的热情上高山、下海岛、进机场、蹲舰连、走边防，弘扬了军事记者"走"的传统，推出一批采自基层一线的生动报道。

紧紧围绕中心工作开展活动。"走转改"活动启动后的第三天，军报即开办"走基层转作风改文风·阿里高原海拔 4 000 米以上哨所巡礼"专栏。我们还结合部队野营训练演习频繁的实际，组织 5 支采访小分队以蹲点调研的形式，报道来自训练场的新闻。开设"走基层——中国边海防巡礼"专栏，陆续刊发记者对中国边海防基层一线一百二十余个口岸、连队、哨所及重要界碑、重要执勤点的实地采访报道。

社领导带头参加"走转改"活动。报社每月安排两名社领导参加活动，明确要求多去偏远艰苦地区，多去边海防一线哨所、岛礁，多采写事关战斗力生成的亲历式、调研式报道。黄国柱总编辑带领记者深入新疆边防哨所一线，和战士们一起住大通铺，一起站岗放哨，一

孙晓青
解放军报社社长。

起骑马巡逻，推出《红山嘴，大雪即将封山》、《夜宿前哨班》两篇亲历式报道。军报三十余名社、部领导陆续奔赴边海防一线采访调研，改进文风，采写出《大战略下的新探索——解读军民融合式发展的"河南样本"》、《假如明天就打仗——南京军区实兵自主对抗演习中政治工作引发的调查与思考》等一批主题重大的调研式稿件。

运用综合手段深化"走转改"活动。军报推出短而精的系列评论文章，配合指导"走转改"活动。去年9月24日一版"本周谈"专栏刊发的言论《让"在路上"成为常态》一文，得到中共中央政治局委员、中央书记处书记、中宣部部长刘云山同志批示表扬，人民日报在一版转载。主办论坛，就深入开展"走转改"活动进行研讨。同时，所属的《中国军网》、《解放军画报》、《中国民兵》、《中国国防报》等，纷纷围绕"走转改"活动精心策划，推出一批好栏目、好专题、好作品。

树立群众观点 走进群众生活

何东平

做好宣传思想文化工作，就要真正树立群众观点，做到思想上尊重群众、感情上贴近群众、工作上依靠群众。我在这里讲"走转改"活动中的三个小故事。

"六访黎明村"的由来。光明日报社的"走转改"要从2011年8月9日下午说起。时任总编辑的胡占凡参加完"走转改"视频动员会，一回到报社，就把我和几个部主任召集到一起。当时，我提了一项建议：请曾经"五访黎明村"的驻宁夏记者庄电一出马。胡占凡同志果断决策，当即通知庄电一，8月10日就去"六访黎明村"。几天后，报社将庄电一稿配编者按发表在头版头条，引起轰动。庄电一随后参加了中宣部组织的"走转改"座谈会，《求是》全文刊登了庄电一的发言。

何东平

光明日报副总编辑。

口述赢来赞声一片。巧得很，也是 2011 年 8 月 9 日，光明网女编辑张璋参加完全国记协"百名青年编辑记者延安行"回到北京。几天后，报社安排张璋等 5 名青年编辑记者讲述"延安行"，我主持。我临时决定讲述者不得念稿，每人讲几段最受感动的事。结果，张璋讲与房东的感情，几度哽咽、流泪。同事编辑了张璋口述实录《喊着"下盘石"，我们哭了》。稿件当晚安排头版头条，感动无数读者。

3 个月 3 次走基层。2011 年 9 月，我和同事重返四川省汶川县水磨镇，在啣凤岩村村支书张学林家住了 3 个晚上，写出《村支书的 24 小时——汶川水磨镇啣凤岩村纪事》。10 月底，我和同事到武汉市柏泉农场新苑社区广场，与农民一起坐塑料凳，看了一场夜间露天电影，写下通讯《露天的电影 敞亮的话》。11 月，我与同事一起到河南兰考采访焦裕禄足迹，写成《兰考：传媒人的富矿——写在中国记者节到来之际》。3 次基层行，让我走进群众现实生活，也走进群众心灵世界。

坚持求真务实　突出有用有效

尹明华

开展"走转改"活动，应是媒体的自觉追求。作为追求，解放日报社才会既重形式也重内容，既重过程也重结果，既重参与也重效用。具体来说，就是要坚持求真务实，突出有用有效。

要在坚持正确导向中体现新闻规律，在遵循新闻规律中体现正确导向。一般来讲，偏离规律的事情，就难以正确，因为正确总是规律使然。多年来，我们一直追求报纸坚持正确舆论导向。坚持正确导向和遵循规律并不矛盾，两者可以有机地结合起来。

要在体察民情民意中转变作风，在作风深入中反映民情民意。我们坚持把办公桌搬到社区，积极报道民生，帮助社区解决实际问题，赢得群众的掌声。

要在规范报道中探索深度表现，在改变文风中体现规范有序。我们努力改变文风，主要就是要克服文件化的刻板语言，要做到内容和形式的统一，正确和有效的统一，生动和规范的统一。新闻宣传讲究规范，但这并不意味着不要生动。在规范中做出生动，在生动中体现规范，这是对采编队伍更高的要求。

要在追求影响力和感染力中加强深度，在体现深度和独家思考中力求短小精悍。不能一般地讲文章越短越好。但是，目前报纸的报道确实有过长、过滥、过空的倾向。我们强调，深度思考和独家表达，并不一定都是宏大叙事。报纸每天对接的是普通读者，必须尊重他们的阅读习惯。

尹明华

解放日报报业集团党委书记、社长。

要在有用有效中实现"走转改"，在"走转改"实践中体现有用有效。"走转改"是一个长期的具体的实践的过程。我们推出了"解放调查"、"解放监督"等栏目，新闻报也推出了"在路上"系列报道等。

这次"走转改"活动，是党报集团进一步办好报纸的机会，是进一步加快报纸转型发展的机会，也是进一步做大做强报纸影响力的机会。我们必须抓住和利用好这一机会。

坚持重心下移　笔端落在基层

许洪祥

我们新华报业传媒集团在"走转改"活动中，坚持重心下移笔端落在基层，取得了一些初步成效。

领导带头深入基层。集团班子领导成员和有关媒体负责同志都带头深入基层一线调研。新华日报社总编辑周跃敏在南通海安基层采访所写稿件《大道理，也能讲得入耳贴心》受到中宣部新闻阅评表扬。南京晨报总编撰写的"走转改"专栏开栏的话《与大地贴得更近，看天空才会更远》被人民日报"人民

许洪祥
新华报业传媒集团董事长。

论坛"所采用。

完善建设记者联系点制度。新华日报从 2007 年起即建立记者基层联系点制度并坚持 5 年至今。今年新华日报结合开展"走转改"活动，对联系点制度又作了进一步完善，目前已推出"来自联系点的报道"和"走转改——目击、体验、记录、对话和调查"等栏目。扬子晚报专门开设了"走基层看民生"专栏，同时还定期进行业务研讨，帮助大家进一步树立开门办报的观念。

坚持群众路线，重在转变感情。最近我们专门举行了集团"走转改"新闻作品研讨会，对前一阶段集团"走转改"活动进行了小结和交流。很多记者深入基层后，思想感情发生了深刻变化，写出了《让道德的种子落入平实的土地》、《村头坐诊，县城医生为何坐得住》、《山泉村干部还真"没地位"》、《35个孤儿都喊他爸》、《轿车村里的轿车到哪里去了》等大批带着泥土芬芳、带着深厚感情、带着民生情怀的优秀作品。

范长江先生说过："一张报纸，一个记者，基础在群众，前途也在群众。"通过"走转改"活动的开展，我们更加深切地感受到这一点。

让"走转改"成为新闻自觉

朱夏炎

"走转改"实际上是一种回归——向新闻本质回归，向群众路线回归，向新闻工作者的优良传统回归。

在"走转改"活动中，河南日报报业集团既发扬优良传统，又重视与时俱进，调动了编辑记者的参与积极性。比如，大河报年轻人多，他们有朝气有热情，但是缺乏生活阅历，报社根据这种情况，策划了"80 后记者下基层"活动，选派一批青年记者进驻到省会郑州的基层社区，挂职居委会副主任，体验当"小巷总理"的酸甜苦辣。

我们注重"走转改"的实效性，建立相应的考评机制，鼓励、引导记者多到基层采访，开展蹲点调研，采写带有深度思考的稿件。如今打开我们的报纸，短、实、新的文风扑面而来，而文风改变背后，是记者作风的切实转变。

我们要求记者不仅"身入"，更要"心入"，与群众心贴心，感受他们的冷暖疾苦，为百姓排忧解难。记者们察民情、问民意、听民声，采写了很多关注民生的稿件，像"萝卜哥"（农副产品销售难）、廉价药、银行服务质量等报道，在社会上产生了较大影响。不少报道引起有关部门重视，使问题得到解决。

朱夏炎
河南日报报业集团党委书记、社长。

"走转改"没有终点，也没有止境。我认为，"走转改"应该成为记者的新闻自觉，成为一种内在需要、一种工作常态。有了这样的新闻自觉，新闻工作就能扎根基层群众，不断从生活的沃土中汲取养分，永远保持蓬勃的生机活力。

推动"走转改"活动常态化

刘惊海

始终根植于人民群众之中，是我们党的事业从一个胜利走向又一个胜利的决定性因素。全国新闻战线当下开展的"走转改"活动，就要坚持主流新闻媒体意识形态属性，使其成为党和政府问政于民、问需于民、问计于民的重要平台，成为宣传党和政府为人民服务方针政策的重要渠道。

内蒙古日报传媒集团开展"走转改"活动以来，推行了"骨干记者下基层"和"新员工下基层"制度，蒙文报组织驻全区17个旗县记者站的24名基层记者分成东西两路进行异地交换采访，汉文报先后派出14路42名记者，

刘惊海
内蒙古日报传媒集团党委书记、社长。

深入全区 12 个盟市，走进田间、车间、民间进行体验采访。

在新闻报道中，我们大力倡导"短、新、实"清新文风，诞生了一批"眼睛向下"群众喜闻乐见的优秀栏目，推出了一系列有影响力的采访报道活动，刊发了《跟巡警巡逻》、《跑山》、《宏林社区变样了》、《獭兔：农民的吉祥兽》、《派出所是我们的调解员》等一大批生动鲜活的优秀稿件。同时加强对网络媒体的管理，做到报网一体，互为呼应，增强了内蒙古日报传媒集团的舆论引导能力和信息传播能力，在报网融合新的媒体格局中形成了影响力。

我们短期的实践证明，"走转改"这项活动中央抓得对，抓得好。一是读者反映强烈，纷纷表示党的群众路线贯彻实了，报纸好看了。二是编辑记者感触颇深，认为找到了差距，知道了如何当好编辑记者的路径，把党的新闻事业与自己的工作作风紧密联系起来了。三是社党委一班人反思深刻，认为该活动指引和促进了全社工作，有了新的使命和工作创造格局，我们要深入开展下去，推动"走转改"活动常态化。

第十四篇

雷锋与时代同行
——雷锋精神访谈

时代呼唤英雄，英雄引领时代。2012 年是雷锋因公殉职 50 周年。雷锋身上所体现的崇高追求和坚定信念，体现的奉献精神、敬业精神、创新精神和创业精神，历久弥新，成为社会的财富、民族的财富。让我们走近十二位与雷锋事迹和雷锋精神有关的人士，请他们畅谈雷锋精神。

雷锋精神是经得起岁月检验的

冷 宽

我和雷锋有两年零八个月时间在一个团队里。雷锋是经过了历史检验的，不是靠策划炒作出来的。雷锋影响了我们50年，并且会一直影响下去，凭的是精神。

雷锋入伍的时候我是团司令部的参谋。对雷锋的最初接触就是1960年1月8日团里开欢迎新兵大会，雷锋在会上发言，我第一次就对雷锋有一个不平凡的印象。以后因为工作关系和雷锋接触的机会多起来。他总是用他那种微笑、那种行为感染着你。如，别人吃完饭把碗往那一放就走了，而他每次吃完饭都是跟炊事员一块儿洗碗、扫地。中午我们休息，他就坐在驾驶楼里在学习。学习已经成为他的一种习惯了。

雷锋入伍当年被评为标兵，10个月入党，新战士头一年就成为大家学习的榜样，那可不简单。所以说我们团里学雷锋活动实际是从雷锋入伍后就开始了。

雷锋牺牲以后，我参与了雷锋事迹的整理和总结工作，还跟班里六位战士一块抬着雷锋的棺椁，一直护送到安葬地。十几公里的路，两面都是自动地排成两排的送葬群众，老人围着白毛巾，青年戴着黑纱，戴着白胸花。因为人多，汽车走了两个半小时。作为一个战士，受到人民群众那样的爱戴，这就看出雷锋在人们心目中的位置。

冷 宽
海军原副政委、中将。

50年过去了，雷锋精神一直在鼓舞着我、鞭策着我。我工作岗位前后变化了十多次吧，但是我始终记住一条，就是像雷锋那样做个小螺丝钉。只要把我放那里，我就像雷锋那样扎扎实实去工作。我也始终认为把雷锋精神放在更大范围传承，是我义不容辞的责任。我曾经32次请《雷锋的故事》的作者陈广生，到部队去做雷锋事迹报告。从领导岗位退下来以后，我开始筹办一个学雷锋社团组织，去年雷锋诞辰71岁这天，举行了挂牌仪式。

有人类存在的地方就需要雷锋精神

乔安山

　　雷锋已经牺牲整整 50 周年了。50 年来，雷锋始终在我心中，从没有离开过。

　　1959 年我和雷锋相识。当时，他是鞍钢弓长岭矿里焦化厂的工人，我是炼铁厂的工人，我和他还住在一个宿舍。由于我没有上学读书，雷锋经常帮我给家里写信。1959 年底，我们一起报名参军，又分到同一个连，同一个班，同开一台车。他特别地关心我，帮我学习文化，更教我怎么做人，做一个好人。

　　他因公牺牲，对我的打击很大，我不想对别人说雷锋的事，只想默默无闻地做好事以此来告慰他。直到 1996 年《离开雷锋的日子》上映，我感受到了人们学雷锋、爱雷锋的热情，心结才得以解开。从此，只要有人愿意听，我就会把班长雷锋的故事讲下去。这十多年里，我到全国各地作了两千多场报告。我几次因为过于劳累昏倒在讲台上。但只要有人听，我就要讲，一万人听要讲，一千人听要讲，哪怕只有一个人听，我也要讲。

　　1998 年，沈阳军区和抚顺市在北京一起举办了"雷锋精神永恒展览"。我在现场，每天都要为很多参观者讲解。有一位美联社的记者来采访我："你们中国人学雷锋，我们美国人可以学雷锋吗？"我想了想说："只要地球上有人类存在的地方就需要雷锋精神。雷锋精神是一种大爱！"这位记者点头认可。

乔安山
雷锋生前同班战友。

　　这些年我走过很多地方。有一次我在武汉大学作报告。作完报告，在校园里遇见了一位小学老师带领着学生们来这里参观。他认出了我，请我给学生们讲一讲雷锋的故事。这下占用 50 分钟时间。当我赶往机场时，已经停止安检了。我急忙找到机场的领导，和他说我是雷锋的战友，我要坐这趟航班赶往重庆参加"雷锋精神永恒展览"。那位领导马上协调我办登机手续。我们上飞机之后，机长向大家作了介绍，大家一起站起来鼓掌。当时我激动得流下了眼泪。我深知他们是在欢迎雷锋。雷锋一直活在人们的心中。

我到全国各地作报告时，都会建议当地创建"雷锋小学"，于是便有了吉林长春雷锋小学、河南平顶山雷锋小学、辽宁铁岭雷锋小学。

雷锋改变了我的人生轨迹

张 峻

我和雷锋结下了不解的情缘。我从 1960 年 8 月与雷锋相识，到 1962 年 8 月 15 日雷锋因公牺牲，先后因报道他的事迹接触 9 次，共 79 天，为他拍摄了黑白和彩色底片 223 张。

雷锋生前的重大活动和模范事迹，我都有所记录：雷锋在连队到地方及兄弟部队作忆苦报告、雷锋艰苦朴素和勤俭节约现场会、特批雷锋入党、雷锋先后被抚顺市两座小学聘为校外辅导员、两次在《解放军画报》上专题报道他的事迹等。雷锋牺牲后，我还参加了"雷锋班"命名大会、雷锋连队被评为四好连、到北京拍摄毛泽东"向雷锋同志学习"的题词等活动。

采访的过程也是学习的过程。雷锋身上透出的坚定信仰，改变了我的人生轨迹。从 1962 年开始，我决心把毕生精力投入到传播雷锋精神上，50 年来踏遍千山万水追踪拍摄雷锋传人 327 人，竭尽全能地用各种形式让雷锋形象和精神永驻神州大地。

从 1960 年 8 月到现在，上千种画报、杂志发表了我拍摄的雷锋图片，留下了毛泽东、周恩来、刘少奇、邓小平、朱德等和雷锋相关的珍贵底片四十多张。2000 年 3 月，我撰著的《永恒的雷锋》由辽宁人民出版社出版发行，同时还自费出版《雷锋》活页画册（5 000 册）。2003 年 3 月，我自费制作《雷锋》像章 4 万枚，后来又自费制作《雷锋》纪念章 2 000 枚，这些都赠送给了学

张峻
沈阳军区原工程兵新闻干事。

雷锋个人和国际友人。

从 2000 年以来，我用了三年多的时间，彻底打掉了冒充雷锋传人和打着宣传雷锋的旗号到处行骗的民间社团组织，维护了雷锋形象。近来，我开始作了交班的准备，打算将我拍摄的和收藏的雷锋底片分别无偿捐献给有关部门。

一生有雷锋相伴是幸福的

朱光斗

1946 年，我 14 岁参加了人民解放军。在我成长进步的过程中，对我激励最大的是雷锋。

我第一次见雷锋是在 1960 年冬天，在沈阳军区的八一剧场，听他讲他的苦难家史，引起全场人的共鸣，台上台下一片哭泣声。听完报告，我连夜赶写了一段快板《雷锋的苦难童年》。随后的演出效果很好，台下响起热烈的掌声。

1962 年 2 月，在军区俱乐部休息室，我和雷锋有了面对面的接触。毛泽东"向雷锋同志学习"的题词发表以后，我领受了写一段全面概述雷锋事迹的数来宝《学雷锋》的任务。于是头脑中形成了两个战士争夸雷锋，从而对雷锋精神的揭示一层比一层深的艺术构思。

随后，我和范延东表演的数来宝《学雷锋》一炮打响，成为运用曲艺形式歌颂雷锋的第一件作品。接着《解放军文艺》发表，中央人民广播电台播出，全国各地许多专业和业余的曲艺演员都演出这个作品。《学雷锋》的成功，使我在创作思想上产生了一个飞跃。

一次，我参加一个团的学雷锋汇报会，轮到我最后说段学雷锋的快板，突然停电了。团政委说，没有电就算了吧。我说不能让大家失望，便摸着黑走到台前，打起竹板说，"今天停电没有灯，我给大家说雷锋。只要心里想雷锋，如同点亮一盏灯"，台下一阵掌声。演完后，有的战士说，这才真正是学雷锋哪！

朱光斗

沈阳军区文工团原一级编剧。

离休后我进了沈政第一干休所，参加了学习宣传雷锋小组，我用手中快板为中小学生讲雷锋，讲传统。这些年演出活动约有三四百场之多。沈阳市关工委给我们所送了牌匾"学雷锋教育基地"。

雷锋伴我走过了半个世纪。有人说学雷锋吃亏，我不这样认为。遇雷锋、写雷锋、唱雷锋是我人生的一大机遇。一生有我崇拜的偶像相伴，是幸福的、愉快的。

雷锋身上有一种让人心灵震撼的力量

郭明义

雷锋对自身品德和能力的自我要求很高。康德说过：世界上有两件东西最能震撼心灵：一件是我们心中崇高的道德法则，一件是我们头顶上灿烂的星空。我在雷锋身上感受到这种心灵的震撼。多年来，我始终坚持这样的信念：把雷锋的道路，作为自己的人生选择，永远像雷锋那样，做一个有益于人民的人！

作为鞍钢集团矿业公司齐大山铁矿的一名普通职工，我非常荣幸地与雷锋结缘。我参军入伍后，也在沈阳军区，也是汽车兵，推荐我入伍的，也是当年送雷锋参军的老红军余新元。1982年，我从部队复员回到鞍钢工作。这里是雷锋曾经工作过的地方。那时，雷锋当年的工友们还都在岗位上工作，他们向我介绍了许多雷锋的感人事迹，让我更加真切地感受到了雷锋的平凡与伟大。

郭明义
鞍钢集团矿业公司齐大山铁矿员工。

多年来，我要求自己在社会公益事业上展现出共产党员先锋模范作用。我先后为失学儿童、受灾群众捐款12万元，16年从未间断，还55次无偿献血，20年乐此不疲。我不是明星大腕，却成为鞍山市希望工程形象大使、鞍山市无偿献血形象代言人；以我名字命名的"郭明义爱心团队"，吸引了五千八百多名鞍钢干部职工和普通市民加入……

鞍钢的许多工作岗位都特别需要素质和技术过硬的人员。雷锋虽然只有小学文化程度，在业务岗位上做到干一行爱一行、专一行精一行。多年来，我也在本职岗位上埋头苦干。在165米深的大矿坑里，逶迤四十多公里的盘"坑"公路，是设备的进出和铁矿石转运输出的"生命线"，管护这段采场路就是我的岗位。多年来，我借鉴国内外大型矿山公路管理的最新理念、技术工艺，大胆创新，填补了采场公路建设上的多项空白。现在，齐大山铁矿星级公路达十多公里，合格率98%以上；电铲效率、生产汽车效率一直名列全国同行业第一名。

做一名像雷锋那样的好战士

黄帮维

1963年1月7日，我们班被国防部命名为"雷锋班"。命名以来，一茬茬雷锋班战士始终不渝坚持学雷锋、做雷锋，不断把雷锋精神发扬光大。

2004年底，当我从湖北当阳踏上满载新兵的火车时，接兵干部给我们每人发了一个胸牌，上面写着"雷锋生前所在团"。一想到自己将要和雷锋这个伟大的名字连在一起，心中就充满了激动和期待。

走进军营，参加的第一次活动是在雷锋塑像前宣誓，参观的第一个地方是沈阳军区雷锋纪念馆，学唱的第一首歌曲是《学习雷锋好榜样》，聆听的第一堂课是学雷锋标兵事迹报告，团队浓厚的学雷锋氛围深深地感染了我们。那时，我们所有新兵都暗下决心，一定要当一名雷锋那样的好战士。

新兵训练结束，我非常荣幸地分到雷锋班，成为这个光荣集体中的一员。我们班一直保留着雷锋的床铺，每个战士都把为雷锋整理内务当做一种荣耀；雷锋用过的节约箱、理发推子、修鞋工具被视为珍宝；每天点名，

黄帮维
雷锋班第24任班长
（现任）。

第一个呼点的就是雷锋，全班一齐答"到"。渐渐地，通过这样的仪式传承，雷锋有血有肉地走进了我们的心底。

2009年，经过比武打擂式的层层选拔，我被任命为雷锋班班长。上任第一天，团领导就找我谈话，叮嘱我要带领全班走在全团学雷锋的最前面。在雷锋这面旗帜的感召下，我们班每个人都在比学赶帮超，都在争做学雷锋的新传人。同时，我们先后与董存瑞、欧阳海、黄继光等英模生前所在班，以及红九连、硬骨头六连、南京路上好八连等三十多个先进集体结成对子，不断交流学雷锋经验体会。

雷锋班战士，是千千万万雷锋传人中的代表。正像我们的班歌《雷锋的传人是我们》唱的那样：历尽了风雨我们志不移，把雷锋火炬来传递。

雷锋一直是我成长中的偶像

董兴喜

我近年来在收藏"雷锋"，也是在收藏雷锋精神，因为雷锋一直是我成长中的偶像，是我学习的榜样。

人有时需要有个偶像慰藉心灵。当毛泽东等老一辈无产阶级革命家题词号召全国向雷锋学习时，我还是小学五年级的学生，我敬佩雷锋，也喜欢雷锋。后来，我曾多年从事共青团工作，经常组织开展学雷锋活动。这一切，使我对雷锋怀有浓厚的感情。

1989年，我受八一电影制片厂投拍的纪录影片《雷锋是谁》的启示，开始收集与雷锋有关的各种宣传出版物品。从零星分散单一的积攒，到集中系统全方位的收藏，我初步计算大约有八千多件（份）收藏品，并初具规模，形成系列。

我的雷锋专题收藏，主要有全国全军各单位出版发行的有关雷锋各类宣传品、作品、艺术品，各种邮票、

董兴喜

八一电影制片厂退休干部。

纪念封、邮资信封、邮资明信片、普通信封、明信片，雷锋生前的同学、老师、同事、战友、领导等签名实寄封，雷锋工作过的单位公函封，以及雷锋班命名以来的 21 任班长的签名封等。这些藏品，思想性和艺术性都很强，内容丰富多彩。

我的收藏是为了传播雷锋精神。但在收藏时，常听到一些风凉话："拿这些钱买什么不好，专收破烂，傻帽！"面对这类闲言碎语，我更加专注，利用一切所能利用的时间和资金来收藏。

我从 2000 年 3 月至今，已成功地在北京、天津、湖北、湖南等地举办了《雷锋精神永放光芒》、《中华魂系列展之雷锋精神展》、《雷锋专题收藏展》等大型展览。当观众走进摆满有关雷锋各种展品的大厅，看到的和听到的都是雷锋话题，心头为之振奋。时间久了，有的观众甚至也称我"董雷锋"。

社会的关注和群众的欢迎，也深深地感动了我。我能为宣传雷锋、弘扬雷锋精神出点力，虽苦犹荣。

雷锋为我提供了人生坐标和动力源泉

公方彬

信仰是一个古老的命题，也是全球化时代尤其是我国的现代化进程中，努力避免精神迷失，获得灵魂归宿必须面对的一个命题。因为，人有了信仰，才拥有了价值坐标，才找到人生的意义。

我出生于雷锋牺牲的那一年，是沐浴着雷锋精神长大的。我刚从山东沂蒙山区步入军营时，虽不能理解透什么是雷锋精神，但却知道像雷锋那样做人做事，就可以赢得人们的尊敬。后来，随着理论研究的深入，开始将雷锋精神与国家、政党、军队强盛联系在一起，与自己的人生追求联系在一起。

改革开放让中国有了飞速发展，有发展就有需求，

公方彬

国防大学教授。

谁能够满足这种需求谁就会在岗位上有所作为。我上个世纪80年代研究思想政治工作的方式方法，90年代研究人生修养，都是客观需要推动的结果。比如近十年着力研究的中华民族的核心价值观、中国共产党的核心价值观、当代中国军人的核心价值观，之所以受到各方关注，就是因为快速发展的中国需要完善道德价值系统。

雷锋精神对我产生重大影响是内含的道德观及其行为。一个人的品德和境界不能完全看做好事的数量，关键是要看举手投足之间映现出的美好与高尚的道德实践。我的道德实践主要是资助贫困地区学生读书。从拿出第一笔资助费至今已经持续了30年，资助了623名贫困学生读书。

雷锋走到哪里，就把一股新风、一种热情带到哪。践行雷锋精神，努力把自己变成雷锋精神的传播者也是一名教育工作者的天职。这些年，我到全国各地作报告上千场，直接听众上百万人次，现场人数最多时有8 000人。记得2009年第一次到北京大学的百年讲堂讲社会主义核心价值体系，虽然超时，但同学们仍然兴趣十足，其间掌声笑声数十次。到今天，我已经连续3年为北大学子演讲，每次都获得了同学们的认可。

回顾自己从军三十多年，由于坚持以雷锋为榜样，这让我感知到人生的意义和价值在哪里。

雷锋精神始终与时代同行

陈 茁

我注意到一个现象：在大众媒体传播中，人们不再仅从形式上学习雷锋，而是在精神上更加接近他了。这从一个方面体现出雷锋的奉献精神、敬业精神、创新精神和创业精神始终与时代同行，并渐渐融入群众的生活。

在雷锋同志牺牲49周年纪念日那天，社会各界人士等着参加"雷锋在我身边，我做雷锋传人"签名启动仪式。那天来了上万人，让我感动的是，有9名来自石家庄的小学生专程为雷锋叔叔扫墓。直到傍晚时分，雷锋纪念馆才安静。我拿着笔，准备在万人签名条幅上留下自己的名字。然而，16米的条幅我

陈茁
辽宁抚顺市雷锋纪念馆馆长。

来来回回走了两圈，却没能找到哪怕一个硬币大小的空白。豁然间，我理解了为什么雷锋精神会经久不衰。

我再给大家讲一个故事。一天，我在一群参观者中发现了一对母子，母亲残疾坐在轮椅上，儿子推着她，全程讲解中母子俩没有一句言语交流。参观后，我才得知这位母亲是一位聋哑人，母亲很想看看雷锋。我赶紧叫来会手语的讲解员用手语重新讲解一次，母子俩很感动，为我们的服务竖起了大拇指。望着他们远去的背影，我也很高兴。这件事微不足道，但是，雷锋精神不就是坚持从小事做起的吗？

雷锋，真的很伟大，雷锋精神体现了中华民族的传统美德。雷锋，真的很平凡，任何人经过努力都可以践行雷锋精神！

学习雷锋能够得到幸福和快乐

刘毅刚

长沙市雷锋学校是雷锋的母校，我们雷锋家乡人一直带着一种责任和情感来坚守雷锋精神。可以说，我们之所以生活在长沙这座城市感到幸福和快乐，离不开大家对雷锋精神的传承和弘扬。

传承雷锋精神是我校的光荣传统。我们坚持在学校学雷锋展室、雷锋教室和雷锋纪念馆进行传统教育，每个老师参加一个学雷锋小组的活动，每个学生每月写作一篇学雷锋日记，每学年召开一次学雷锋表彰会。初一87班危子毅在日记中写道："我原来认为考高分是快乐。自从今天陪五保老人过小年，听到那声'谢谢'，我才体会到帮助别人才是最大的快乐！"

我们还探索传承雷锋精神的教育教学模式。横向上根据不同年级学生的心

刘毅刚

湖南长沙市雷锋学校校长。

理特点，把初、高中各三个年级的德育目标分为"文明朴实、感恩奉献、坚毅责任"三个层级，以体现德育内容的梯次递进性，实现可持续地传承雷锋精神。纵向上就是将雷锋精神的内涵元素依据"知、情、意、行"的德育过程，进行科学的德育设计，保证雷锋精神的自然生成式传承。此外，我们开发了学雷锋样本课程，引导学生学习理论与开展实践相互促进。学校通过听、读、讲、查、访等方式，引领学生了解雷锋成长的过程，让雷锋走进学生内心。

雷锋给了我阳光的心灵

杨 阳

我是 80 后。现在有些年轻人，过多过重地把视角对向社会中的阴暗面，进而影响了价值判断。雷锋的心灵是阳光的，他并不因为社会中存在不完美而放弃努力，而是关注自己为社会做出了什么。2010 年 4 月那场玉树县地震，让我的思想和心灵也得到彻底洗礼：只要我们都像雷锋那样做好每一件有益于他人的小事，所期望的美好社会就会化为现实。

那时我在青海省玉树藏族自治州玉树县农业发展银行当食堂厨师。那天早晨，我被剧烈的抖动惊醒，来不及考虑余震，我第一个念头就是救人。

我在附近垮塌的民房边很快发现一位藏族汉子，被埋在倒塌的土石木梁下。当时现场只有我一个人，没有工具，我徒手刨开一层层泥块，搬走一块块条石，将压在他腿上的木梁撬起。这样，第一位藏族同胞成功脱困！此时，他的妻子和女儿还困在废墟中！我俩趴在废墟上，用手指抠进尘土中，一层层地拨开土块、掀开木梁，母女也得救了。就这样，我一共参与救出 7 名藏族同胞。

杨阳

重庆市青年志愿者，全国抗震救灾模范。

　　这件事很快就过去了，但有一种感觉永远难忘，那就是得救的藏胞们那种感激的眼神。记得小时候参加学雷锋活动时，老师读过一篇叫《幸福是什么》的文章，讲的是努力去做对别人有益的事，自己得到的就是幸福。以前年龄小，认识不深，现在这种感觉刻骨铭心，成为催我奋进的动力。

　　后来，很多网友赞誉我是"80后的光荣"。我觉得，我们年轻人都应该向雷锋学习，秉承助人为乐的中华传统美德。

雷锋的助人美德跨越了国际

保罗·孟佳诺

　　2001年，我们一家来到哈尔滨定居，在一家私立幼儿园教英语。

　　我教学认真，时间长了，我教的学生也逐渐增多，有的孩子家庭困难，我就免费教他们外语，我的做法也让家长们感动。

　　我和太太在看电视后得知，中国有些贫困山区由于缺乏外语老师，不设置外语课程。我和太太决定利用假期到偏远山区教孩子们英语。看到孩子们没有学习用具和课外读物，我和太太再去支教时，就会为他们带一些。孩子们很开心，每到假期都会盼着我这个"洋老师"的到来，我不忍放弃孩子们的企盼，这一不弃就是10年。

　　不知不觉，我和太太当外教的收入，除了简单的生活开支外，很大一部分都捐献给了需要帮助的人，粗略估计大约有20万元。此外，我得知我家的保姆吴女士患癌症急需用钱时，先后给她拿了8 000元钱治病。

　　坦白地讲，起初我被中国朋友称做"洋雷锋"的时候，我并不知道雷锋是

保罗·孟佳诺
美国人"洋雷锋"。

怎么回事，后来才得知雷锋是中国一位故去的军人，生前一直在帮助别人做好事。我想，这些美德是人类所共有的。

中国有句话叫"好人有好报"，这句话在我身上有了很好的体现。2011年8月份，我被查出患有恶性淋巴瘤。在我最无助的时候，社会各界爱心人士纷纷来到医院看望我，并为我捐款近20万元。我帮助过的吴女士已到癌症晚期，双腿浮肿，仍然为我送来可口的饭菜。目前，我正在进行第六个疗程的化疗，并且恢复良好。

我的身体里流淌着中国朋友的爱心血液。等我的病好了以后，我还要做雷锋，做一个快乐的"洋雷锋"。

第十五篇

有这样一种力量
让我们前行

——社会主义核心价值体系建设十人谈

　　党的十七届六中全会强调，社会主义核心价值体系是兴国之魂，是社会主义先进文化的精髓，决定着中国特色社会主义发展前进方向。社会主义核心价值体系在当今中国，必将焕发出巨大的生命力、凝集力、战斗力、创造力，这是中华民族生生不息、不断前进的精神动力。本文从十个方面对社会主义核心价值体系建设进行深度探讨。

推进文化建设的力量：
把社会主义核心价值体系建设
同人民群众根本利益密切联系在一起

吴潜涛

记得有这样一句话："有一种力量，能让无力者有力，让悲观者前行，让往前走的继续走，让幸福的人儿更幸福。"社会主义核心价值体系，就让我感受到这种推进文化建设的力量。把社会主义核心价值体系建设同广大人民群众根本利益密切联系在一起，其实质是一种创造人民美好生活的伟大力量。

作为社会主义核心价值体系的灵魂，马克思主义深刻揭示了人类社会发展规律，其主旨在于创造人民美好幸福的生活，实现人的全面发展。 毛泽东同志早在新民主主义革命时期就指出："要真心实意地为群众谋利益，解决群众的生产和生活问题。"在改革开放时期，邓小平同志、江泽民同志、胡锦涛同志都非常关注民生幸福，强调要把是否有助于人民的富裕幸福，作为衡量改革成败的重要标准之一；要切实保障人民群众的经济、政治和文化权益，让发展的成果惠及全体人民。因此我们说，马克思主义始终代表人民群众的根本利益，是引导人民推动社会进步、创造人民美好生活的科学理论。

作为社会主义核心价值体系的主题，中国特色社会主义共同理想是当代中国发展进步的根本方向，是创造人民美好生活的必由之路。 这是因为，只有坚持中国特色社会主义道路，才能为民生幸福实现提供坚实的物质基础，为实现民生幸福提供科学方向和不竭动力；只有坚持和不断完善中国特色社会主义制度，才能解放和发展社会生产力，维护和促进社会公平正义，实现全体人民共同富裕。

作为社会主义核心价值体系的精髓，以爱国主义为核心的民族精神和以改革创新为核心的时代精神，是中

吴潜涛

清华大学高校德育研究中心教授、博士生导师。

华民族自强不息、发展壮大的强大精神支柱，也是创造人民美好生活的力量之源。爱国主义是中华民族最深厚的思想传统，最能感召中华儿女团结奋斗，最能激励人民把爱国热情化做振兴中华的实际行动，以热爱祖国、奉献祖国为最大光荣、最大幸福；改革创新是当代中国最鲜明的时代特征，最能激励中华儿女锐意进取、开拓创新，最能激发人们弘扬爱国利民的思想和精神。

　　作为社会主义核心价值体系的基础，社会主义荣辱观体现了社会主义道德的根本要求，是创造人民美好生活的道德保障。开展社会主义荣辱观宣传教育，能够帮助人们增强道德判断力，增强道德荣誉感和道德耻辱感，自觉履行法定义务和社会责任，促进形成知荣辱、讲正气、作奉献、促和谐的良好社会风尚。树立和践行社会主义荣辱观，能够引导人们正确确立人生价值和人生意义，树立符合社会主义倡导和要求的人生观，为创造美好幸福生活提供必要的理论支撑和价值认同。

　　马克思说："人们奋斗所争取的一切，都同他们的利益有关。"任何一种社会的核心价值体系只有同人们的利益融汇一体，才能在实践中彰显力量。因此，在社会主义核心价值体系的建设中，必须使广大人民群众切身体验到社会主义核心价值体系的这一根本属性，把学习和践行社会主义核心价值体系同自身的完善发展和幸福生活追求联系起来，唯有如此，才能增强社会主义核心价值体系的亲和力、凝聚力和战斗力。

提升民族素质的力量：把社会主义核心价值体系建设融入国民教育全过程

郑　强

　　任何一个国家、一个民族都把核心价值的教育作为一项国家战略，这是因为核心价值体系教育事关一个国家，一个民族的精神底色与未来命运。

　　青少年时期是价值观形成的关键时期，学校是对青少年进行核心价值体系教育的主阵地。正基于此，党中央提出要把社会主义核心价值体系融入国民教

郑强

浙江大学党委副书记。

育和精神文明建设全过程意义重大而深远。

2010年夏，为配合大学生军训，浙江大学创作了体现国防教育意义、反映大学生及校园生活特点的《大学生军训之歌》。这首歌一推出，立即受到了同学们的喜爱，成为激励大学生以饱满热情投入军训的重要资源。这件事给我们以启示：好的教育内容要靠好的教育途径来体现，教育目的要靠有效方法来实现。

作为国民教育体系的重要组成部分，各大中小学校首先要以高度的文化自觉和强烈的文化自信，将社会主义核心价值体系融入人才培养全过程。而要完成这一任务，必须在路径创新上下工夫。

要把课程创新作为承载社会主义核心价值体系教育的重要途径，推动社会主义核心价值体系进教材、进课堂、进学生头脑。思想政治理论课是学校开展思想政治教育的主渠道，也是我国教育的一大传统和优势。要立足于国家和社会现实，贴近学生思想和生活实际，进一步完善课程体系与教材内容，坚持用马克思主义中国化最新成果教育学生，及时引导学生在错综复杂的社会现象中看清本质，从而增强鉴别大是大非的能力，坚定中国特色社会主义共同理想。

要把校园文化建设作为推动社会主义核心价值体系教育的重要载体，使学生由感性到理性、由浅入深，学习和实践社会主义核心价值体系。校园文化环境与精神氛围，深刻影响着学生的价值取向和信仰观念，应从美化校园环境、开展丰富多彩的文体活动等多个角度设计教育情境，巧妙地将社会主义核心价值体系渗透到校园文化生活方方面面，使学生在健康向上的文化气氛中得到良好的教育。

要把校风学风建设作为加强社会主义核心价值体系建设的关键环节，将学习和实践社会主义核心价值体系作为引领学生成才的力量源泉。应深入推进校风、学风建设，增强学生服务国家、服务人民的社会责任感，引导广大青少年学生立为国奉献之志，立为民服务之志，把个人成长成才融入祖国和人民的伟大事业之中。

推进道德建设的力量：把社会主义核心 价值体系建设融入精神文明建设全过程

鲁 炜

"文明北京感谢您"、"文明北京欢迎您"——春节前后在北京西站、首都机场等客流集中区域，一块块电子显示屏上闪烁的字符，传达着对离京人员的温暖情谊、对返京人员的真挚关爱，也呈现了北京深厚的包容精神。

我们知道，城市精神是展示城市形象、引领城市发展的一面旗帜。2011年11月2日，"爱国、创新、包容、厚德"的北京精神表述语正式发布，在首都群众中引起了强烈反响和广泛共鸣。

作为一座具有三千多年建城史和八百多年建都史的历史文化名城，北京当前的发展已经进入了新的阶段。纵观当今时代，世界城市的发展越来越呈现出以文化论输赢、以文明比高低、以精神定成败的格局。北京精神提供的是全市人民的基本道德规范和共同精神家园，是凝聚全市人民的智慧和力量、进一步激发广大干部群众的热情和干劲、推动首都科学发展的不竭动力。

为了让北京精神融入精神文明建设全过程，我们统筹推进宣传普及、研究阐释、景观布置、文艺创作、主题活动5项重点工作，使广大市民准确记忆、科学理解、内化于心、外践于行，使北京精神的学习宣传教育热在基层、热在群众。我们加强研究阐释和理论宣讲，推出了一大批理论成果和通俗读物，成立了由专家学者、普通群众组成的北京精神宣讲团，走进机关、校园、部队、企业、乡村、社区广泛宣讲。我们注重发挥典型引领作用，组织开展了"北京榜样"、"北京故事"征集评选活动，挖掘"身边的感动"，寻找"身边的雷锋"。我们着力推动北京精神通俗化、具象化、大众化，广泛开展

鲁炜

北京市委常委、宣传部长，副市长。

"做一个爱祖国、爱首都的北京人"、"做一个爱创新、懂传承的北京人"、"做一个学雷锋、包容助人的北京人"、"做一个讲道德、守诚信的北京人"等主题实践活动，让人们看得见、摸得着、易践行。

弘扬北京精神的根本目的，就是使北京精神成为推动首都科学发展的强大动力。以爱国指引方向：大力弘扬爱国主义精神，引导人们心系祖国、胸怀全局、爱岗敬业、拼搏奉献，坚定不移地走中国特色社会主义道路，努力打造中国特色社会主义先进文化之都。以创新推动发展：不断创新理念、创新政策、创新体制机制，加快转变首都经济发展方式，大力实施文化创新、科技创新"双轮驱动"战略，积极推动首都向中国特色世界城市迈进。以包容促进和谐：进一步培育海纳百川的胸怀和气度，善于学习、加强学习，积极吸收借鉴人类社会一切优秀文明成果，大力营造包容和谐的社会氛围，加强对首都广大新市民的服务，筑牢全市人民团结奋斗的共同思想基础，努力建设和谐社会首善之区。以厚德引领风尚：牢固树立和践行社会主义荣辱观，把践行北京精神与弘扬雷锋精神结合起来，与加强公民道德建设结合起来，与开展"做文明有礼的北京人"结合起来，与广泛开展社会志愿服务活动结合起来，不断提升首都市民的文明素养和道德水平。

促进社会和谐的力量：将社会主义核心价值体系建设纳入社会建设全过程

郑杭生

我国社会当前正处在快速转型过程中，经济体制转轨和社会结构转型相互交织，社会分化趋势加剧，利益多元化格局鲜明地呈现在人们面前。空前的社会变革在给我国发展进步带来巨大活力的同时，也必然带来这样那样的矛盾和问题。我们要探索创新社会管理，注重增强精神力量，把社会主义核心价值体系建设有效融入社会建设全过程，最大限度激发社会活力、增加和谐因素，促进社会和谐发展。

郑杭生

中国人民大学教授、博士生导师，
中国社会学会名誉会长。

要坚持马克思主义指导思想，增强对各种社会思潮的引领。既要尊重差异，包容多样，及时深入了解思想领域各种倾向性问题，特别要深入研究社会变革和利益关系调整给人们的思想观念带来的影响，更要坚持马克思主义指导思想，坚决抵制拜金主义、享乐主义、个人主义对人们的思想腐蚀。针对青年人自我意识强等问题，要加强教育引导，把人生价值观教育、科学文化教育、思想道德教育、人格心理教育、公民与社会主义教育紧密结合起来，以知识教育为重点，以社会公德和职业道德为突破，提高青年群体的整体素质。要不断创新理论，赋予社会主义核心价值体系民族性和时代性，加强跨文化领域的研究，勇于善于学习和借鉴国外的有益部分。

　　要丰富宣传教育的方式方法，寓教于日常生产生活实践中。坚持用正确的思想、进步的观念、先进的文化消解错误思想、落后观念、腐朽文化的影响。充分发挥学校、社会组织和大众传媒、新媒体的渠道作用，加强理想信念、国情和形势政策教育，宣传广大干部群众践行社会主义核心价值体系的生动实践和新鲜经验。应尊重群众的接受习惯和心理特点，在方法上，要尽可能用群众语言和群众身边鲜活事例回答理论和实践难题，发挥先进典型的示范引领作用；在方式上，要通过潜移默化、对话交流来实现价值认同。要将社会主义核心价值体系融入到人们的日常生产生活，开展各种形式的群众性创建活动，倡导人们在实践中感知、领悟和认同，从具体事情抓起，从基本规范抓起。

　　要培育积极的社会心态，不断优化有益于公平正义的环境。针对国内社会群体性突发事件频发等新态势，要注重培育奋发进取、理性平和、开放包容的社会心态。财富的增加并不一定就导致人们幸福感的增加，因为幸福是比较的产物，要通过制定一系列的政策、制度和法律法规，加快推进民主法治和公平正义建设，不断优化有利于社会主义核心价值体系的政治、经济、文化和社会环境，凝聚社会共识，巩固和扩展社会团结的基石，促进社会的和谐稳定。

缔造精神文化的力量：将社会主义核心价值体系纳入文化建设全过程

张颐武

张颐武

北京大学文化资源研究中心副主任、博士生导师。

对于任何一个社会，如果没有一种核心价值来凝聚共识，塑造认同，都是无法整合自身的。社会存在诸多不同的思想意识和价值选择，但不能想象社会没有自己的核心价值，没有自己的精神生活的主干。社会的核心价值正是通过这种文化的形态出现并对社会产生影响和辐射到社会的各个领域之中的。因此，一个社会的精神价值的塑造和展开都依赖于自身的文化的影响力和辐射力。文化既是价值的理性载体，又是价值的感性呈现。价值当然也体现于社会的经济结构、社会形态之中，但其核心是属于文化的领域之中，是文化的关键性的支撑。

在今天的中国，市场经济的发展和全球化带来的深刻变化构成了社会的价值变化背景。从总体上看，中国发展和崛起带来了新的自信，"中国道路"引发了热议，但同时也带来了更高的期许和要求。

在这里，一方面，社会在迈向新的阶段时出现了企业的社会责任问题，公众人物的诚信问题、贫富分化问题等，公众对这些问题的关注度前所未有地提高；另一面，公众更注重自我价值的实现和幸福感的提升，对社会也有了更高的要求和期待，可以说这些构成了一个纠结复杂的"问题群"。

这里的问题既有新型的物质的要求，如对住房的新要求和房价过高的矛盾、中产群体的消费渴望和现实收入的差距等，也有年轻人的自我实现不足和过度脆弱，感情渴望和消费主义的冲击所产生的精神苦闷等精神性的要求。这里有诸如环境问题、食品安全等老问题的延续和发展，也有新的如动物权利、感情生活复杂性这样的新问题。而新媒体使得人们的诸多情绪和即兴表达得到了前所未有的"放大"。问题复杂纠结，但其关键却在于人们的自我期待和社会期待与社会的现实进程之间的差距所产生的焦虑。这造成了一些"幸福感"低和"认同感"差的困扰，而这并不是通过经济发展能够快速加以解决的。

因此，当下社会对于核心价值的需求就是这些问题必须在文化上获得一种解决方案的基础。这种文化的解决既需要在社会核心价值的阐发和理解上得到一种理论上的新的延续和发展，同时也需要在生活文化和大众文化领域中有具体的生动的呈现。既需要在承继中国的传统文化和现代中国人争取民族独立富强的进程中的精神力量，也需要体现三十多年来中国人在改革开放中所表现出的坚韧和机智。既需要坚守我们价值的基本方面，也需要灵活地面对今天复杂的新现实，一方面让社会的高端文化能够保持价值传承和发展的能量，另一方面也要让年轻人和社会更加容易通晓和理解社会的共同价值，从而提升其幸福感和认同感。这就既需要我们在思想理论方面更好地回答今天社会提出的新问题，也需要大众文化方面的持续的努力。

保持党的纯洁的力量：把社会主义核心价值体系融入党的建设全过程

王庭大

"台上他讲，台下讲他"，当下少数党员领导干部道德失范、诚信缺失、人生观价值观扭曲的现象和党领导的社会主义核心价值体系建设是多么不和谐。社会主义先进文化是马克思主义政党思想精神上的旗帜，文化建设又是党的事业的重要组成部分。社会主义核心价值体系必须融入党的建设，也应该融入党的建设。这样，党才能保持先进性纯洁性。

应当看到，建设社会主义核心价值体系是一项社会系统工程，是全党全社会的共同责任，必须使社会主义核心价值体系建设与党的建设有机地结合起来，将其内容体现在党的思想、组织、作风、制度和反腐倡廉建设之中。

王庭大
中央纪委驻中国科学院纪检组原组长、
中科院党建领导小组副组长。

　　在社会主义核心价值体系中，马克思主义指导思想居于首要位置，而马克思主义又是我们党的指导思想的理论基础。 切实巩固马克思主义的指导地位是全党全国人民的共同任务。当前党的建设一个重要任务就是学习运用马克思主义中国化最新成果，指导实践、推动工作，党内开展的保持共产党先进性教育活动，深入学习实践科学发展观活动、创先争优活动、学习型党组织建设就是基于这样的认识。

　　在社会主义核心价值体系中，中国特色社会主义共同理想是鲜明突出的主题，而我们党的事业就是建设中国特色社会主义。 坚定理想信念，当前就是要坚定建设中国特色社会主义的信念和信心，并为之努力奋斗。

　　在社会主义核心价值体系中，民族精神和时代精神是贯穿始终的重要引擎，而这两种精神也是党的先进性的重要内容，是中华民族的精神支柱和动力之源。 只有教育全党发扬伟大的民族精神和时代精神，才能保持奋发进取的精神状态，克服精神懈怠带来的危险，破解难题开拓前进，带领全国人民不断开创中国特色社会主义事业的新局面。

　　在社会主义核心价值体系中，社会主义荣辱观是具有基础地位的重要内容，也是共产党员的重要条件。 党员领导干部的标准是德才兼备以德为先，社会主义荣辱观就是德的重要体现。党员、党员领导干部要带头遵纪守法、带头弘扬科学精神、带头讲诚信、带头反腐倡廉，以保持党的先进性和纯洁性。

　　领导社会主义核心价值体系建设的是中国共产党，推进社会主义核心价值建设的骨干力量就是党员、党员干部。要对党员、党员干部提出更高的要求，使他们在社会主义核心价值体系建设中成为学习的模范、践行的模范，成为广大人民群众学习的榜样，巩固全党全国人民团结奋斗的共同思想基础，推进社会主义文化强国的建设。

激发昂扬斗志的力量：把当代革命军人核心价值观融入国防和军队现代化建设全过程

刘亚洲

人生有三层楼：第一层楼是物质生活，第二层楼是精神生活，第三层楼是灵魂生活。我们军人曾在第二层楼上显示过活力，我们应该发挥优势，并将继续激发出我们的力量。在国防和军队现代化建设过程中，总有一种信仰和精神让我们信心百倍，奋然前行。

刘亚洲
国防大学政委、中将。

我们需要一种精神，在顺境时不骄傲，在困难时不气馁，在得意时不忘形，在失意时不忘志，在紧要关头不低头，在诱惑面前不动摇。有一个新装备部队的领导，在部队建设出了问题、正在滑坡时，一心想转业。我给他讲了一个故事：一家公司聘用的一个主管，在决策过程中造成了失误，损失了几千万，他就到董事长那里说对不起，我给公司造成了这么大的损失，我请求辞职。董事长笑了，把辞职信一撕两半，扔进纸篓说："我刚刚给你交了几千万学费，你一个子都没赚回来，就想走? 你想得太简单了，天下哪有这么容易的事?"

人活一口气，兵活是士气。遇到困难就气馁，愧为人；紧要关头就低头，羞为兵。一头绵羊带不出雄狮队伍，猛虎强将才能带出雄师劲旅。一支军队怎样才算士气旺盛呢? 军事理论家克劳塞维茨在《战争论》中这样论述："如果它在极猛烈的炮火下仍能保持正常的秩序，永远不为想象中的危险所吓倒，而在真正的危险面前也寸步不让；如果它在胜利时感到自豪，在失败的困境中仍能服从命令，不丧失对指挥官的尊重和信赖；如果它在困苦和劳累中能像运动员锻炼肌肉一样增强自己体力，把这种劳累看做取胜的手段，而不看成倒霉晦气；如果它只抱有保持军人荣誉这样一个唯一的简短信条，因而能经常不忘上述一切义务和美德，那么，它就是一支富有武德的军队。"经验是财富，教训也是财富；成功是财富，失败也是财富；正的东西是财富，反的东西同样是财富。容易的事反让人不知可贵，疏于懒散；困难的事才锤炼意志，激发力量。

树活风雨土，人活精气神。如果精气神不足，其表现必定是工作热情不高、进取意识不强，甚至年纪不大暮气沉沉、年纪稍大死气沉沉；一旦有了精气神，人就会有理想、有追求、有魅力、有风采。怎样才能精气神十足呢？根本的是必须要有信仰。我们信仰一个观念，信奉一个主义，这个观念和主义就是马克思的这段话，最能阐发共产党人的信仰——

如果我们选择了最能为人类福利而劳动的事业，那么，我们就不会被任何重负所压倒，因为这是为全人类所作出的牺牲；那时，我们感到的将不是一点点自私而可怜的欢乐，我们的幸福将属于千百万人。

只有信仰，才能真正成为激发士气的力量。因为信仰，所以忠诚。忠诚不是一句口号，而是一种品质、一种行动。今天，我们的行动就是努力践行当代革命军人核心价值观，让我们锻炼铸就成一种昂扬向上的精神，融入到国防和军队现代化的蓬勃建设活动中。

履行忠诚使命的力量：把外交人员核心价值观融入外交工作全过程

章启月

2012 年 2 月，中水电公司苏丹公路项目 29 名遭劫持同胞安全获救。这是继利比亚撤员、应对日本重大灾害之后领事保护工作的又一次成功实践，也是外交人员践行"忠诚、使命、奉献"外交人员核心价值观的生动写照。

2010 年 7 月以来，面对外交工作的新形势新任务、外交队伍的新变化新特点和党建工作的新要求新部署，外交部党委提炼出"忠诚、使命、奉献"，作为对外交人员核心价值观的高度概括。这 6 个字，既反映了社会主义核心价值体系的普遍要求，也彰显了外交工作自身的行业特点、特性和职业要求，一经提出即得到广大外交人员的高度认同。

章启月
外交部机关党委常务副书记。

做好外交工作以把牢方向为首要前提。"忠诚"是信念，是外交人员的首要政治品格。外交工作的特殊属性要求外交人员必须始终把党、国家、人民和外交事业放在心中最高位置，切实把"讲政治"的要求落实到外交实践的无数个细节之中，在各种复杂的考验面前，始终站稳立场、坚守气节，忠于党，忠于祖国，忠于人民。正因为心怀忠诚，才有了一人一个馆、孤守海岛七百多个日夜的吴钟华的故事，才有了身负一颗子弹、默默为党工作23年的符华强的故事，才有了退而不休、出征战火中东的孙必干的故事。

做好外交工作以围绕中心为根本要求。"使命"是责任，是维护国家和人民根本利益的神圣职责。有了这份沉甸甸的使命感，外交人员才能自觉把握、统筹好国内国际两个大局，时刻为党和国家中心工作服务；才能坚决贯彻执行中央对外方针政策，坚定维护国家的主权、安全和发展利益，勇于维护国家荣誉、尊严和形象；才能积极践行"外交为民"，维护世界和平，促进共同发展。

做好外交工作以奋斗进取为不竭动力。"奉献"是境界，是外交人员的高尚追求。外交人员是肩负国家神圣使命的特殊群体，淡泊名利、严谨务实、艰苦奋斗、勇于牺牲是六十多年来新中国几代外交人秉持和践行的理念，是外交部优良传统中最突出、最具生命力的元素。在高原、高温、疾病肆虐的条件下，外交人员坦然面对；在硝烟弥漫、恐怖活动猖獗的情况中，外交人员毫不畏缩；在家庭与事业无法兼顾时，外交人员毅然舍小家、顾大义。无论是在老一辈外交官中，还是在青年外交干部中，诸多感人事迹不胜枚举。

伟大的事业呼唤崇高的精神，崇高的精神孕育伟大的事业。"忠诚、使命、奉献"的外交人员核心价值观在外交部广大党员中引起强烈共鸣。而构建和培育外交人员核心价值观活动，也成为一个生动的教育和党员自我教育过程，一个充分发扬民主、广泛凝聚共识的过程，一个推动外交工作创先争优、攻坚克难的过程，一个积极开展公共外交、树立外交队伍良好形象的过程。

铸造坚守信仰的力量：领导干部要带头践行社会主义核心价值体系

丁晓兵

每当看到少数干部信仰动摇，在权力、金钱和美色面前栽跟头，我心里就会感到沉重。

领导干部是人民的公仆。领导干部由于其所处的社会地位，其一言一行、一举一动都受到周围人的关注，对社会主义核心价值体系具有直接、重要的引领示范效应。

领导干部要带头践行社会主义核心价值体系，就必须把社会主义核心价值体系贯穿到自己的日常工作中，体现到个人的日常生活上。要从自身岗位做起，在自己所从事的管理工作中按照社会主义核心价值体系要求规范、改进自己的管理工作，使日常业务工作体现社会主义核心价值体系要求。

丁晓兵

武警 8730 部队政治委员、"全国优秀共产党员"、"独臂英雄"。

领导干部带头践行社会主义核心价值体系还要以身作则，严格要求自己。我们手中的权力是人民赋予的，只能用来为人民谋利益，绝不能以权谋私。要做到立党为公、执政为民、秉公用权、不谋私利。要自警、自律、自省，做到慎独、慎微、慎初，加强党性修养和锻炼，自觉构筑思想道德防线。同时，要敢于和自觉接受群众监督，营造民主监督的良好氛围，自觉听取群众批评意见，把群众的批评和监督当做一种警戒、一面镜子，当做自己的义务和进步的动力，努力使自己工作和生活中符合人民群众的愿望和要求。

我认为，要做到这些，关键是要坚定正确的理想信念。共产党人的理想信念就是马克思主义。领导干部只有从内心深处真正信仰马克思主义，认知认同社会主义核心价值体系，相信科学社会主义的真理，相信我们事业的崇高和正义，内心真正有了信仰的力量，才能真正抵得住各种诱惑，才能在工作中充分发挥共产党员先锋模范作用，保持党的先进性和纯洁性。

坚守平凡岗位的力量：把社会主义核心价值体系建设贯穿到平凡岗位之中

程相文

我是一名基层农业科技工作者，主要从事玉米新品种选育和配套技术研究与推广工作。

育种是个系统性的工作，需要大量的试验和长期的积累。1963 年，农学专业毕业的我放弃了留在省城工作的机会，成为一名基层农业技术员。当时的粮食产量很低，农民饭都吃不饱，我想：要是能想办法提高粮食产量，让大家都能吃上饱饭，那该多好啊！也就是这番年少轻狂的壮志雄心，让我与玉米结下了不解之缘，更没想到的是，这一干就是 50 年。

为了培养出一个适合黄淮海地区的玉米品种，我们团队花费了长达 19 年的时光，进行了几百次试验，配对组合几千次。这一过程，孤独、寂寞、炎热和蚊虫叮咬始终伴随着我们。作为一名普通共产党员，我从来没有对我的岗位动摇过。当看到农民的粮食产量翻了一番又一番时，我看到了自己坚持不懈的价值。

共产党员是科学文化的倡导者和先进生产力的追求者。俗话说，三百六十行，行行出状元。不同的工作岗位没有高低贵贱之分，都是社会发展进程中必不可少的组成部分。一粒种子虽小，但它可以改变一个世界，可以造福一个民族。百姓期待的眼神让我明白，只要从点滴小事做起，平凡的岗位也可以作出不平凡的成绩。

程相文
河南省浚县农科所所长、鹤壁市农科所副所长。

第十六篇

为了谁　依靠谁　我是谁

——纪念毛泽东同志《在延安文艺座谈会上的讲话》发表 70 周年

　　真理总有穿越时空的力量。1942 年 5 月，毛泽东同志在延安文艺座谈会上发表讲话，明确提出了文艺为工农兵服务的方针。重温毛泽东同志的光辉思想，认真学习邓小平、江泽民、胡锦涛等有关文艺创作、文化工作、文化建设的重要指示，我们深切感受到文艺为人民群众服务的责任和担当。在毛泽东同志《在延安文艺座谈会上的讲话》发表 70 周年之际，结合贯彻落实十七届六中全会精神，十二位文化工作者就"为了谁、依靠谁、我是谁"这一话题谈自己在文化战线工作过程中的感想和体会。

社会主义文化工作者必须始终牢记自己的神圣使命——为了谁

　　文化应当"为千千万万劳动人民服务"。要坚持"二为"方向和"双百"方针，坚持"三贴近"，坚持"走转改"，坚持为实现中华民族伟大复兴服务。

坚持为人民服务为社会主义服务的方向

王　昆

　　"霹雳一声震乾坤哪，打倒土豪和劣绅哪！往日穷人矮三寸哪，如今是顶天立地的人哪！"这是 1964 年 10 月大型歌舞史诗《东方红》在人民大会堂首演时我的开场白。这段话唱出了我的心声：是人民培育了我，我要坚持"二为"方向，倾心为人民服务，为社会主义服务。

王昆
大型歌舞史诗《东方红》主演。

　　这台由周恩来总理负责编排的作品，动用了 3 000 人的宏大阵容，聚集了当年一大批著名的艺术家。演出前，我专门向湖南的文艺工作者学语言、学风俗、学技巧，演唱《农友歌》，在舞台上演绎大革命初期农民运动的面貌。大型歌舞史诗《东方红》获得人民群众好评，并成为革命英雄主义和革命浪漫主义相结合的红色艺术经典。

　　人民利益高于一切。只有真正领悟了群众立场的真谛，才会自觉自愿、发自内心地服务群众。1944 年寒冬，在飞舞的雪花中我们开始了歌剧《白毛女》的排练。当时，文艺作品大都是在剧本创作完成之后再开始排练和演出，但《白毛女》却是创作、作曲、排练同时进行的。我们付出常人难以想象的艰辛。

　　1945 年 4 月，《白毛女》首演获得好评。随后，我们又去东北、华北等地演出。广大农民看过演出后，更加坚定地支持解放战争；很多城市的知识分子看过演出后，更加奋勇地投身革命。我们在战地也演出了很多场次，让战士们提高了觉悟，有的战士在观看演出中，当场就拿出枪来要打"黄世仁"。

我本身也是农民出身，抗战 8 年我一直在前方演出，当地的人民群众也想方设法保护我们的安全。可以说，我们为群众服务，就是为自己的亲人服务。

坚持贴近实际贴近生活贴近群众

贺敬之

"羊羔羔吃奶眼望着妈，小米饭养活我长大。"1956 年创作的这首《回延安》，表达了我对延安人民的深厚感情，也透出了我创作贴近实际、贴近生活、贴近群众的心路历程。

延安是我的第二故乡，是我文艺生涯的成长之源。"身长翅膀吧脚生云，再回延安看母亲。"几十年来，虽然历经风风雨雨，但是对那个火热时代的热爱我一直未曾改变。这种爱，是一生对延安人民的感恩之情。

回首多年的文学生涯，我一直认为是人民给了我创作的灵感。我是一个苦孩子，1941 年到延安，考入鲁迅艺术学院。在延安，我感受到热烈而欢活的气氛，看到觉醒的人民诉说自己的悲惨命运，体验到创造财富的社会最底层人民最为真实、最为朴质的情怀。

1942 年，在延安文艺座谈会精神的号召下，我随鲁艺文工团走遍了陕北的基层乡村，在参与文艺演出时搜集了大量的民间素材。白毛女的故事，让我想起了自身的经历。我一边流泪，一边写剧本，忘记了自己是在延安窑洞还是在大年三十杨白劳的家中，忘记了窗外雪花飞舞的沙沙之声。在歌剧《白毛女》专场演出中，当唱到"太阳底下把冤伸"时，我注意到毛主席在擦眼泪。歌剧《白毛女》后来成为中国第一部革命现实主义大型新歌剧，并获得 1951 年斯大林文学奖。

新中国成立后，祖国日新月异的变化让我惊喜。优

贺敬之

中宣部原副部长。

秀士兵雷锋的出现，感动了我，也感动了中国。他个子虽小，但在我印象中却是"无比高大的长兄"。我创作的《雷锋之歌》就是翻身解放的人民有无穷创造力的精神写照："在你生命的线路上／闪出／永不熄灭的火花／发出／亿万千卡热能。"《雷锋之歌》对于学习雷锋、对于弘扬革命的骨气与正气起到巨大的推动作用。

实践表明，只有在人民群众朝气蓬勃、富于创造的伟大实践中，才能产生富有时代气息的作品。可以说，人民是我们的衣食父母，我们必须感恩人民。

坚持走基层转作风改文风

吴　军

毛泽东同志发表《在延安文艺座谈会上的讲话》有70年了，世情、国情、党情也发生很大变化，但文化工作者为最广大的人民服务的方向不能变，为中国革命、建设和改革实践服务的努力不能变。

我深知，为最广大人民根本利益服务，其实就是为中心工作服务，具体说也就是宣传引导群众、反映群众心声、满足群众精神需求。

我曾有机会扮演过雷锋和张思德，这对我来说是一生的荣誉。他们既是先进人物的优秀代表，又都是有血有肉的身边典型。在扮演张思德的时候，我知道张思德本人是又黑又瘦的，但生活中的我又白又胖。为此，我提早就开始了体验生活。在陕北采景时，我每天在太阳下晒，让皮肤变得黝黑。我还通过疯狂减食，一个月瘦了27斤。

为了追求神似，我还在心理上"减肥"。张思德和雷锋都生活在革命年代，他们对物质的追求非常浅淡，更多的是一种精神的追求。随着角色的进入，我把他们全心全意为人民服务的精神刻入灵魂的深处。当时，因为要赶在毛泽东同志《为人民服务》发表60周年前把影

吴军
雷锋、张思德的扮演者。

片呈现给观众，所以拍摄很紧张。有一天，我在山上跑了 12 个来回，被草鞋磨破的脚后跟渗着血，火辣辣地疼，但我还是坚持下来。

"走基层、转作风、改文风"是一项实践性很强的活动，重在联系实际、贵在取得实效。对此，我会坚持下去的。

坚持为实现中华民族伟大复兴服务

铁 凝

在任何一个国家和政党的文化发展战略中，为谁立命、为谁谋利始终是一个根本性、方向性问题。实现中华民族伟大复兴是我们国家长远发展战略。当前，我们应以高度的文化自觉和文化自信，坚持以人民为中心的创作导向，为实现中华民族伟大复兴服务。

文学的生机活力来自生活、来自人民。近年来，中国作协组织开展"走进红色岁月"、"定点深入生活"等调研活动，广大作家分赴井冈山、瑞金、延安、西柏坡等革命老区以及改革开放和现代化建设一线，在人民的生活生产实践中，焕发出新的创作激情。他们取得的丰硕创作成果昭示着我们：在人民的伟大中获得艺术的伟大，是我们文学创作的题中应有之义，更是文学创作向往达到的至高境界。

人民的命运和幸福，是文学出发和前往的地方。面对一个生机勃勃、日新月异的伟大时代，我们要真正走进生活，下得去、蹲得住、沉下心，与人民群众广泛接触交流，从生活的沃土中汲取创作营养。要在人民创造历史的实践中接受启迪，使自己的作品离实际近些再近些，离生活近些再近些，离群众近些再近些，用手中的笔，为人民画像，为时代立言。

人民的期盼永远是文学发展的强劲动力。我们身处一个中华民族创造力灿烂进发的时代，要坚守我们的文

铁凝

中国作家协会主席。

化立场，以礼敬、自豪的态度从民族文学和民间文学中汲取一切有益的东西，为今天的文学创作提供丰富的滋养。要敢于超越前人、超越自我，不断增强原创能力，大力推进文学观念、内容、风格、流派的创新，让中国文学为世界文学的发展作出更加辉煌的贡献。

> **社会主义文化工作者必须始终牢记推动文化建设的力量源泉——依靠谁**
> 　　人民是我们永远的依靠。创作的动力依靠人民，创作的源泉依靠人民，创作的方向依靠人民，事业的发展依靠人民。

创作的动力依靠人民

任学安

　　成就伟大事业须有伟大力量。如果搞不清楚"依靠谁"，就找不到成就文化事业的力量。我一直认为，好作品的创作动力都来自人民，来自人民群众火热的社会生活和生动的实践。

　　我们拍摄电视纪录片《复兴之路》时，有一次凌晨3点来到天安门广场，发现已经有群众在往广场汇集，凌晨5点就已经站满了人。那一天并不是什么特殊的日子，有的是来自东南沿海，有的是来自边远山区，很多人都是首次来看升国旗。这说明国旗在每一个群众心中都是有特殊位置的。那一刻，我感到一种震撼的力量。这种力量又给了我创作的信心和动力。

任学安

大型纪录片《复兴之路》主创者。

　　拍《大国崛起》也是缘自这种动力。2003年11月的一天，我听到了不少老百姓议论这样一条新闻：中央政治局领导学习15世纪以来葡萄牙、西班牙、荷兰、英国、法国、德国、日本、苏联以及美国9个主要国家的发展历史，了解大国的发展历程和兴衰经验。

那时在国内外有两种声音，一种是中国威胁论，一种是中国崩溃论。普通老百姓也很困惑：中国到底是在崛起还是在衰落？"大国崛起"这个标题就是在听完老百姓议论之后，灵光乍现一般闯进了我的脑海，我为这部片子拟定了这样的创作初衷："让历史照亮未来的行程。"

在各种利益诉求都存在的错综复杂的情形下，人民艺术家不是为极少数煤老板、房产商和公众明星服务的，而是要为绝大多数人民群众服务。这是艺术家的良知和责任。

正是广大群众的期盼给了我们力量。为了节目顺利播出，剧组中每个成员都在夜以继日地工作，每天吃住在剧组，不仅春节、五一、十一几个黄金周都在加班，平常工作多少小时也根本没有概念，每个人都面临脑力和体力的极大考验。

作为主旋律作品，《大国崛起》和《复兴之路》都及时回应了广大群众的关注，也赢得了群众认可。这也让我深切感受到宣传思想文化工作根基在群众、智慧在群众、力量在群众。

创作的源泉依靠人民

何建明

在文学创作这条漫长的道路上，我保持着 30 年如一日的奔跑状态，目的就是为了心向人民，与人民同步。

我深知，服务人民是文学创作的基本担当，为人民写作是我们作家的根本使命。正因为如此，为人民立言，一直是我写报告文学的态度。如果问文学应拿什么奉献给人民，我觉得写出反映人民心声的作品是最有力的回答。

人民总能给作家提供创作的激情和创作的源泉。1997 年 9 月，当我看到中国高校有那么多的贫困生时，便在接下来的一年多时间里，连续走访了几十所高校，倾听一批又一批大学生的疾苦。我感觉，中国的未来就在他们身上，贫困大学生应该得到全社会的关注。《落泪是金》发表后，使贫困大学生获得了至少 3 000 万元的社会资助，政府也为此陆续推出了诸如"绿色通道"、"救助政策"、"西部行动计划"等政策。

此刻，我发现了文学的力量所在：与人民相通，为人民所想，就能够影响一个阶层乃至整个社会。因而，服务人民是文学创作的基本担当，为人民写作是作家的根本使命。《根本利益》就是在中央关注农民问题以及腐败问题背景下写作的，我呼唤社会对农民给予关注。我写的《为了弱者的尊严》，就是站在执政为民和构建和谐社会的角度，以一位人民公务员的赤诚之心，为身处弱势地位的百姓倾力解难。

如今，我的很多作品都被人称为一种国家叙述——对于国家和民族的进步和发展充满了忧患意识和深厚情感。我深知，投入感情未必产生好作品，但是如果内心没有对国家对民族对人民的热爱，一定不会有好作品的诞生。只有倾听百姓心声，把党和国家利益与人民利益联系起来，站在百姓立场上写作，作品才会焕发出生命力。

纵观文学发展史，精品力作的力度在哪里？就在于作家的创作立场和服务对象。反映人民的意志、愿望，诉说人民的需求，这是作家写作的正确立场。

何建明
报告文学作家、
中国作协副主席。

创作的方向依靠人民

周培武

今年是大型舞蹈诗画《丽水金沙》上演 10 周年，目前该剧已演出六千多场，接待观众三百多万人次，获得了较好的社会效益和经济效益。作为这台文化旅游晚会的总导演，我最大体会是创作的方向要依靠人民。

创作要反映人民群众的需要、社会的需要，这是文艺工作者的基本责任。闭门造车、自说自话、盲目跟风都是行不通的。只有扎根基层，问需于民、问计于民，才能找对创作方向。作为一名舞蹈编导，我给自己定下规矩：只要能摸清人民的生活状态，不管山多高路多远都要去。

1983 年，我在思茅、西双版纳地区生活了整整半年，步行七百多公里，走

周培武

大型民族歌舞诗画《丽水金沙》总导演。

访了 6 个县的 28 个村。每到一处，我都和当地人一起生活劳动。这些普通劳动者，虽然手是黑的，脚上有牛屎，但他们纯朴、善良、真诚。和他们在一起，我学到别人想不到的东西。

现在有个不好的现象，有的人把创作的方向确定为获奖或是追求制作所谓的"高端"和"经典"艺术。其实，人民群众才是评定作品思想成就和艺术成就的总裁判。文艺作品能受到群众的欢迎，就是成功了。《丽水金沙》演出数千场，成为到丽江旅游的绝大多数游客必选的一个文化消费项目。许多游客评价它是"精彩的艺术，民族的瑰宝"，这是人民的肯定，比拿什么奖都有价值。

把握创作方向要注意善于听取批评。文艺批评是文艺工作的重要组成部分。我编导的《阿诗玛》是获奖最高、最多的戏，可它小众化，上演次数较少，看过的人也不多，经济效益基本为零，受到一些人的批评。但，这也让我受到一次教育，那就是创作的方向要始终指向人民。通过这件事，也让我明白，我们倡导文艺批评，就是要让人民和社会来检验和推动文艺工作向前发展。

事业的发展依靠人民

蒋愈红

以展示河南地方戏曲为主的电视栏目《梨园春》开播 18 年了。这些年，《梨园春》现场直播近 700 次，戏迷参与 10 万人次，探究其长盛不衰的秘诀，就在于《梨园春》把握了事业的发展依靠人民的规律，坚持"还戏于民"和"取戏于民"。

随着时代的变迁和新媒体出现，曾深受群众喜爱的传统戏曲在戏院式微。《梨园春》充分利用电视对传统戏曲进行重新包装，从经典的传统剧目到反映时代精神的精品佳作，从享誉全国的名家大腕到老百姓身边的平民偶像，让寻常百姓足不出户，就能够欣赏到精彩的民族艺术。

让民间力量参与到文化工作中，是《梨园春》发展的一个亮点。《梨园春》有两种最受观众喜爱的节目样式，那就是戏曲小品和戏迷擂台赛，而这两种节目样式恰恰是最直接地取材于民间剧场和"草根"的创作。戏曲小品的故事素材、人物形象，甚至一些具体的戏剧冲突的细节和语言，都来自向群众征集的剧本。戏迷擂台赛更是打破了电视节目以往"我唱你听，我播你看"的固有模式，充分调动起戏迷观众参与节目的积极性。"到《梨园春》去打擂"已成为河南人文化生活中的一个热点。

蒋愈红

河南电视台《梨园春》栏目总导演。

文化事业由人民群众共推，文化成果由人民群众共享。《梨园春》多年来始终不渝地坚持为人民放歌，把舞台搭建在观众家门口，每年都会坚持深入农家、田园、厂矿、部队演出。这样，《梨园春》不但接了地气，还满足了基层广大群众文化需求，收获了好口碑。

> 无论事业如何发展，环境如何变化，社会主义文化工作者要始终牢记——我是谁？
>
> 我来自群众，是群众的亲人，也是群众的学生。要做社会主义核心价值体系的践行者，做社会责任的担当者，做文化建设的推动者，做文化建设的学习者、创新者。

做社会主义核心价值体系的践行者

杨金海

作为一名文化工作者，我来自群众，是群众的亲人，也是群众的学生。在重温毛泽东同志《在延安文艺座谈会上的讲话》之际，感受最深的是文化工作者应做践行社会主义核心价值体系的先锋战士。

215

杨金海
中央编译局秘书长、研究
员，哲学博士。

要做到这一点，文化工作者首先需要进一步明确自己的立场和方向。《讲话》明确强调文艺工作者要深入到火热的群众实践中去。今天，我们的时代发生了很大变化，但文化工作者为人民大众服务的立场和方向不能变。

践行社会主义核心价值体系，重要的是文化工作者要做人民的艺术家。目前，不容忽视的是我们的文化工作中存在着脱离群众乃至偏离正确方向的危险现象。例如，有的电视剧热衷于宣扬陈旧的剥削阶级生活方式，鄙视劳动人民，误导人们追求不劳而获的生活方式。再如，有的理论工作者不去关注广大群众的生活实践，而是为了一己之私去"傍大款"。对此，我们要注重学习马克思主义文化观，在复杂多变的社会环境中不能迷失自己的立场和方向。

文化工作者还需要勇于担当，引领社会思潮，弘扬真善美，批判假恶丑。有的人企图离开历史性、人民性抽象地讲真善美和假恶丑，结果只能是混淆视听。代表人民群众利益的真善美，最基本的就是社会主义核心价值体系中的内容。我们的文艺作品、理论作品等，都应当大力弘扬这些先进思想和观点。

文化工作者还需要以自身的模范行动引导社会大众践行社会主义核心价值体系。要经常深入群众，使"走转改"活动常态化，与人民群众建立起亲密无间的鱼水关系，赢得人民群众的信赖。同时，不断提高自己的思想理论水平和职业道德素质，创作出更多人民群众喜闻乐见的精神产品。

做勇挑社会责任的担当者

陈崎嵘

不久前，国家互联网信息管理部门关闭了16家造谣传谣的网站，并对传谣集中的网站进行处理。作为新媒体文化工作者，我们更应当自觉维护健康有序的媒体环境，做勇挑社会责任的担当者。

近年来，作为中国特色社会主义文化的重要组成部分，以微博、网络文学为代表的新媒体文学飞速发展，形成了文学创作史上的"海量神话"，但同时谣言、语言暴力和不良信息大量充斥。对此，新媒体文化工作者要担当社会责任，处理好以下几个关系。

适应读者与引导阅读的关系。新媒体文学因其"草根性"的特点，与广大网民有着天然的联系；但同时，不应当满足于简单地迎合网民，而应当引导和提升网民阅读。新媒体文学要满足读者高层次的文化鉴赏和审美需求，自觉抵制低俗化、粗俗化、庸俗化现象。

社会效益与经济效益的关系。新媒体文学资本介入和收费阅读的运营模式，潜藏着文学市场化、以金钱标准替代文学标准的风险。因此，在文学的创作和传播中，要坚持把社会效益放在首位，以思想意蕴和文学价值作为主要追求，防止将"点击率"等同于文学标准，简单地以"支付宝"论英雄。

传统文学与新媒体文学的关系。新媒体文学与传统文学之间的关系，不是"楚河"与"汉界"的割裂关系，不是"活字印刷"与"竹简"的取代关系，而是"阳光"与"氧气"的共需关系，是"水"与"泥"的融合关系。两者完全可以做到相互包容，逐步融合，各美其美。

还要看到，做勇挑社会责任的担当者，新媒体文化工作者也要积极深入到人民群众的火热生活中，拜人民群众为师，把作品写在大地上，写在人民心坎上。同时，要加强自身修养，弘扬职业精神，恪守职业道德，塑造高尚人格。

陈崎嵘

中国作协党组成员、书记处书记。

做文化建设的推动者

郭运德

解决好"我是谁"的问题，关键是摆正同人民群众的关系，这是宣传思想文化干部改进思想作风、工作作风的一个重要着力点。领导干部一定要树立高

郭运德

天津市文化广播电影电视
局局长。

度的文化自觉和强烈的文化担当，以时不我待、只争朝夕的精神，积极做文化建设的推动者，为文化建设多办好事实事。

着力推动文化精品创作。 文化大发展大繁荣的重要标志，就是精品力作的不断涌现。如果没有一批思想性、艺术性、观赏性俱佳的作品，文化的繁荣就是一句空话。近年来，随着天津市拍摄的《解放》、《辛亥革命》等电视剧的热播，天津的重大历史题材影视作品形成品牌，这些优质作品为观众献上了丰富的文化大餐，赢得了观众的赞誉。

着力推动文化服务体系建设。 政府主管部门应着力构建覆盖城乡的公共文化服务体系，适应社会生活新变化，向人民群众提供丰富多样的公共文化服务。今年天津市第三批 60 个重点文化项目中，既有博物馆、纪念馆、街道乡镇文体中心等文化基础设施，也有中国京剧票友邀请赛、全国小品大赛、天津读书节等群众性文化活动，扩大了文化建设的覆盖面，深受人民群众欢迎。

着力推动新型文化人才建设。 政府文化主管部门要以求贤若渴的精神，不拘一格地选拔人才。要创新组织培养与个人追求相结合的人才成长模式，建立严格而科学的团队培养目标，让青年人有强烈的上进需求与发展空间，最大限度激发他们的创造潜能，为文化发展源源不断地输送可造之才。

做文化建设的学习者和创新者

李默然

毛泽东同志《在延安文艺座谈会上的讲话》中，告诫我们要摆正同人民群众的关系，牢记自己的位置和身份。能摆正同人民群众的关系，就不会高高在上、闭门造车，当精神贵族，而是虚心拜人民为师，踏踏实实做文化建设的学习者、创新者。

做文化建设的学习者、创新者，关键是改进工作和思想作风。这些年，我所在的辽宁人民艺术剧院，大家虚心学习，用心创作，生产了一批精品剧目，有描写民间皮影艺人传奇故事的《凌河影人》，亦有颂扬老一辈革命家的《任弼时》等不同体裁、题材的优秀作品。实践告诉人们：什么时候心中装着人民，为人民提供健康有益的文艺作品，人民就认可，就褒奖。反之，则遭到唾弃。

李默然

著名表演艺术家。

当前，做文化建设的学习者、创新者，要坚持用辩证唯物论和历史唯物论的观点去观察世界、观察社会、观察文学艺术，避免文艺工作陷入各种错误倾向。

例如，我们不能把文艺工作推到单纯娱乐的境地，乃至于发展成一种"泛娱乐论"的倾向。文学艺术的主要功能是提高人们的文化素质，激励人们向上斗志，陶冶人们的道德情操，丰富人们的精神生活，因此绝不可搞所谓的"泛娱乐论"。

又如，我们不应以自己的偏好来评论雅与俗。有的一谈雅就贬俗，有的一谈俗就贬雅，这种对立的"雅俗对立论"会让文艺工作者在前进的道路上无所适从，以这种理论上的偏颇来指导我们的文艺工作就会出现问题。

再如，我们的作品不能远离基层。如果我们文艺工作者没有及时反映广大群众那些值得讴歌的伟大事件，反而去大量投资制作那些历史上根本不存在的胡编乱造的故事，这将导致文艺作品离群众越来越远。

时代在发展，社会在变化。文化工作者既不要墨守成规，亦不要数典忘祖。有领导同志讲"守住本来的，吸纳外来的，着眼未来的"，我赞同。

第十七篇

以思想道德建设为重点
建设社会主义核心价值体系
——社会主义核心价值体系建设十人谈

党的十七届六中全会强调，"社会主义核心价值体系是兴国之魂"，"决定着中国特色社会主义发展前进方向"。本文从"以人为本"、"政治建设"、"市场经济"、"传统文化"、"塑造精神"、"教育工作"、"法治建设"、"媒介责任"、"社会管理"、"领导示范"十个方面探讨思想道德建设与社会主义核心价值体系建设的关系。

关键词：以人为本

以人为本促进思想道德建设

陈志尚

我们党一贯重视思想道德建设。作为一项复杂的系统工程，思想道德建设必须坚持以马克思列宁主义、毛泽东思想、邓小平理论和"三个代表"重要思想为指导，必须贯彻落实科学发展观，坚持"以人为本"，讲求科学性。

科学发展观的核心就是以人为本。以人为本是社会主义道德追求的根本价值，更是社会主义的核心价值理念。"以人为本"充分肯定人对社会发展的主体地位和主导作用，体现了马克思主义历史唯物论和辩证唯物论，体现了我们党全心全意为人民服务的根本宗旨和我们推动经济社会发展的根本目的。

陈志尚

北京大学哲学系教授、中国人学学会会长。

在具体实践中，我们要紧紧围绕社会主义核心价值体系建设，把"以人为本"原则贯彻到思想道德建设之中。在处理人与人的关系的时候，要遵循尊重人、关心人和为人民服务的道德要求；在处理人与社会的关系中，要遵循集体主义道德原则；在处理人与自然关系中，要遵循人是主体和目的要求。

历史证明，人类只有不断地促进社会发展才能生存下去，才能实现社会的可持续发展。马克思提出了崇高的理想，就是建立以每个人都能获得自由而全面发展的共产主义新社会。因此，贯彻以人为本，应该把促进并最终实现每个人的自由全面发展，作为党员干部和广大群众都自觉追求的社会主义道德理想。需要强调的是，先进性和纯洁性是马克思主义政党的本质属性，党员干部要以率先垂范的实际行动体现党的先进性和纯洁性。

关键词：政治建设

以政治建设引领和推进思想道德建设

高永中

高永中
中央党史研究室副主任。

政治建设是全面推进道德建设的根本保障。政治建设支配人们的道德观念、道德规范，决定道德建设的方向，并成为道德建设的先导。社会主义核心价值体系为全体社会成员提供了基本道德规范。我们要着力把社会主义核心价值体系建设同人民群众根本利益密切联系在一起，以政治建设引领和推进道德建设。

以政治建设引领和推进道德建设，要以推进社会主义民主的规范化、制度化、程序化作为基础。人民当家做主的社会主义政治制度的建立，为全社会打下了共同道德价值的坚实基础，使以人为本和为人民服务成为中国社会道德的基本价值取向，有力促进了公民道德素质的提升。但从当前出现的道德问题看，社会主义民主政治的具体制度方面还存在不完善的地方。比如：最为群众诟病的一些官员贪污腐败问题，深层次的原因是权力的监督制约机制跟不上形势的发展。我们要构建道德建设国家长远发展战略，积极稳妥地推进政治体制改革，健全民主制度、丰富民主形式、拓宽民主渠道，保证人民依法实行民主选举、民主决策、民主管理、民主监督。进一步健全权力运行制约和监督体系，保证党和国家机关按照法定权限和程序行使权力，从制度上保证道德建设的正确的价值取向。

以政治建设引领和推进道德建设，要以法治建设作为后盾。可以说，法律本身具有思想教育的力量，对把人的外在的行为习惯内化为内在的道德品质具有潜移默化的作用。治理当前道德领域存在的突出问题，必须更加重视发挥法治的作用。加强党对立法工作的领导，消除立法腐败现象，不断提高立法质量，使有法可依迈向良法可依。牢固树立法治观念，在法治的轨道上推动各项工作的开展，保护公民和法人的合法权益。以保证司法公正为目标，逐步推进司法体制改革，为在全社会实现公平正义提供法治保障，为道德建设创造良好的"生态"环境。

以政治建设引领和推进道德建设，要以党风廉政建设作为重点。当前，少数官员钱权交易、贪污腐化等问题，人民群众反映强烈。党风廉政建设关系党的生死存亡，既是党的建设的重要内容，也是道德建设的重点。积极探索建立健全惩治和预防腐败体系，从健全完善体制机制上，封堵权钱交易的源头。以解决群众反映的突出问题为重点，坚决纠正不正之风。严格查处违纪违法案件，严厉惩处腐败分子。督促党员干部加强党性修养，努力践行以"八荣八耻"为主要内容的社会主义荣辱观。

关键词：市场经济

让市场经济真正成为"道德经济"

韩保江

建设社会主义核心价值体系、提升道德水准是社会主义市场经济发展的内在要求。社会主义核心价值体系是引领社会主义市场经济健康发展的精神旗帜，有效发挥其功能，关键在于加强社会主义核心价值体系建设，不断增强社会主义意识形态的吸引力和凝聚力。

有些人认为市场经济往往是导致社会道德沦丧、物欲横流的祸根。其实不然。马克思曾指出，人们自觉或不自觉地"从他们进行生产和交换的经济关系中，吸取自己的道德观念"，深刻地揭示了道德产生的根源。建立正常社会经济秩序的道德要求，首先要做到的就是诚信。市场经济是道德经济，也是一种信用经济。没有诚信，市场经济就无法维系。然而，令人遗憾的是，各种不诚信的现象在社会经济领域中有不同程度的存在。由不诚信而导致的恶果已经充分显露。在经济领域，不诚信已

韩保江

中央党校经济学部副主任、教授。

经影响和危害着市场经济的顺利发展。最使人深受其害的是造假、贩假。假冒伪劣产品充斥市场，服务质量低下，买卖经营靠坑蒙拐骗，扰乱市场，造成经济秩序的混乱。

当前，我们正处在经济体制转型时期，以谋求效益最大化和竞争为特征的市场经济，要发挥出高效益、高效率，必须建立一套完备的法律制度，用以约束"经济人"的行为，规范市场秩序，让市场经济真正成为"道德经济"、信用经济。可以建立、完善和维护信用体系，统筹监管机构，联合银行、商务、海关、税务、工商、质检、工业、农业、保险、统计等部门，共建共享质量信用信息平台，以有效防范和惩处诚信缺失者。也可以围绕加强诚信建设等方面，集中治理群众反映强烈的突出问题，切实纠正行业不正之风。

关键词：传统文化

用传统文化推进道德水平的提升

于 丹

优秀的中国传统文化，在很多方面和社会主义核心价值体系是相契合的，是一脉相承的，中国优秀传统文化是构建社会主义核心价值体系、推进思想道德建设的丰厚土壤和思想源泉。

中国传统文化强调心灵的作用，提倡通过心灵的力量来达到自我约束和道德反省的目的。儒家讲"君子日三省乎己"、"夫子之道，忠恕而已矣"，道家讲"乘物以游心"、"独与天地精神往来"，中国的佛教讲"觉悟"，"觉悟"即"见我心"。三家的观点归结起来就是信任心

于丹

北京师范大学艺术与传媒学院副院长、教授。

灵的力量。其中，不足两万字的《论语》里说"仁"就达一百九十多次，"二人成仁"，这是教人用心处理人与人之间的关系。只有把人人关系这个基础单元捋顺，才能向更高的社会理想迈进。

改革开放以来，中国的都市化进程迅速加快，城市规模、消费速度、生活结构发生了翻天覆地的变化。对于有几千年在土地上生活的稳固根基的中国人来说，处在如此剧烈的转型期中，产生惶惑、自我定位变得模糊都是难以避免的。怎么用中国传统的为人之道、君子之德来唤醒中国人的伦理道德，是今天的当务之急。我认为，当前要注重以下几个方面：

注重强化民众的底线伦理。底线伦理是道德建设重要动力。君子与小人的区别就在于是否坚守底线伦理。君子之道，人人可为，因为它几乎没有成本。《论语》里有两个做人的标准——"士"和"君子"。"士"就是我们今天说的知识分子，有使命感、有担当，受过一定教育的人。孔子说"士不可不弘毅，任重而道远"，做士是有难度的。"君子"则适用于所有的普通百姓，做君子没有什么门槛，他不见得要念过书，不需要很高的社会地位，一个内心自律的普通人即可。

注重将传统文化"文而化之"。《周易》上说："文化，关乎天文，以察时变。关乎人文，以化成天下。"观察人文百态，凝聚事相人心，然后再流化天下，化育人心。我们从不缺少文明，但我们缺少化育。我们缺少的是作为动词活着的文化，而不是作为名词留下来的文化遗产。我们现在文化丰富了，生活富裕了，但文而不化，富而不贵，卷帙浩繁却没有完全化入人心，道德建设还有很大的提升空间。因此，我们将重点放在"化"上，就是将传统文化的作用最大化。

注重文化的传承和创新。仁义礼智信都是"中国特色"的传统道德。传统文化一直都在，没有过时。在今天这样的社会状态下，有很多东西在变革，但核心价值还是应该把握住。要与时俱进，坚持吸收中华传统文化的精髓，学习借鉴别国优秀的道德文化，赋予传统文化以时代内涵，使其与当代社会相适应、与现代文明相协调，使传统文化焕发出时代的光芒。

关键词：塑造精神

让雷锋精神成为思想道德建设的强大动力

骆郁廷

　　雷锋是实践社会主义思想道德的楷模。雷锋身上体现出的爱党爱国、助人为乐、敬业奉献、锐意创新、艰苦奋斗的崇高精神和高尚品格，是党和人民极为宝贵的精神财富。雷锋精神凝结着中华民族的优秀品德，闪烁着社会主义道德的耀眼光辉，具有引领人们崇德尚义、向上向善的强大力量。

　　精神需要塑造。人之为人，贵在具有一定的道德；人之高下，要在精神境界的高低。康德说过，有两种东西能让人崇高与敬畏：头顶的灿烂星空和我心中的道德。毛泽东也有一句名言："人是要有一点精神的"。当前，我国社会主义市场经济发展迅速，社会正处在新旧转型期，建构良好的国民精神信仰已成为时代所需，而作为建设社会主义和谐社会精神支柱的社会主义核心价值体系，以及作为中国共产党和中华民族这两大主体在精神领域探索成果结晶积淀的雷锋精神，对塑造良好国民精神、建设社会主义道德发挥着举足轻重的作用。

骆郁廷
武汉大学党委副书记、教授。

　　大力弘扬雷锋精神，就是要大力加强社会公德、职业道德、家庭美德、个人品德建设，引导人们深入学习雷锋全心全意为人民服务的思想，自觉践行社会主义道德规范，牢固树立社会主义荣辱观，在生活中热心助人、尊老爱幼、诚实守信、见义勇为，用实际行动促进良好人际关系的形成和良好社会风气的发展。

　　需要强调的是，我们要结合我国当今社会的现实和人们的思想实际大力宣传具有雷锋精神的先进典型，用他们的先进事迹和崇高精神来感染人、教育人、启发人、塑造人，使他们的精神在社会实践和人民群众中生根开花、发扬光大，成为社会宝贵的精神财富，成为培育和造就一代又一代社会主义新人的不竭的力量源泉。

关键词：教育工作

思想道德教育是教育工作的重点

刘建军

教育是社会的育人事业和希望工程，在传承发展道德文明和提高民族道德素质方面，具有不可替代的基础性作用。教育学生树立正确的世界观人生观和价值观，是教育的重要职责之一，也是社会主义核心价值体系"进教材、进课堂、进头脑"的重要内容。

在教育的不同阶段，崇高的理想信念和正确的世界观、人生观、价值观都是学生思想素质的核心内容，也是当前思想政治教育首要的和根本的任务。世界观、人生观和价值观是人对世界、人生和社会生活的总体看法和基本评价，是人的精神世界的主要内容。从一定意义上讲，一个人的"三观状况"决定着这个人的精神面貌，决定着他是一个怎样的人。

在"三观"中，重点要做好对学生的人生观教育。人生观回答了人究竟为什么而活着，人活着的意义是什么，应该怎样度过人的一生，应该成为什么样的人等问题。可以说，人生观影响并在一定程度上决定人们的道德行为和道德品质。

当前，青年学生的思想政治状况主流是健康、积极、向上的，但同时一部分学生也存在政治信仰迷失、理想信念模糊、价值取向扭曲、诚信意识淡薄、社会责任感缺乏、艰苦奋斗精神淡化、团结协作观念较差、心理素质欠佳等问题。在这种情况下，加强学生的"三观"教育问题格外重要。

青年兴则国家兴，青年强则国家强。青年学生应选择高尚的人生观，避免价值目标确立的短期化、价值取向选择的世俗化、价值实现途径的投机化等不良倾向。青年学生要坚持集体主义的价值导向，努力做到物质追求与精神追求的统一，个人利益与集体利益的统一，自

刘建军
中国人民大学马克思主义学院教授。

我价值与社会价值的统一。青年学生要树立积极进取、乐观向上的人生态度，正确地对待人生中出现的各种矛盾、问题和挫折。

发挥法治在思想道德建设中的效力

李 林

社会主义核心价值体系与法规制度分别体现了公平、正义宏观与微观两个方面，社会主义核心价值体系蕴含了丰富的法治内涵。

道德的后盾在法律，道德的底线在法律。市场经济需要德治，更需要法治。"依法治国"与"以德治国"是辩证地联系在一起的。道德良心仅仅依靠正面的肯定和鼓励是不可能健全成熟的，而是一定要有相应的否定和惩戒机制，才能促使人们形成趋善避恶的条件反射并养成道德行为习惯，逐渐形成健全成熟的道德良心。在建设有中国特色社会主义、发展社会主义市场经济的过程中，要坚持不懈地加强社会主义法制建设，依法治国，同时也要坚持不懈地加强社会主义道德建设，以德治国。

改革开放以来，我们已制定现行宪法和有效法律共240部、行政法规706部、地方性法规八千六百多部，形成了中国特色社会主义法律体系。然而，目前社会上"见义不敢为、见义不想为"、见死不救的例子屡屡发生；"毒馒头"、"毒胶囊"、"毒奶粉"、"瘦肉精猪肉"、"地沟油"、"黑心棉"等有毒有害食品用品屡禁不绝。这些现象，不仅反映出当下某些道德规范缺失和道德功能失范，也说明我国法律对于促进和保障社会主义道德建设的某些滞后和不足。

当前，对于需要法律禁止和惩罚的败德无德行为，对于需要法律褒奖和支持的美德善德行为，都应当通过立法予以必要体现。诸如制定"见义勇为奖励法"等法律法

李 林
中国社会科学院法学研究所所长、研究员。

规；完善现行法律法规，堵塞立法漏洞，加大对于违法败德无德行为的惩处力度。凡是适宜用法律规范并且以法治保障或者惩戒的道德要求，应当尽可能科学合理地纳入法律调整的范畴，通过立法程序使之规范化、法律化。

关键词：公共媒介

公共媒介要承担起思想道德建设责任

郭镇之

建设社会主义核心价值体系，大众传媒负有不可推卸的社会责任和历史担当。

在马克思主义新闻观指导下，我们的媒体凸显鲜明的"中国特色"：坚持为人民服务、为社会主义服务，贴近实际、贴近生活、贴近群众，为实现中华民族伟大复兴服务。具体说来，保障人民群众的知情权、参与权、表达权、监督权，促进公共决策水平提高，以及促进人民文化修养和文明素质的提高，对于中国媒体来讲是一种义务，一项需要完成的职责。

公共媒介要肩负起思想道德建设责任。新闻理念告诉我们，媒体的社会责任不可或缺，既不能危害社会道德规范和价值体系，也不能危害社会的整体利益，应以促进社会的和谐进步为己任。因此，作为社会公器的公共媒介，要强化大众传媒的社会责任意识，坚持客观公正、全面真实，主动加强社会主义核心价值体系宣传引导，推动社会各方面积极践行正确的价值观。同时，媒体要加强社会监督，及时曝光社会的不道德方面，推进整个社会道德水平的提升。

在监督社会的同时，也要促进公共媒介领域道德建设持久深入发展。要继续实施以净化荧屏声频和强化文化市场监管为重点的文化环保工程，大兴网络文明之风，不断提升媒体自身的道德素质。

郭镇之

清华大学新闻与传播学院教授。

关键词：社会管理

加强社会管理中的思想道德建设

孙柏瑛

社会矛盾凸显是建设社会主义核心价值体系的现实动力。建设社会主义核心价值体系是从理论上回应社会问题、社会矛盾，为解决社会问题、化解社会矛盾提供价值观上的引导。加强社会管理是从现实入手来解决社会问题、化解社会矛盾，是对社会主义核心价值体系的重大实践。

人们的道德行为是在社会组织中的行为，是受社会组织制约的行为。道德是人们在有组织的社会联系中处理人际关系的行为规范。人们赖以进行活动的社会组织越稳定，在其制约下的社会联系就越稳定，相应的道德关系和道德观念也越稳定。反之，人们的社会组织、社会联系越不稳定，与之相关的道德关系和道德观念就越不稳定。社会组织和社会联系的变化和调整必然带来人们的道德关系和道德观念的变化和调整。

当今社会在道德方面出现的问题，从根本上讲都与社会组织的状态有关。为此，有必要采取下列相应的措施：

一是充分利用已有的社会组织，强化并发挥其在法制和道德方面的规范功能，对社会加强宏观和微观管理。适应社会结构的变化，需要注重改造旧的社会组织，建立新的社会组织，防范反社会组织。在改革开放和社会主义现代化建设中，逐步形成适合市场经济的较为完善的社会组织状态，使之成为新型的法制和道德的现实社会基础。

二是要引导公共道德价值取向。现代社会要求建立一个民主的政府、法治的政府、回应性的政府，要求重视公共管理人员的道德建设。要进一步明确公共领域的价值目标，树立正确的公共道德价值导向。国家在引导经济获得较大发展之后，需要注意适当地向文化、教育

孙柏瑛
中国人民大学公共管理学院
行政管理学系主任、教授。

等领域倾斜，推动社会和个人的全面发展，普遍提高人们的道德水准。

三是在肯定道德主体自律的方向的同时，还要辅以必要的他律，发挥各种社会组织在道德规范上的建设性作用。 要坚持"自律"和"他律"相统一，自觉守法，乐于积善成德，"克己、内讼、养心、慎独"，认真改正和规范公共管理行为；要发挥公共管理机构内部监督机构的作用，经常开展干部评价的活动，唤起良知，为人表率。

关键词：领导带头

领导干部要带头做思想道德建设的模范

刘海藩

毛主席说过，"政治路线确定之后，干部就是决定因素"。用老百姓话说是，一看政策，二看干部。干部的执行力就是党和政府的执行力，干部的形象就是党和政府的形象。我们推进社会主义核心价值体系建设，以德治国理政，必须重视领导干部的思想道德建设。

改革开放以来，我们干部整体素质提高，出现了孔繁森、任长霞、杨善洲、刘金国这样的优秀干部。但是也要看到，有少数党员干部败坏了风气，人民群众提出了批评。对此，胡锦涛同志指出，"精神懈怠的危险，能力不足的危险，脱离群众的危险，消极腐败的危险，更加尖锐地摆在全党面前"。当前，领导干部要带头做思想道德的模范，以率先垂范的实际行动体现党的先进性和纯洁性。

带头提高政治道德。 共产党人的理想信念就是马克思主义。内心真正有了信仰的力量，才能在工作中充分发挥共产党员先锋模范作用。领导干部要有明确的政治方向和政治目标，懂得党的路线与任务，知道为什么要为这个目标奋斗。领导干部要多读一点马列主义的原著，

刘海藩

中央党校原副校长、教授，中国领导科学研究会会长。

学基本理论，当然也要学习中国传统文化，学习世界先进文化。另外，还要学习与工作相关的业务知识。

带头提高职业道德。要有坚定的事业追求和责任担当。要坚持改革开放的正确方向，认真贯彻落实中央的政策措施。在国际竞争中，要认真考虑怎么把国家发展起来，占领世界制高点。要关注民生，要为人民群众谋福祉，为老百姓创造美好生活。

带头提高生活品德。要有严谨的思想作风和高雅的生活品味。领导干部的生活品味不是小事，能从一个侧面反映出一个人的品德。领导干部要从自身做起，生活品位要体现出共产党员的情操与修养，体现共产党员的要求。领导干部的形象好了，党的形象就树立起来了。

此外，还要完善制度提高以德治国的约束性。人的思想、品性总是有两面性的，道德再好的人，也有"打盹"的时候，有了制度的约束，领导干部就会有敬畏之心。有了敬畏之心，就会带头遵守法律与制度，并以此促进道德建设。

第十八篇

永葆政治本色
永葆生机活力
更好肩负历史使命
——保持党的纯洁性十人谈

先进性和纯洁性是马克思主义政党的本质属性。中国共产党自诞生之日起，就一直非常重视纯洁性建设。改革开放以来，特别是党的十六大以来，我们党坚持走科学发展之路，不断保持、发展自己的纯洁性，队伍进一步壮大，执政能力进一步提升。先进性和纯洁性是与时俱进、随着形势和任务的发展变化而不断丰富与发展的。本文从政治纯洁、思想纯洁、组织纯洁、作风纯洁、四个考验、四个危险、四个意识、四个能力、反腐倡廉、领导带头十个方面，探讨新形势下如何保持党的纯洁性问题。

充分认识保持党的纯洁性的极端重要性

李慎明

李慎明

中国社会科学院副院长、研究员。

保持、发展党的纯洁性始终是马克思主义政党的根本要求。《中国共产党章程》（以下简称《党章》）作为一个政党政治主张的宣言书，是一个政党公开树立的旗帜，体现了全党的意志和共同理想。从 1921 年《中国共产党第一个决议》中的"只维护无产阶级的利益"，到 2007 年 10 月党的十七大修改后《党章》中的"代表中国最广大人民的根本利益"，《党章》的历次修改，都体现了人民群众的利益至高无上，这是中国共产党政治上纯洁的根本。

应当看到，这种纯洁性，不是固定不变的，而是与时俱进、随着形势和任务的发展变化而不断丰富与发展的；不是一劳永逸的，而是必须通过坚持不懈地加强党的自身建设才能保持与发展的。当前，要充分认识保持党的纯洁性的极端重要性和紧迫性，切实从政治上加强党的纯洁性建设。

一是只有保持党的纯洁性，才能保持党和国家根本的性质，保持党、国家、民族的长治久安。因为我们党不仅是执政党，更是中国工人阶级的先锋队，同时是中国人民和中华民族的先锋队，是中国特色社会主义事业的领导核心，是统筹着经济、政治、文化、社会以及生态文明和国内外两个大局健康发展的执政党。这与西方实行的由资本操纵的通过竞选轮流坐庄的西方执政党有着根本不同。放弃了党的纯洁性建设，就必然逐步堕落为资产阶级政党，国家就会改变颜色，社会就必然步入动荡周期。

二是只有保持党的纯洁性，才能赢得党心、民心，充分调动最广大人民群众的积极性、主动性和创造性。现行《党章》明确规定："中国共产党党员必须全心全意为人民服务，不惜牺牲个人的一切，为实现共产主义奋斗终身。"

党员干部只有牢固树立共产主义远大理想，始终保持清正廉洁，广大人民群众才能迸发无穷无尽的积极性、主动性和创造性。

三是只有保持党的纯洁性，才能让各级干部树立正确的世界观、人生观和政绩观，解决收入分配逐渐拉大现象，把科学发展观落到实处。

四是只有保持党的纯洁性，才能真正坚持改革开放并坚持改革开放的社会主义方向，抓住国内外前所未有的大好机遇，应对各种严峻挑战，使我党我国避免重走苏联亡党亡国的老路。

关键词：思想纯洁

加强思想建设是保持党的
纯洁性的首要任务

吴杰明

思想是导向，是灵魂，是引领一个政党、民族和国家奋勇前行的精神航标。20 世纪初，中国人民及其先进分子从当时三百多种形形色色的主义、学说和思潮中选择了马克思主义，并在其指导下取得了中国革命、建设和改革的胜利，本身就证明了先进思想的伟大力量。

思想纯洁是马克思主义政党保持纯洁性的根本。九十多年来，我们党创造性地提出和探索了"着重从思想上建党"的科学路径。从延安整风运动到新中国成立后的几次整党，从真理标准大讨论到"三讲"教育，从保持共产党员先进性教育活动到深入学习实践科学发展观活动，从学习型党组织建设到创先争优活动，大大小小几十次党内集中教育活动，其着眼点和根本目的都是为了从思想上保持党的纯洁性。

吴杰明

国防大学政治部主任、
博士生导师。

新形势下，我们更要加强思想建设，保持党的纯洁性。

要加强理论武装，教育引导广大党员、干部认真学习马克思主义、毛泽东思想和中国特色社会主义理论，使最强大的思想武器为最广大的党员干部全面、及时掌握。要认真研读马克思主义经典著作，要注重学习历史，加深对科学理论的理解和把握，增强对党的信赖。要理论联系实际，学以致用，在大是大非面前保持清醒头脑，在大风大浪面前坚持正确立场，在各种诱惑面前筑牢思想防线。

要突出抓好党员队伍的道德建设，教育引导广大党员干部自觉加强党性修养和党性锻炼，模范践行社会主义核心价值体系，充分发挥道德示范和行为标杆作用。思想道德与政治是紧密相连的，只有道德纯洁，才能政治坚定。面对社会转型带来的冲击，尤其要始终把思想道德建设放在重要位置，用党员干部的模范行为来引领社会良好风尚，维护社会公平正义。

要使广大党员、干部坚定理想信念，坚守共产党人的精神家园，自觉做共产主义远大理想和中国特色社会主义共同理想的坚定信仰者和忠实践行者。有了矢志不渝的理想信念，就有了无坚不摧的强大动力，党的纯洁性就有了最为可靠的保证。

关键词：组织纯洁

切实从组织上保持党的纯洁性

陈　骏

马克思主义政党始终高度重视党的纯洁性建设。列宁明确提出必须把欺骗分子、官僚化分子、不忠诚分子和不坚定的共产党员从党内清除出去。我们党也在各个历史时期不断清除肌体的各种灰尘，例如党在抗日战争时期，按照"大胆发展而又不让一个坏分子侵入"的正确方针，大力整顿党的组织，提高了党的凝聚力、战斗力。

当前，我们党所处地位和环境发生了新的变化，加强和改进新形势下党的建设，面临的挑战更加艰巨，肩负的任务更加繁重。对此，从组织建设方面巩固党的纯洁性就要从以下几个方面着手。

发展党员要严格标准，注重质量，严把人口。发展新党员，必须认真分析入党动机和目的，严格掌握标准和程序，提高党员质量，切忌"带病入党"。要探索党员发展预警机制，探索落实发展党员工作中的预审制、公示制、票决制和责任追究制等。

要严明纪律、强化监督、畅通出口。坚持和健全民主集中制，创新监督机制，明确权力边界，规范权力行为，防止权力滥用。所有党员干部都要自觉把自己置于党和人民事业所要求的各种监督之下，重大事项的决策必须严格贯彻民主集中制原则，与群众利益密切相关的重大事项必须充分听取群众意见。要建立健全党员党性定期分析、民主评议党员等制度，对蜕化变质分子、腐败分子实施"零容忍"，坚决从党的队伍中清除出去。

陈骏
全国人大常委、
南京大学校长。

着眼抓基层，打基础，提高基层党建科学化水平。基层党组织是党团结人民群众、推进改革发展、促进社会和谐稳定的战斗堡垒。改革开放以来，我国城乡基层社会结构、生产方式和组织形态发生了深刻变化，由此带来基层党建工作的环境、对象、方式也发生了深刻变化。各级党委要准确把握这种变化，围绕积极扩大基层党组织覆盖面、推进基层党组织工作创新、增强党员队伍生机活力、建设高素质基层党组织带头人队伍等方面，改进和创新基层党组织工作思路、工作方式，深入开展基层组织建设年活动，充分发挥基层党组织的战斗堡垒作用和共产党员的先锋模范作用，努力走出一条新形势下做好基层党建工作的新路子。

> 关键词：作风纯洁

密切联系群众　始终保持党的纯洁性

程天权

作风纯洁是衡量和检验党的纯洁性的最直接、最现实的标准。在中国革命

程天权

中国人民大学党委书记、博士生导师。

的历史过程中，我们党形成了理论联系实际、密切联系群众、批评和自我批评三大优良作风。三大作风本质上是一致的，着力点在于密切联系群众。"群众在我们心里的分量有多重，我们在群众心里的分量就有多重"，胡锦涛同志这句朴实的话语揭示了我们党"立党为公、执政为民"的执政理念。

要树立群众观点，强化群众立场，在思想路线上心系群众。群众路线是中国共产党人把马克思主义的群众观点创造性地运用到党的全部工作中形成的根本工作路线，群众观点是我们党做好群众工作的思想基础，群众立场是决定我们党的性质的根本政治问题。自觉坚持群众路线，是衡量共产党人党性的试金石。焦裕禄、孔繁森、郑培民、牛玉儒、沈浩、杨善洲等优秀党员干部心里始终装着群众，为我们保持党的纯洁性起到了表率作用。任何时候任何情况下，我们党只有始终做到为人民服务的宗旨不能忘，与人民群众同呼吸共命运的立场不改变，才能永葆党的纯洁性。

要贴近群众意愿，代表群众利益，在实际工作中依靠群众。我们推动工作必须把人民群众的实践创造作为源头活水和前进动力，谋划事业，制定规划，出台政策，必须聆听群众的心声，汲取群众的智慧。"闭门造车"、"唱独角戏"不可能获得广大人民群众的认可和支持，不可能实现好、维护好广大人民群众的根本利益。保持党的纯洁性要充分体现在实际工作中，要怀揣一份真情，"问政于民，问需于民，问计于民"，依靠群众办实事，发动群众解难事，团结群众做大事。

要增进群众感情，拉近群众距离，在作风形象上引领群众。要坚持群众路线，讲党性，重品行，作表率，在作风形象上吸引和引领群众。要让群众信赖你，必须深入到基层群众中去，真诚倾听群众呼声，真情关心群众疾苦，真心增进群众感情，尽心竭力围绕人民群众最现实、最关心、最直接的利益多办实事、多解难事、多做好事，让广大群众少点苦难、多点幸福，少些辛酸、多些甘甜，少些痛苦、多些欢乐。

经受"四个考验"　保持党的纯洁性

曲青山

在世情、国情、党情发生深刻变化的新形势下，加强党的纯洁性建设，面临许多前所未有的新情况新问题新挑战。正如胡锦涛同志指出的那样："执政考验、改革开放考验、市场经济考验、外部环境考验是长期的、复杂的、严峻的。"

"四个考验"给我们提出了什么问题？从执政来说，提出了能不能执好政的问题，提出了能不能用好权的问题，也提出了能不能继续保持同人民群众的血肉联系的问题。

从改革开放来说，提出了能不能坚持改革和进一步深化改革的问题，也提出了能不能进一步提高对外开放水平的问题。在不断扩大对外开放的情况下，新的开放领域和空间需要不断拓展，适应发展开放型经济要求的

曲青山
中央党史研究室副主任、
中共党史学会副会长。

体制机制需要不断完善，对外来的各种错误腐朽没落的思想文化需要有效地防御和抵制。

从市场经济来说，提出了如何做好"内修"和"外修"的问题。市场经济有其自身的运行规律，如何在市场经济中发挥好市场在资源配置中的基础性作用，又如何发挥好社会主义制度的优越性，搞好宏观调控，需要我们"在游泳中学会游泳"，提高驾驭市场经济的本领。

从外部环境来说，提出了对世界格局和形势能否准确判断的问题，提出了对外部突发事件能否正确应对的问题。在我国与世界的发展更加紧密地联系在一起的情况下，国际金融危机的发生，国际贸易摩擦的出现，局部地区的军事冲突，一些国家的政治动荡以及世界范围内的重大自然灾害发生，都会向我们发出挑战，给我们带来影响。

在"四个考验"中，集中反映在执政能力的考验上。

在现实条件下，我们要经受"四个考验"，保持党的纯洁性，就要具有世界眼光、战略思维，从党的历史中汲取智慧，不断提高驾驭社会主义市场经济的能力，发展社会主义民主政治的能力，建设社会主义先进文化的能力，构建社会主义和谐社会的能力，应对国际局势和处理国际事务的能力。要正确处理改革发展稳定的关系，以人民的根本利益作为我们各项工作的出发点和归宿，实现强国富民。只要我们坚持这样做了，我们就能不断巩固和扩大党的执政基础，中国共产党就能够在中国长久执政、永远执政。

应对"四个危险" 保持党的纯洁性

李君如

《诗经·大雅·荡》中有句话："靡不有初，鲜克有终。"大意是：当政者虽然在开始时大多是好的，但很少能够善始善终。1945年，毛泽东同志在和黄炎培谈"历史周期率"的时候，也提到这几个字，并在党的七届二中全会上提出"两个务必"。

李君如
全国政协常委、中央党校
原副校长。

今天，我们依然要警惕发生"靡不有初，鲜克有终"的情况。去年在庆祝中国共产党成立90周年的时候，胡锦涛同志明确提出了党面临"四个危险"——精神懈怠的危险，能力不足的危险，脱离群众的危险，消极腐败的危险。

这"四个危险"，涉及党员干部的精神、能力、作风和经济政治等各个方面，同时这些方面又是相互联系的。精神懈怠了，即使有能力也难以起作用，即使有好的作风和传统也会丢掉，最终都会走向腐败。我们必须有效应对这"四个危险"，特别是精神懈怠危险。否则，我们不仅会失去党的纯洁性，而且会导致我们的改革开放大业半途而废。

从历史和现实来看，精神懈怠有各种表现，有的居功自傲、不思进取，有的小富即安、满足现状，有的求稳怕乱、不敢攻坚，有的回避矛盾、明哲保身，有的贪图享受、沉湎酒色，总的特点是缺乏朝气、锐气、正气，不作为、不拼搏、不涉险。出现这样的问题，原因很复杂，既有现实生活中的具体问题影响了一些人开拓进取，也有一些党员干部放松了主观世界改造，主要是我们一些党员干部在思想上考虑个人的名利地位多了，考虑党的事业和人民的疾苦少了，忘记了共产党员的崇高理想和肩负的改革开放使命。

要应对"四个危险"，全体党员特别是党的干部必须振奋精神、增强能力。要进一步围绕增强党的纯洁性，在党员干部中加强思想政治教育，不断焕发共产党人的蓬勃朝气、昂扬锐气和浩然正气。要把精神懈怠、能力不足、脱离群众、消极腐败这"四个危险"转化为精神振奋、能力增强、深入群众、清正廉洁"四个保险"，保证党为人民执好政、掌好权。

增强"四个意识"　保持党的纯洁性

朱善璐

胡锦涛同志要求，要不断增强"党的意识、政治意识、危机意识、责任意识"，切实做好保持党的纯洁性各项工作。增强"四个意识"，永葆党的纯洁性，核心在于不断巩固和升华责任意识。

在《德意志意识形态》中，马克思、恩格斯指出："作为确定的人，现实的人，你就有规定，就有使命，就有任务。"对共产党人来说，"规定"、"使命"和"任务"应内化为强烈的责任意识。"全心全意为人民服务"的根本宗旨，是中国共产党人责任观的出发点和落脚点。

增强责任意识要从每一位党员自身做起。党员是党的血液和细胞，党员的质量与党的形象紧密相连，对每一位党员来说，不论在哪个岗位、做什么工作，都有自己的责

朱善璐

北京大学党委书记、教授。

任，都有作为共产党人应尽的义务。高校是各种思想文化交流、交融、交锋的前沿阵地，高校的共产党员要更加牢固地树立政治责任意识，筑牢思想防线。

增强责任意识首先要引导党员树立正确的世界观、人生观和价值观，牢记入党誓言，做理想远大、信念坚定的中国特色社会主义建设者。增强责任意识也要沉下心来、脚踏实地。孟二冬是北京大学教师群体中的杰出代表，他在平凡的岗位上沉得下来、钻得进去，忠实履行了对党和人民的责任，为我们增强责任意识树立了榜样和典范。

增强责任意识要内外兼修。纯净的思想源流是共产党人永葆纯洁性的力量源泉。要通过扎实的理想信念教育和党的宗旨教育，通过推进社会主义核心价值体系建设，教育引导党员崇尚真知、追求至善，抵制庸俗、拒绝污染，学习先进、尊重平凡。此外，还必须注重制度建设，以制度管长远、管全局、管根本，形成覆盖面广、影响力强的宣传教育长效机制，以外在的制度规范引导党员不断提升思想境界，长久保持党员本色。

坚定理想信念　注重自我净化

张全景

坚定的理想信念是共产党员的政治本色。理想信念关系着党和国家的前途，关系个人一生的前进方向。历史的经验告诉我们，理想信念的动摇是最危险的动摇，理想信念的丧失就是政治生命的完结。

在新的历史条件下，我们党面临着新的任务、新的考验，要胜利领导全国人民实现新的伟大目标，必须始终保持党的纯洁性。对每一名党员干部来说，都应自觉坚定理想信念，着力提高"自我净化、自我完善、自我

张全景
中央组织部原部长、全国党建研究会顾问。

革新、自我提高"四个能力"，保持主体自觉，永葆共产党人的政治本色。

必须增强党性，树立正确的世界观、人生观、价值观。党员干部要胸怀共产主义远大目标，一切为了人民的利益，把个人利益乃至生命置之度外。要自觉经受名位、权利、金钱、美色的考验，严守党的纪律，坚决抵制各种不正之风。

必须提高认识，增强学习的自觉性。学习是党的力量之源。对于每一名党员干部来说，只有加强学习，坚持用先进理论武装自己，才能增强党性，提高思想政治素质；才能增长知识，开阔视野，提高决策能力和工作水平。

必须投身社会实践，在做好本职工作中进行自我提升。"千里之行，始于足下。"要善于把实现远大目标同完成现实任务密切结合起来，在大目标统率下，做好正在做的事情。我们的全部工作都是朝着共产主义的大目标，如果忘记了这个大目标，就不称其为共产党员。放松今日的努力，也不是真正的共产党员。要努力把本职工作做好，脚踏实地、真心实意建设中国特色社会主义。

必须淡泊个人名利，甘于敬业奉献。每一名党员干部，都要正确对待名位、职级。"进亦乐，退亦乐"，是我国历史上的众多先贤志士的行为规范。我们党的宗旨是全心全意为人民服务，不计较个人地位、名利，一切为了国家，为了人民，是我们应有的品格。战争年代如此，进了城，执了政，亦应如此。淡泊名利，甘于奉献，就要做到既追求工作上的高标准、高质量，又要耐得住寂寞，守得住清苦，在金钱、物欲面前做到心不动、手不沾，把"干干净净"作为从业之本、立身之道，把精力最大限度地用来为党、为国家、为人民勤奋工作。

增强"免疫力"　保持党的纯洁性

黄树贤

纯洁性问题，历来为我党所高度重视。毛泽东同志早在1945年《时局问题及其他》中就曾提出，要夺取全国革命的胜利，"就要有一个有纪律的、思

黄树贤

中央纪律检查委员会副书记。

想上纯洁的、组织上纯洁的党"。

可以说，在 91 年的奋斗历程中，我们党适应时代发展和形势变化，有针对性地采取多种形式加强自身建设，始终保持了纯洁性。党的十六大以来，保持共产党员先进性教育活动、深入学习实践科学发展观活动和创先争优活动，在保持党员纯洁性方面取得了新成效。

党员干部的纯洁性不是与生俱来的，也不是一劳永逸的，关键是"练好内功"，提高自身的"免疫力"。为此，应切实把新形势下保持党的纯洁性要求贯彻落实到党风廉政建设和反腐败工作全过程。

要把保持党的纯洁性要求切实贯彻到对党员干部的严格要求、日常教育、管理和监督工作中去，保持队伍纯洁。当前要以规范权力运行为核心，以党内监督条例为基本遵循，切实加强对领导干部的监督；推进党务公开，规范权力行为，防止权力滥用；要坚决改变一些地方和部门执行纪律失之于宽、失之于软的现象。要建立健全党员、干部退出机制，对极少数经教育、帮助、挽救仍然不合格的党员要按照党章和其他有关制度规定进行严肃处置，该劝退的劝退、该除名的除名。对严重违纪违法的腐败分子，要坚决予以查处，及时清除害群之马，确保党的肌体纯洁。

要突出抓好领导机关和领导干部党风廉政建设，深入治理党员领导干部在廉洁自律方面存在的突出问题，把实现好、维护好、发展好最广大人民根本利益作为加强党风廉政建设的根本出发点和立足点。特别是针对换届后领导班子和干部队伍的新情况，通过加强教育、完善制度、强化监督，促使各级领导干部加强党性修养，树立新班子的新面貌新形象。

要着力解决发生在群众身边的腐败问题，坚决防治侵害群众合法权益问题。当前，不少损害群众切身利益的突出问题发生在基层，应注意将加强基层党风廉政建设与加强和创新社会管理有机结合起来，进一步加大专项治理力度，督促有关职能部门切实解决群众反映强烈的突出问题，在维护群众切身利益的实践中不断密切党同人民群众的血肉联系。

领导干部要以身作则保持党的纯洁性

孙怀山

保持党的纯洁性，关键在党的各级领导干部。党的领导干部既是保持党的纯洁性的组织者和领导者，又是保持党的纯洁性的执行者和实践者。既要发挥自身影响力，带好班子、带好队伍，也要认真履行职责，建章立制，严格纪律，营造良好政治生态。

当前，领导干部以身作则要特别重视三个问题：

一是政治上要"同心"。"同心同德"是我们党的政治优势和优良传统。自觉维护党的统一和团结，把思想和行动统一到中央的认识和部署上来，不是一句空话、套话，需要在实践中体现。时下一些领导干部开会时正襟危坐，言论中规中矩，私下里却以讹传讹、传谣信谣，热衷于发牢骚、转段子、散布小道消息，甚至拿党"开涮"。这是与党"背德"的表现。党的意识、政治意识、危机意识、责任意识，体现于细节之中。真正的共产党员无论何种情况，都要相信党，都要维护党的形象和声誉。

二是宗旨上要"为民"。全心全意为人民服务是我们党的宗旨，权为民所用、利为民所谋、情为民所系是领导干部纯洁性的重要检验标准。中国共产党除了人民群众的利益之外，没有自身特殊的利益。在新的历史时期，就是要始终将人民利益摆在第一位，正确处理好党员个人利益与群众利益的关系，物质财富与精神信仰的关系。要求共产党员过苦行僧的生活，做财富增长的旁观者，是不现实的，但前提必须是先把群众的事情办好。吃苦在前，享受在后；把困难留给自己，把方便留给别人；关心群众的疾苦胜过关心自己的

孙怀山
全国政协机关党组书记、副秘书长。

疾苦，满足群众的愿望高于满足自己的愿望。党员领导干部就是要"先天下之忧而忧，后天下之乐而乐"，要始终保持志存高远、安贫乐道的境界，始终保持奉献人民、回报社会的精神。

三是利诱面前要有"定力"。物质和精神生活日益丰富，也伴随侵蚀和诱惑；创业和成功环境日益改善，也滋生自满和浮躁。个别党员领导干部灯红酒绿而不能自持，声色犬马而不能自律，急功近利而不知自省，奢靡攀比而不知自警，严重损害党的形象和战斗力。我们有必要将执政党思想建设提上重要日程，用马克思主义信仰来塑造党员干部的灵魂，用科学民主依法执政的理念来规范党员干部的行为，用中国优秀传统文化来陶冶党员干部的情操，切实培育党员干部守得了清贫、耐得住寂寞、经得起诱惑的境界和定力，踏踏实实为党工作，兢兢业业为人民服务。

第十九篇

科学发展　成就辉煌

—— 十人谈十年

　　胡锦涛总书记 7 月 23 日在省部级主要领导干部专题研讨班开班式上强调，党的十六大以来，我们战胜一系列严峻挑战，奋力把中国特色社会主义事业推进到一个新的发展阶段。本书编委访谈十位亲历者，倾听他们讲述近十年来中国发展的故事。

经济建设新跨越

李朴民

> ● 经济增速远远高于世界同期，人均收入步入中上等国家行列，这"的确
> 是史无前例的"。

胡锦涛总书记 7 月 23 日在省部级主要领导干部专题研讨班开班式上强调，"以科学发展为主题、以加快转变经济发展方式为主线，是关系我国发展全局的战略抉择"。

科技创新是经济发展引擎。刚刚过去的一个月，神舟九号飞船和载人深潜器"蛟龙"号"上天入海"，让世界瞩目。10 年来，超级计算机、高速铁路、超级杂交水稻、大型飞机等一大批科技重点工程和项目捷报频传，这成为加快建设创新型国家进程中的一道亮丽风景。

这几年，中国在世界上第一个走出国际金融危机，胜利完成"十一五"规划的主要目标和任务，并在新的历史起点上阔步前行。5 年前，中国 GDP 首次突破 20 万亿元大关，5 年后，中国 GDP 接近 50 万亿元，跃升为世界第二大经济体，进出口贸易总额位居世界第二，外汇储备稳居世界第一，大多数工农业产品产量位居世界第一，已经成为具有全球影响力的制造业大国。2011 年，中国人均 GDP 达到 5 414 美元，步入"中上等收入"国家行列。中国不仅用不足世界 10% 的耕地养活了世界近 20% 的人口，而且创造了人民生活从贫困到温饱再到总体小康的历史性跨越。

其实这 10 年，中国的经济发展之路并不平坦，如 SARS 疫情大面积肆虐、南方雨雪冰冻灾害、四川汶川特大地震、青海玉树地震、甘肃舟曲特大泥石流灾害，还有国际金融危机冲击、欧洲债务危机持续蔓延，等等。面对世所罕见的困难和风险，"中国号"巨轮乘风破浪、

李朴民

国家发改委秘书长、新闻发言人。

平稳前行。

在战胜艰难险阻的过程中，我们还成功举办了北京奥运会、上海世博会、广州亚运会、深圳世界大运会，成功举办了新中国成立60周年、中国共产党成立90周年等大型活动，充分彰显了中国的综合国力和经济实力，彰显了中国特色社会主义制度的政治优势，彰显了中国共产党领导的坚强正确。

应当看到，成就背后，得益于10年间中央推出"建设创新型国家"等一系列重大战略举措。

改革开放新步伐

梁稳根

● 现在进入世界500强的中国企业已上升到79家，中国企业正在"超日赶美"。

胡锦涛总书记7月23日在省部级主要领导干部专题研讨班开班式上强调，"我国过去三十多年的快速发展靠的是改革开放，我国未来发展也必须坚定不移依靠改革开放"。

作为一家民营企业，我们三一重工能成功跻身世界500强企业，靠的是改革开放。

起步于湖南长株潭经济圈的三一重工的发展壮大，只是我国改革开放的一个缩影。这10年，国家区域发展战略给我们带来了新机遇。从长三角、珠三角、京津冀板块，到西部大开发、振兴东北老工业基地、中部崛起战略等，从海峡西岸、北部湾等经济区异军突起，到河南中原城市群、湖北武汉城市群等都市经济圈初具规模，全国形成了较为合理的区域发展格局。

近十年来，国家积极参与G20、金砖国家、APEC、中国—东盟自贸区、中日韩自贸区等国际和地区经济合

梁稳根

党的十八大代表、三一重工股份有限公司董事长。

作，为我们实现"走出去"搭建了高效平台。目前，和我们一起上榜世界500强企业的还有中石化、国家电网、华为等73家（不含中国台湾企业）。相比之下，美、日两国企业上榜数量不断减少，中国企业正在"超日赶美"。像我们三一重工，已设立30家海外子公司，在全球建成15个物流中心，业务覆盖达150个国家，同时还在美国、德国、日本、巴西等国设立了工程机械研发制造基地。

的确，是改革开放加速了企业的发展。目前集团拥有员工近六万人，大部分来自农村。正因为我国全面取消农业税、加快农村基础设施建设、加大农业补贴和农民职业技术培训投入、深化户籍制度改革等措施的跟进，解放了生产力，才使农民工转变为现代产业工人。另外，国家在金融、财政、土地、税收等政策方面不断给予民营企业以扶持，为我们发展壮大创造了良好环境。

作为党的十八大代表，回眸改革开放的辉煌历程，我认为这得益于我们党开辟了中国特色社会主义道路，形成了中国特色社会主义理论体系，确立了中国特色社会主义制度。可以说，改革开放是符合党心民心、顺应时代潮流的。

社会管理新经验

朱明国

● 从"管社会"到"办社会"，社会建设铺就浓重的民生底色，老百姓幸福感普遍提高。

胡锦涛总书记7月23日在省部级主要领导干部专题研讨班开班式上，就加强社会建设时强调，在经济发展基础上逐步提高人民物质文化生活水平，是改革开放和社会主义现代化建设的根本目的。我们必须继续加强工作，多谋民生之利，多解民生之忧，解决好人民最关心、最直接、最现实的利益问题，使改革发展成果更多、更公平惠及全体人民，保证人民过上更好生活。

社会建设与人民幸福安康息息相关。去年，广东乌坎事件的发生和最后的妥善处置，在社会上影响很大，也给予我们很多反思：实现经济社会协调发展，维护社会稳定与和谐，要加强社会建设，努力化解社会矛盾。

朱明国
广东省委副书记、
政法委书记。

这 10 年，社会管理遇到空前挑战：中国网民从接近六千万到超过 5.13 亿，农民工数量从不到 1 亿到超过 2 亿。具体到我们广东，流动人口量多、社会矛盾早发多发、社会管理压力大。中央出台"加强和创新社会管理"等一系列重大战略决策部署，打破了"管社会"的旧思路，创造了"办社会"的新格局，取得了经济发展、民生改善、社会和谐的实际效果，老百姓幸福感普遍提高。

今天，"大调解"观念已在全国深入人心，化解劳资、医患、环保等矛盾的主要方法从诉讼变为调解。不久前，中央社会治安综合治理委员会更名为中央社会管理综合治理委员会。此次更名不只是名称的变化，还是职责任务的增加、领导力量的充实、成员单位的增多、工作机构的加强。其实，从"稳定压倒一切"到"建立和谐社会"，从"以经济建设为中心"到"以人为本"，这 10 年的每一次社会建设理念的变迁，都体现了中央要解决社会矛盾的决心和魄力。黄某是在深圳打工的一家小酒店的面点师，根据深圳出台的入户办法，黄某把一家人的户口从广东化州农村迁到了深圳。今年，已有约二万三千名外来务工人员入户深圳。可以看出，各地正通过实现就业服务、子女上学、社会保障、医疗卫生、住房租购等基本公共服务均等化、全覆盖，促进城市与农村人口、流动人口与当地居民和谐相处。

社会建设铺就浓重的民生底色。比如在民生工程方面，农业税的取消，个税起征点提到 3 500 元，不断缩小收入差距。10 年来，我国社会保障从国有企业扩展到各类企业和用人单位，从单位职工扩展到城乡居民，从城镇扩展到农村，数亿人被纳入社会保障覆盖范围。

我注意到海外对中国社会建设的评价。俄罗斯科学院远东研究所所长季塔连科说，中国共产党提出的社会的和谐发展的成功经验具有世界性意义，值得俄罗斯社会关注。乌克兰—俄罗斯—中国合作中心负责人戈连科说，中国重视社会建设，使公民更有发展的机会与空间。

民生建设新亮点

马苏德·汗

> ● 中国政府从未抛弃过哪怕最基层的人民，构建了一张涵盖广大群众的社会保障网络。

我曾被中国一个小山村的故事深深打动。

在中国河北省唐山市一个名叫潘家峪的山村，90% 以上的村民们都加入了新型农村合作医疗保险。张女士，一位普通的潘家峪村村民，因为心血管堵塞动了手术，医药费用花了近十万元，这可是个大数目。可她加入了新型农村合作医疗保险，报销了大部分费用。

这个故事具有很好的指导意义，鼓励巴基斯坦和其他不少发展中国家坚定了在农村推广和实施医疗保险的政策。在我眼里，这是不折不扣的"良政"。

在担任驻华大使期间，我一直密切注意着中国医疗改革的进程。我还看到，今年 7 月 1 日，北京友谊医院实行了"医药分开"改革，既让患者减少了负担，又保证了医院的收入。目前，中国已经形成了覆盖由城市到农村居民的基本医疗保障制度的网络，在这张网络下，有将近十三亿中国人民受益。

我曾多次走进中国各级学校的课堂。从为贫困家庭学生免费提供教科书到补助寄宿生活费，从启动农村义务教育学生营养改善计划到全面免除农村义务教育阶段的学杂费，中国教育改革正逐步实现让广大家长负担越来越轻。我已经注意到，中国政府出台的《国家中长期教育改革和发展规划纲要（2010—2020 年）》，是一份迈向教育改革新台阶的"中国宣言"。

中国出台的养老和就业等方面的政策让人倍感温暖。虽然 30 年中国经济发展突飞猛进，然而中国政府从未抛弃过哪怕最基层的人民，构建了一张涵盖广大基层群众

马苏德·汗
巴基斯坦驻华大使。

的社会保障网络，解决了贫困人群、残疾人群体以及农民工等困难群体的需求。

在住房保障方面，中国的成就足以成为发展中国家的楷模。到 2010 年底，中国累计解决了近二千二百万户城镇低收入和部分中等偏下收入家庭的住房困难，还有近四百万户城镇低收入住房困难家庭享受廉租住房租赁补贴……这个数字已经接近不少国家的总人口了。中国政府为城市低收入人群或是农民工提供廉价房，这确保了劳动者尊严，也保护农民工家庭尤其是孩子的安全。

当今世界最大的目标是消除贫困，改善人的生活水平，而中国政府能够促进这一目标的实现。

文化建设新成就

王文华

● 改革释放出的巨大文化生产力，让我们西部的文化盆地成为文化高地。

胡锦涛总书记 7 月 23 日在省部级主要领导干部专题研讨班开班式上强调，"建设社会主义文化强国，是我们党把握时代和形势发展变化、积极回应各族人民精神文化需求作出的重大战略决策"。

这一重大战略决策，开创了文化建设的新局面，振奋人心。作为一名在文化战线上工作了三十多年的基层文化老兵，我真切地感受到文化的春天向我们走来。

要说这 10 年的生活状态，那真是累并快乐着：我参与了富世镇 4 个文化广场、一个综合文化站、6 个村级农民健身场、28 个村级文体活动中心和老年协会、14 个村级"农家书屋"、7 个社区文化活动室的建设，镇里的每个社区还组建了宣传队、腰鼓队、秧歌队等，每逢节假日，准有我们的精彩节目。

很幸运，我生活在弥漫着中国精神的伟大时代。这

王文华

党的十八大代表、四川省自贡市富顺县富世镇文化站站长。

几年，"社会主义核心价值体系"这个词正走进我们的生活。抗震救灾精神、北京奥运精神、载人航天精神等一系列精神在大江南北唱响；沈浩、杨善洲、郭明义、袁隆平等先进典型为我们树立了榜样；"最美妈妈"吴菊萍、"最美女教师"张丽莉、"最美司机"吴斌等草根英雄一次次让我们感动。

我生活在西部地区的基层，但改革释放出的巨大文化生产力，让我们西部的文化盆地成为文化高地。你可能不知，我们镇最偏远的小山村都可以看到《舌尖上的中国》这样的电视精品。现在，国家广播电视村村通工程、农村电影放映工程、文化信息资源共享工程、农家书屋工程、乡镇综合文化站建设工程等一大批文化惠民工程，让我们享用到日益丰富的精神食粮。此外，全国公共博物馆、省级以上美术馆也免费开放，降低了我们老百姓享受高雅文化的成本。

我是党的十八大代表，非常关注文化建设上的事。我们家实现了"文化分餐制"，我弟的小女娃在我家，娃儿用一台电视机看动画片《喜羊羊和灰太狼》，我们大人用另一台电视机看《信仰》，我也明显感到文化产品数量和质量大幅提升。据统计，2011 年我国图书出版品种和总印数居世界第一，还成为世界第一大电视剧生产国和第三大电影生产国。记得我在乡下放映美国电影《泰坦尼克号》时，很羡慕它的 10 亿美元票房，但现在全国电影票房达到 130 亿，文化产业正逐渐成为中国新的经济增长点。

这 10 年，文化上的新鲜事真不少。前不久，有个朋友在国外报纸上看到我在乡村放电影的报道，这是中华文化影响力在不断扩大的反映。据统计，2011 年我国出口文化产品 187 亿美元，同比增长了 22.2%。另外，孔子学院已在世界上的一百多个国家落地生根。中国故事正在世界广泛传播。

党的建设新成果

张国隆

● 科学发展为第一理念、群众满意为第一标准、固本强基为第一工程，成为广大党员干部的共识。

胡锦涛总书记 7 月 23 日在省部级主要领导干部专题研讨班开班式上强调，

"改革开放以来，我们紧紧围绕中国特色社会主义伟大事业，全面推进党的建设新的伟大工程，取得了明显成效"。

党的十六大以来，在以胡锦涛同志为总书记的党中央坚强领导下，在各级党委共同努力下，党的建设围绕中心、服务大局，取得显著成效，尤其是深入开展学习实践科学发展观活动和创先争优活动，为深入贯彻落实科学发展观，推动经济社会又好又快发展提供了强大动力。

张国隆

中共中央组织部组织一局局长。

凝聚了科学发展共识。广大党员干部进一步增强了贯彻落实科学发展观的自觉性和坚定性，更加自觉地投身推动科学发展的伟大实践。科学发展为第一理念、群众满意为第一标准、固本强基为第一工程，成为广大党员干部的共识。

增添了科学发展动力。党的建设紧紧围绕科学发展这个主题和加快转变经济发展方式这条主线，服务大局更加自觉，改革创新更有成效。在抗震救灾、应对国际金融危机和各种挑战、完成重大任务中，各级党组织和广大党员走在前列、带头奉献。特别是汶川特大地震后，四千五百五十多万名党员交纳特殊党费97.3亿元用于灾后恢复重建，创造了关键时刻党的建设服务大局的新鲜经验。

加大了服务群众力度。充分运用组织工作满意度民意调查这个杠杆和激励表彰先进这个动力，组织引导基层党组织把服务群众、做好群众工作作为核心任务，深化窗口单位和服务行业为民服务创先争优，广泛开展机关干部下基层活动，从群众最需要的地方做起，从群众最不满意的地方改起，认真落实党和国家惠民利民政策，着力解决涉及群众切身利益的实际问题，让广大群众看到变化、得到实惠。

激发了基层组织活力。坚持抓基层、打基础，解难题、办实事。选聘大批高校毕业生到村任职，适应新的形势调整优化基层党组织设置，加大党的组织和工作覆盖力度，推广"一定三有"、"四议两公开"、"三有一化"经验，开展党组织晋位升级、党员承诺践诺，为基层党组织注入了活力。网上投票推荐创先争优优秀共产党员期间，共有4 369.5万人参加，网上留言14.6万条，网上点击4.6亿人次，充分体现了创先争优先进典型受到社会欢迎、群众欢迎。

积累了党建工作经验。坚持围绕中心、服务大局，坚持为民服务、群众受益，坚持活跃基层、打牢基础，坚持健全制度、完善机制，以更加坚定的决心、更加有力的举措、更加完善的制度贯彻落实科学发展观，提供了新鲜经验。

今后，我们要按照胡锦涛总书记的要求，继续推进党的建设新的伟大工程。

民主法制新进程

卞建林

● 将"尊重和保障人权"写入刑法，标志着我国法治文明和政治文明建设取得新进展。

胡锦涛总书记 7 月 23 日在省部级主要领导干部专题研讨班开班式上强调，要"更加注重发挥法治在国家和社会治理中的重要作用，维护国家法治的统一、尊严、权威，保障社会公平正义，保证人民依法享有广泛权利和自由"。

2012 年 5 月 18 日，厦门市中级人民法院对赖昌星作出一审判决。我认为，对赖昌星的成功遣返和依法审判，彰显了我国"全面落实依法治国基本方略，加快建设社会主义法治国家"的坚定信念。

10 年来，我们惊喜地看到，中国政府坚持以人为本的科学发展观，推动人权事业取得了新的重大进展。2007 年 9 月颁布的《物权法》中，明确规定对公有财产和私有财产给予平等保护。今年，我最关注的刑事诉讼法的修改获得人大通过，修改后的刑诉法第一次明确将"尊重和保障人权"写入刑事诉讼法，从根本上遏制和防止刑讯逼供以及其他非法收集证据的行为，进一步规范公权力行使，保护公民的人身自由和犯罪嫌疑人的基本权利，充分体现出我国司法制度的社会主义性质，标志着我国的法治文明和政治文明进入了崭新的发展阶段。

中国政府把保障公民权利和政治权利贯穿于政治文明建设之中，进一步加强民主法治建设，努力扩大公民有序的政治参与，保证人民当家做主的权利。几年来，全国人大审议了多部有关法律和法律问题的决定草案，修改了选举法，通过了包括社会保险法、侵权责任法、食品安全法在内的多部法律。2011年，全国政协提案超过6 000件，其中减轻中小企业负担、解决中小企业融资难问题的提案受到了工业和信息化部、中国人民银行、银监会等部门的高度重视。法律在我们日常生活中扮演越来越重要的角色，我们感受到法律在维护社会运行、促进社会发展中所起的巨大作用。

今年上半年，个别网民在网上无端编造、刻意传播所谓"军车进京、北京出事"等谣言，造成了恶劣的社会影响。国家多部门重拳出击，对其进行了严厉打击与整治。贯彻落实依法治国方略就是要依法监督、纠正、惩处所有的违法行为，真正做到"有法可依，有法必依，执法必严，违法必究"，充分体现法律的尊严和法制精神的内涵。

卞建林

中国政法大学诉讼法学研究院院长。

国防建设新面貌

孙思敬

● 战略预警和远海防卫等一批新型作战力量得到加强，人民军队实战能力大幅提高。

胡锦涛总书记7月23日在省部级主要领导干部专题研讨班开班式上强调，"我们必须抓紧工作，抓紧落实，在未来5年为到2020年如期实现全面建成小康社会目标打下具有决定性意义的基础，进而到本世纪中叶基本实现社会主义现代化"。

新中国成立60周年大阅兵场景，我记忆犹新：先进的武器和整齐的士兵列队通过北京天安门广场……随后，世界主要媒体报道称：这显示了中国日益上升的政治和军事实力，以及维护世界和地区和平与稳定的坚定决心和意志。

这几天，我听到不少新鲜事：驻南沙群岛赤瓜礁的官兵能用手机打电话

孙思敬
军事科学院政治委员。

了，这说明中国的手机通信信号覆盖我军驻南沙全部岛礁。总部实施的士官远程教育"八一工程"，使三万二千余名边海防部队士官接受了远程教育。在万里边关，绝大多数边防连以上单位均已接通光缆，在边海防线上环布了无数"电子眼"。边海防的变化，反映国防和军队建设实现了新跨越。

我每次走进基层一线调研，都能看到营区写着"忠诚于党、热爱人民、报效国家、献身使命、崇尚荣誉"的当代革命军人核心价值标牌。人民解放军始终把思想政治建设摆在首位，官兵生龙活虎、士气高昂。10年来，数十万大学生携笔从戎，一批博士硕士指挥员开始挑起大梁。杨业功、方永刚、刘义权和"科学发展好九连"等英模辈出，抗震救灾精神、载人航天精神载入史册。

10年来，人民军队亮点频现：歼10战机引起世人瞩目，海军舰艇编队远洋护航，三大舰队南海海域举行联合作战演习，战机和军舰赴海外撤侨，中俄海军在东海举行大规模联合演习……此外，一大批高新技术武器装备投入部队使用，初步建成以第三代装备为骨干、第二代装备为主体的武器装备体系；全军应急机动作战部队及数字化部队建设加快，战略预警、远海防卫等一批新型作战力量得到加强，信息化条件下威慑和实战能力大幅提高。

近几年，我们参与了总部相关决策的研究工作。去年底，负责全军"顶层设计"的解放军战略规划部成立，同时总参通信部改编为信息化部，军训和兵种部改编为军训部等，一批作战师改旅，陆航团、特种大队升旅，院校和训练机构优化整合。这是在本世纪初裁军20万基础上进行的又一次调整改革，使我军朝着"精兵、合成、高效"的目标迈出新的步伐。

这10年，我出访了一些国家，深感人民军队走出去步伐加快。我们与一百五十多个国家开展了军事交往，派出维和官兵二万余人次。海军先后派出近万名官兵远赴亚丁湾索马里海域执行护航任务，向世界展示了人民军队威武之师、文明之师、胜利之师的良好形象。

"一国两制"新境界

成 龙

⬤ 我频繁来往于两岸三地，亲身感受到这里的发展变化和各地同胞对"一国两制"的认可。

今年是香港回归祖国 15 周年。7 月 1 日当天，我在香港大球场参加"庆回归大汇演"表演。记得香港回归 10 周年时，我在北京参加电影界大型晚会。这几年，我见证了"一国两制"在香港的实践，也见证了两地合拍片的发展。

合拍片的成功离不开祖国大陆的支持。港产片通过审查后将不受进口配额限制在内地发行、香港与内地合拍片视为国产影片在内地发行等政策给香港电影打开了一个拥有 13 亿人口的广阔市场。2007 年前后，我们香港电影人纷纷北上，现在合拍片的内地票房已经达到 50 亿元。两地电影人的密切互动为华语电影赢得了前所未有的发展空间。

成龙
香港电影人。

这两年，经历了汶川抗震救灾、北京奥运会之后，我深刻地体会到国家的重要性，让我非常想拍一部电影来表达这些想法。我认为，这是对社会、对国家的责任。以前也没有说有义务去为谁做事情，我们现在却是为香港为国家做事情。

香港过去曾被一些人贬为"文化沙漠"。现在，香港文化在新的时空条件下呈现出了新的面貌。内地与香港在文化上各有优势，各有所需。香港可以作为内地文化产业走向国际化的桥梁，引导内地文化"走出去"。

香港一直是国际金融中心。如果说纽约有曼哈顿，伦敦有金融城，那么香港就有中环。香港能够续写财富传奇，得益于祖国大陆经济的崛起。2007 年美国次贷危机爆发，香港经济陷入低谷。国家推出一系列惠港政策，香港很快恢复了昔日的繁荣稳定。

以前，我们对祖国文化不了解，只知道吃月饼、划龙舟等活动。香港回归以后，我们慢慢了解到五千年的历史文化。我们在英国统治下，看到他们大官一讲英文就很怕。今天，普通话已经变得非常"普通"，他们看到我们，是很尊敬的。以前有人问我从哪里来，我说香港，他不清楚香港属于哪个国家。而现在不是这样的，今天谁都知道香港是中国的一部分。

北京奥运会马术比赛在香港成功举行，内地遭逢重大自然灾害时香港民众慷慨解囊，大批内地同胞不断来港消费，越来越多的香港人北上发展，还有港珠澳大桥、广深港高铁的建设……这些都拉近了香港和内地的距离。

长期以来，我频繁来往于祖国大陆和港澳台之间，亲眼见证了两岸三地的发展变化，也亲身感受到各地同胞对"一国两制"的支持和认可。

外交工作新局面

秦亚青

● 中国一直以积极的姿态参与国际事务，在纷纭复杂的国际环境中坚定发出"中国声音"。

胡锦涛总书记7月23日在省部级主要领导干部专题研讨班开班式上强调，"综合分析当前国内外形势，我们面临前所未有的机遇，也面对前所未有的挑战，我国发展仍处于可以大有作为的重要战略机遇期"。

大家都会记得去年中国政府的撤侨行动，我们共撤离在利比亚人员35 860人。中国政府的此项举动得到了国际社会的普遍认可，并充分地阐释了中国"外交为民"的执政理念。

我记得一位俄罗斯记者曾说过，中国在全世界的作用越来越大了。确实如此，中国作为一个负责任的大国形象在国际多边舞台上的身影越来越活跃了。在我国政府大力支持下成立的博鳌亚洲论坛，经过多年的实践证明，其不仅朝着健康稳定的方向发展，更增强了亚洲与世界其他地区的对话与经济联系。

再看中非合作论坛，开创了中非新型战略伙伴关系新局面。2011 年中非贸易额达到 1 663 亿美元，比 2006 年增加 2 倍。中国对非援助稳步增长，为非洲国家援建了一百多所学校、30 所医院、30 个抗疟中心和 20 个农业技术示范中心。今后 3 年，中国还将向非洲国家提供 200 亿美元贷款额度。

秦亚青

外交学院党委书记、博士生导师。

　　我看到，中国领导人这几年频繁出现在上海合作组织、首尔核安全峰会、金砖国家、二十国集团等多边峰会上，阐述中国构建和谐世界的理念，积极参与全球经济治理机制建设，加强与主要经济体一起协调宏观经济政策，反对各种形式的保护主义，在国际金融体系改革中发挥着重要的建设性作用。世博外交展示了中国形象，峰会外交则传递了中国声音。

　　我还注意到，近几年的中法、中德、中意"文化年"，中俄、中西、中奥"国家年"，"中印友好年"、"中国—东盟友好合作年"及"中韩交流年"、"日本中华年"等国家年活动。这些活动都是以国家为主体、以文化为主题，不仅为国与国之间的沟通、交流与互动提供了一种卓有成效的外交方式，还在文化交流中加强了民族间的了解与友谊，让"中国红"成为对象国的一种流行元素。我认为，这是中国作为文化大国形象的一种体现，是我国改革开放成果的一种再现，是中国声音走向世界的重要体现。

　　10 年来，我国一直以积极的姿态参与各项国际事务。我坚信，和谐世界的"中国之声"今后还会在中国的外交实践中更加洪亮。

社会焦点各界谈

聚焦中国

第二十篇

发挥五大优势　推进科学发展

——"喜迎党的十八大召开"特别策划十人谈

胡锦涛同志在 7 月 23 日省部级主要领导干部专题研讨班开班式上强调，要"继续推进党的建设新的伟大工程"。我们党在长期奋斗中形成了独特优势的"五大优势"：理论优势、政治优势、组织优势、制度优势和密切联系群众的优势。本书编委访谈十位嘉宾，请他们谈——

一、关键词：理论优势

我们党成立时就把马克思主义鲜明地写在自己的旗帜上，作为党的指导思想。经过长期努力，我们党"开辟了中国特色社会主义道路，形成了中国特色社会主义理论体系，确立了中国特色社会主义制度"。

理论优势是排在第一位的最重要的优势

秦　宣

纵观世界政党政治发展历史，我们可以发现，中国共产党与其他政党相比，有如下几个显著特点：一是她拥有科学理论指导，从她成立之日起就把马克思主义鲜明地写在自己的旗帜上，作为党的指导思想，不像西方国家一些政党奉行指导思想的多元化；二是她拥有远大的理想，不像两党制和多党制国家的政党以获取执政地位为目标，而是以实现共产主义和全人类的解放为目标，并始终坚持长远目标与近期目标的统一；三是她始终强调她是无产阶级政党，不像国外有一些政党宣称自己是全民党，她始终代表着最广大人民群众的利益，并把实现好维护好发展好最广大人民的利益为一切行动的落脚点和归宿，因而她拥有广泛的群众基础。这些独特优势，包括理论优势、政治优势、组织优势、制度优势和密切联系群众的优势。其中，理论优势是排在第一位的、最重要的优势。

中国共产党的理论优势主要体现在：一是始终坚持科学理论武装，坚持用马克思主义武装党员头脑，坚持同党内外各种错误思想作斗争，捍卫马克思主义在全党全国的指导地位，不断提高广大党员和干部的思想理论素质，从理论上保持和发展了党的先进性和纯洁性，从而始终代表中国先进文化的前进方向；二是始终坚持把马克思主义基本原理同中国具体实际相结合，始终坚持

秦宣

中国人民大学马克思主义学院院长，教授、博士生导师。

从人民群众的创造性实践中汲取经验，世代注意吸收世界各国创造的文明成果，在推进马克思主义中国化时代化大众化过程中，实现了马克思主义与中国实际相结合的两次历史性飞跃，产生了毛泽东思想和中国特色社会主义理论体系两大理论成果，不断开辟马克思主义在中国发展的新境界；三是始终坚持以马克思主义为指导不断认识世界、改造世界，始终坚持实事求是的思想路线，坚持用马克思主义的立场、观点、方法，探索中国社会发展的客观规律，分析和研究中国革命、建设和改革中的实际问题，寻找解决问题的答案，从而保证了中国革命、建设和改革的成功。

可以说，中国共产党成立 91 年来，经过长期艰苦努力，我们开辟了中国特色社会主义道路，形成了中国特色社会主义理论体系，确立了中国特色社会主义制度。这些成绩的取得是与我们党的理论优势分不开的。站在新的历史起点上，继续推进中国特色社会主义伟大事业，我们应当继续发挥党的理论优势，不断增强理论自觉和理论自信，大胆进行理论创新，不断丰富中国特色社会主义的理论特色，使科学理论成为广大干部群众认识世界、改造世界的强大思想武器。

发挥党的理论优势　推进县域经济新跨越

余炳武

云南省腾冲县西部与缅甸接壤，是艾思奇的故乡。艾思奇的《大众哲学》对马克思主义哲学的普及作出了重要贡献。多年来，我们针对腾冲是一个边疆、山区、贫困的基本县情，充分发挥党的理论优势，坚持理论联系实际、理论与实际相结合、学习理论与运用理论相结合，推动了全县经济社会持续快速协调发展，农民人均纯收入 5 018 元，并被评为"全国创先争优活动先进县"，已成为云南发展较快的县区之一。

理论是行动的先导。在实际工作中，我们感到，理论能不能说服群众，关键在于理论与群众联系的紧密程度。为此，我们始终以人民群众为中心，扎实开展理论宣传教育，特别是成立了艾思奇百姓宣讲团，扩大了理论教育的覆盖

余炳武

云南省腾冲县委书记。

面和影响力。通过聘请的一批政治素质高、理论功底扎实、语言表达能力强的领导和干部，紧紧围绕当地群众的生产生活实际，多次进社区、进农村、进村入户，结合腾冲实际，用通俗化语言、用身边的事例帮助干部群众把握党的理论创新成果，帮助干部群众认清经济社会发展的规律和趋势。同时，还通过文艺演出、知识竞赛、新闻小品等丰富多彩的群众性精神文明创建活动来宣传讲解理论，不仅让群众喜欢听，还要听得懂。通过宣讲，不仅调动了"土专家"、乡土人才等社会各方面力量的积极性，受到了干部群众的普遍好评，更为重要的是，提高了干部群众对党的基本理论的认识和理解水平。

发挥党的理论优势，最终要推动实际工作，特别是要用中国特色社会主义回答和解决好群众关心的重大理论和现实问题。为此，我们重点把宣传党的方针政策与解决群众关心的劳动就业、社会保障、教育卫生、居民住房、安全生产等问题结合起来，以解决大众关心的重大现实问题为突破口，把解决民生问题放在突出位置，强化以教育、科技、文化、卫生、社会保障、扶贫开发和民主法治等为主要内容的各项社会事业建设，财政支出的70%以上用于民生事业。2009年以来共投资3.08亿元，新建校舍近二十四万平方米，投入资金2.4亿元建设一批卫生基础设施，大力调整产业结构，大力发展高原特色农业，实施工业跨越发展行动计划，实施旅游文化提质工程，按照科学发展观的要求，加快发展县域经济。

当前，腾冲正处于快速发展的黄金时期，面临着巨大的发展机遇与挑战。我们将始终坚持用发展的马克思主义的方法分析和解决发展中出现的新情况、新问题，坚持以人为本，统筹人与自然全面协调可持续发展，奋力打造中国走向南亚第一县。

二、关键词：政治优势

　　坚定崇高的政治理想和政治信念以及由此产生的百折不挠的革命意志，始终是中国共产党人战胜各种艰难险阻，不断夺取革命、建设、改革胜利的强大力量源泉，也是我们党的巨大政治优势。

坚定信念和朴素作风是党的政治优势

李　伟

　　党的政治优势，主要体现在两个方面，一是坚定崇高的理想信念，二是艰苦朴素的政治作风。要充分发挥党的政治优势，最重要的就是要通过强有力的思想政治工作，教育广大党员和干部坚定对马克思主义的信仰，坚定对中国特色社会主义的信念，坚定对改革开放和社会主义现代化建设的信心，从政治上保持和发展党的先进性和纯洁性。并坚持贯彻艰苦奋斗、勤俭建国的方针，精打细算地节约一切可以节约的开支，集中更多的财力、物力用在改善人民群众的物质文化生活上，用在发展社会公益事业上，用在关系国计民生的国家重点工程、战略工程的建设上。

　　理想信念和意志品格是一个人思想行动的"总开关"、"总闸门"。坚定正确的理想信念，是中国共产党人奋勇前进的指路灯塔，是战胜各种艰难险阻的精神支柱，理想信念坚定了，就会有顽强的革命意志，就会有为党和人民事业不懈奋斗的精神动力。共产党人理想信念动摇了，革命意志就会丧失，甚至会走上腐化堕落的道路。

　　过去革命条件再艰苦，我们党之所以能够战胜各种艰难险阻，最终取得中国革命胜利，靠的是坚定正确的理想信念。新中国成立后特别是改革开放以来，我国的社会主义现代化事业之所以能够取得巨大成就，同样离不开广大共产党人坚守崇高的理想信念、充分发挥先锋模范作用。

李伟

中国青年政治学院中国马克思主义学院副院长、教授。

共产党人的理想信念就是信仰马克思主义、共产主义，坚定中国特色社会主义信念。现在一些党员干部出问题，奋斗的锐气不够、朝气不足，首先要从理想信念和革命意志上找原因。要坚定崇高的理想信念就必须深刻认识马克思主义的科学性、正义性，理解共产主义代替资本主义是历史的必然，中国的共产主义运动必须走自己的路，建设中国特色社会主义是我们的唯一正确选择，从而不为任何错误学说思潮所动摇。

艰苦奋斗、勤俭建国同样是我们党的政治优势。我们党是全心全意为人民服务的党。共产党除了广大人民群众的利益之外，我们党自己没有任何自身的特殊利益。党的性质宗旨决定了我们党不能条件好一些就大手大脚花钱，甚至奢侈浪费。古今中外历史上奢侈浪费亡党亡国的教训太多了。现在，我们的社会主义现代化事业虽然取得伟大成就，但我们仍然处于社会主义初级阶段，仍然是发展中国家，还有不少人民群众生活困难。只有始终发挥艰苦奋斗、勤俭建国的政治优势，我们才能实现中国特色社会主义的宏伟目标。

党的政治优势成为事业的强大推动力量

王荣丽

在西柏坡纪念馆里，保存着这样一张发票——交税人：胡锦涛；日期：2002 年 12 月 6 日；项目：5 日至 6 日餐费；总计：30 元。这是新当选为中共中央总书记的胡锦涛同志冒着漫天雪花，轻车简从来到西柏坡学习考察时，西柏坡宾馆给他开具的一张发票。

这不是一张普通的发票，这是新一代中央领导人以身作则，带头践行毛泽东同志倡导的"务必使同志们继续保持谦虚、谨慎、不骄、不躁的作风，务必使同志们继续保持艰苦奋斗的作风"精神，始终保持与人民群众血肉联系的有力证明。

坚持艰苦奋斗、勤俭建国，始终保持与人民群众的血肉联系，是新中国一成立我们党就确定的重要建国方针，也是党的政治优势的重要体现。在中国革命史上形成的井冈山精神、长征精神、延安精神、西柏坡精神，都包含了艰苦奋斗这个重要组成部分。西柏坡时期，毛泽东在工作之余深入群众教农民插稻秧，周恩

王荣丽
西柏坡纪念馆党委书记、
馆长、研究员。

来亲自为理发师傅抬棺材，刘少奇赔农民树苗，朱德赔老乡鸭子钱……这些呈现我们党强大政治优势的故事广为流传，发散的光芒历久弥新。

革命战争年代，无数先烈为了中国革命事业奋斗不止，不为官、不为钱，不怕艰苦、不怕坐牢，乃至不惜牺牲自己的生命，如李大钊赴刑场英勇就义始终严守党的秘密，江姐在狱中备受酷刑仍然坚贞不屈，刘胡兰宁愿倒在敌人的铡刀之下也绝不投降……正是因为他们怀有崇高的政治理想和政治信念，才甘愿为党的事业付出一切。

新时期，我们党的执政条件大大改善了，但一大批共产党人仍然胸怀坚定的理想信念，在固守自己的精神家园。如，沈浩在小岗村任职 6 年间，始终以党和人民的事业为重，干事创业，勤奋务实，无私奉献；杨善洲不图名不图利，只为改善当地水土环境，坚守深山绿化几十年；刘金国身为公安部副部级官员，始终保持一身正气、两袖清风，坚守廉洁底线，热心服务基层群众……他们把远大理想落实在脚踏实地的本职工作上，满怀信心地为中国特色社会主义事业不懈奋斗，成为党的各项事业的强大推动力量。

三、关键词：组织优势

不同于世界上其他政党，我们党已发展成为拥有四百多万个基层组织、八千二百多万名党员的大党，集中了全国数量众多的先进分子和各方面优秀人才，具有强大的组织动员力。这是巨大的组织资源和组织优势。

要十分珍惜无可比拟的强大组织优势

戴焰军

之所以能够克服各种艰难险阻，战胜强大的敌人最终取得胜利，成为执政党；之所以能够在六十多年的执政过程中，领导人民彻底改变中国贫穷落后的面貌，取得社会主义建设的伟大成就，一个重要的原因就在于中国共产党拥有无可比拟的、强大的组织优势。

目前，我们建立了科学严密的组织体系，它使党和最广大人民群众始终保持着密切的联系。党的基层组织建立在社会各个领域和系统的基层之中，它保证了广大党员和基层干部与广大群众的密切联系。爱国将领张学良当年对国民党和共产党进行比较时曾谈到共产党的三大优势，其中一个就是共产党有基层组织，国民党的组织体系只到县党部一级，没有基层组织，所以共产党能够把群众团结在自己周围。的确，不论是在革命战争年代，还是在和平建设时期，党的基层组织都在党联系、动员、组织、影响群众方面发挥了难以估量的巨大作用。

戴焰军

全国党建研究会副秘书长、中央党校党建教研部副主任。

党组织成为党在社会各个领域和系统最基层的战斗堡垒。有了基层组织，群众就有了主心骨，党的各项路线、方针、政策就能够及时传达并落实到最基层，党对各个方面的领导就能够得到真正的体现。早在人民军队初创时期，毛泽东就提出"支部建在连上"的重要原则。正像他自己在《井冈山的斗争》一文中所讲的，"红军之所以艰难奋战而不溃散，'支部建在连上'是一个重要原因。"正是军队党组织体系的建立，保证了军队的战斗力，保证了党对军队的绝对领导。在军队是这样，在其他领域也是这样一个道理。

党组织成为党员教育管理的主要组织机构、党员体现自己民主权利的主要平台与途径。作为一个群众性政党，党员的教育管理，党员整体素质的不断提高，党员模范带头作用的发挥，党员责任义务与民主权力的体现等都对党的整体发展至关重要。而党的基层组织在这些方面具有极为重要的作用。民主革命时期，如何使大量来自于农民和城市小资产阶级队伍的党员真正成为无产阶级先锋战士，以保证党的工人阶级政党性质，党的基层组织在党员教育方面就发挥了重要作用，今天，在新的社会历史条件下，基层组织在这些方面依然发挥着重要作用，特别是新条件下，在推进党内民主建设的进程中，基层组织更是党员体现民主权利的重要平台与途径。

创设党群服务中心　发挥基层组织优势

赵 浩

　　扶贫助困的"关爱点"、就业创业的"加油站"、娱乐活动的"根据地"、社区民主的"议事厅"……这些都是当地广大党员群众对唐河县"党群服务中心"的形象比喻。

　　地处豫鄂两省交界处的唐河县，有 530 个党支部，党员 3.5 万。2008 年以来，唐河县积极探索构建党员联系和服务群众的工作体系，建成乡镇（街道）、村（社区）党群服务中心 43 个，逐步打造加强党员教育管理、服务人民群众的开放式、共享式阵地。

　　为适应经济结构和党员流向的发展变化，唐河县分期分批举办了 10 期党务干部培训班，就党务管理知识轮流进行专题讲座，增进了与基层党员干部的感情。在元旦、春节等流动党员返乡的集中时段，党群服务中心组织开展"举行一次座谈会、重温一次入党誓词、集中上一次党课、安排一次专题组织生活会、进行一次民主评议"等活动，加强对流动党员的教育管理，引导广大党员牢记党的宗旨、心系人民群众。

赵浩

河南省唐河县委常委、组织部长。

　　唐河县还依托党群服务中心，强力实施"千名干部下基层"，选派 1 000 名县乡机关党员干部蹲点驻村。按照一类支部抓示范、二类支部抓提升、三类支部抓转化的思路，树强村、促弱村、治乱村，硬起手腕狠抓"软懒散"支部。同时，以培育示范为重点，强力实施"百村示范"工程，集中打造 100 个村级组织规范化建设精品村（社区），培育 100 名优秀村党组织书记和 100 名优秀村级后备干部。同时，组建了三十多支"党员科技服务队"，结合农村实际，组织科技人员深入田间地头为农民开展服务。

　　党群服务中心立足为改革发展稳定大局服务的职能定位，实行敞开式服务、一站式服务、窗口式办公和规范化管理，开放时间和服务项目、服务承诺、工作流程等服务内容公开张贴上墙，同时开通服务热线，力求规范便捷。据统计，全县党群服务中心已累计为九万余人次提供了各类有效服务，接待党员群众十五万多人次，接受书面意见二万多份，经采纳后为群众办好事实事七千六百余件。

目前，党群服务中心已成为唐河县基层党建的主阵地、展示党组织和党员干部先进形象的窗口、党群密切联系的亲民平台，基层党组织的战斗堡垒作用进一步增强，广大党员的先锋模范作用得以有效发挥。

四、关键词：制度优势

民主集中制正确规范了党内政治生活、处理党内关系的基本准则，是反映、体现全党同志和全国人民利益与愿望，保证党的路线方针政策正确制定和执行的科学的合理的有效率的制度。因此，这是我们党最大的制度优势。

民主集中制是我们党的最大制度优势

颜晓峰

代表来源更多元，选举过程更透明，党员参与更广泛……连日来，中国共产党"万里挑一"选出的十八大代表，得到广大人民群众认可，引起社会热议。这次党代表的选举，充分体现了党内民主，是民主集中制的崭新实践，彰显了我们党的制度优势。

民主集中制是我们党的根本组织制度和领导制度，是在党的制度建设实践中逐步形成、巩固和完善的制度，充满了中国的特色。这一制度坚持民主基础上的集中和集中指导下的民主相结合，维护中央权威，确保中央政令畅通、令行禁止，是我们党最大的制度优势。

回眸我们党91年的光辉历程，什么时候民主集中制执行得好，党就能团结统一，党的事业就兴旺发达，不断前进；什么时候民主集中制执行得不好甚至遭到破坏，党的事业就会受到损失，甚至有被葬送的危险。可以说，党的民

颜晓峰
国防大学马克思主义研究
所研究员。

主集中制在党内营造了又有集中又有民主、又有纪律又有自由、又有统一意志又有个人心情舒畅、生动活泼的政治局面，充分激发了广大党员干部的积极性创造性。

我国是幅员辽阔、人口众多的发展中大国，我们党面临着艰巨复杂的改革发展稳定任务。依靠民主集中制，我们党把一个由多种成分组成的党员队伍，建设成一个坚强有力的马克思主义政党，有效克服了个人独断专行和软弱涣散现象。放眼当今世界一些照搬西方政党制度的发展中国家还可以发现：各党及其利益集团内部为局部利益、短期利益过度竞争，进而社会对立、决策迟缓、效率低下、执行乏力等，往往带来灾难性的后果。苏东剧变，部分亚洲、非洲国家的社会混乱和冲突，与此直接相关。

应当看到，中国政党制度还具有科学的制度设计，具有与时俱进的创新能力，具有以党内民主推动人民民主的高度自觉，具有高度的执行力，可以发挥集中力量办大事的优势。改革开放以来，我们党根据我国经济社会发展现状和要求，相继作出了农村经济体制改革、西部大开发、振兴东北老工业基地、建设社会主义新农村等重大战略部署，实施了"南水北调"工程、规模巨大的高速公路和铁路网建设、载人航天工程等特大建设项目。这些投入多、周期长、风险高的大手笔，充分证明了我们党的制度优越性。

传承井冈山传统　坚持制度建党

龙波舟

井冈山是中国革命的摇篮。井冈山斗争时期，从红四军在井冈山前后六次召开党的代表大会，到湘赣边界特委成立，都把党的制度建设贯穿于井冈山斗争全过程。尤其是以集中指导下的民主制度、支部建在连上原则以及党代表制度等建党思想，不仅为当时中国建设无产阶级政党并保持共产党人的先进性指明了方向，也对今天我们党的建设有着现实指导意义。

近年来，井冈山市委始终秉承革命时期制度建党的优良传统，对如何更好地发挥党的制度优势进行积极探索和实践。从借鉴"集中指导下的民主制度"经验入手，推动党建工作实现规范化、制度化、经常化。如，积极探索干部任用工作新机制，落实了全委会推荐干部票决、任前公示、任职试用期、任期（离任）审计等各项制度。近两年来，我市打破了"由少数人选人，在少数人中选人"模式，连续开展3次公开选拔副科级领导干部工作，使25名群众信得过、口碑好、能力强的优秀干部走上了领导岗位，引起了较好的社会反响。

龙波舟

江西吉安市委常委、井冈山管理局党工委书记、井冈山市委书记。

着力以"把井冈山建设成为全国党风廉政建设的一面旗帜"为目标，全面加强党风廉政建设。近年来，建立完善了《井冈山市党政正职"六个不直接分管"制度》等一系列制度，前移监督关口。对民生、教育、医疗、公款消费、农村"三资"管理等领域进行集中督查和治理，市纪委去年对7名干部进行了诫勉谈话，让全市632名领导干部进行了公开述职述廉。创造性地推出廉能问责工作模式，先后责令纠错130人，187名干部受到书面检查、通报批评、诫勉谈话、调离等处理。注重加强教育，不断挖掘提炼红色资源，形成了红色教育培训"井冈模式"，使井冈山成为一座信仰之山、信念之城。

延伸"井冈山党代表制度"的做法，切实抓好党务工作者队伍建设。通过对全山所有的农村党支部进行摸底调查后，确定14个矛盾相对突出、工作相对薄弱的后进村进行重点帮扶，先后从各乡镇选派得力党员干部14名担任第一书记，帮助改变落后面貌。采取单建、联建、挂靠等方式，在农民专业合作社、专业协会、产业链、非公有制经济组织以及各类新社会组织中组建党组织46个，实现了党组织在全市各行业、机构的全覆盖。

井冈山通过不断加强党的制度建设和制度创新，极大地焕发了全山广大党员干部群众干事创业的热情，有力地促进了井冈山经济社会的大发展。2008年以来，地区生产总值由2007年的17.37亿元增长到2011年的38.09亿元，翻了一番。井冈山先后获得了国家5A级旅游景区、全国文明风景旅游区、国家卫生城、全国双拥模范城等二十余项国家级荣誉称号。

我们党是在同人民群众的密切联系中成长、发展、壮大起来的。人民是党的力量之源和胜利之本。没有人民的支持，党就不可能生存和发展，就一事无成。因此，密切联系群众是我们党的最大优势。

我们党把"人民"印在自己的旗帜上

张希贤

把"人民群众是历史的创造者"和"人民群众也是文明成果的享受者"有机地统一到解决中国的两大时代主题中，是我们党的"密切联系群众"优势的核心所在。

这一有机的统一，彻底改变了过去人民群众只负责创造历史，而很少享受文明成果的剥削传统；以"人民群众享受文明成果"为切入点，从"分田分地"、"减租减息"、"土地改革"、"家庭联产承包"、"群众利益"、"群众素质"、"群众权益"和"社会保障"等入手，激发出人民群众无穷的历史创造力，成功地推动了中国的文明进程，使中华民族向着建国百年的复兴目标胜利挺进。

把理论的科学性、行动的无私性、工作的创造性三者有机结合，是党的"密切联系群众"优势的基本内涵。

我们党提出了全心全意为人民服务的宗旨；确立了党的群众观，即人民群众是历史的创造者，离开人民群众，我们党则将一事无成。党的一切路线方针政策和行动的出发点与落脚点，都是人民群众的根本利益。党除了工人阶级和最广大人民群众的利益，没有自己特殊的利益。党在任何时候的群众工作，都必须把人民群众利益放在第一位，同群众同甘共苦，始终保持最密切的联

张希贤

环球智库研究院学术委员会委员、中央党校党建部教授、博士生导师。

系，不允许任何党员脱离群众，凌驾于群众之上；产生了党的"一切为了群众、一切依靠群众，从群众中来、到群众中去"的群众路线；形成了密切联系群众的工作作风。这些构成了党的群众工作的科学理论。

从抗日战争到解放战争，左权、杨靖宇、赵一曼等成千上万的共产党员的英勇奋斗、壮烈牺牲，使老百姓看到了共产党没有私心，一心一意为了中华民族，才历史地选择了中国共产党，才结成了生死友谊。陈毅元帅曾动情地说，淮海战役是老百姓用独轮车推出来的。这就是我们真正的群众优势。

在工作上，中国共产党创造性地把"时代主题、历史动力、群众利益、群众素质、群众权益和社会保障"六大问题，逐步实现一体化解决，表现出优秀的能力和素质。

我们党把"人民"印在自己的旗帜上。保持和发挥党的密切联系群众的独特优势，需要大力加强党的先进性建设和纯洁性建设。只有肩负起党的历史使命，始终保持马克思主义政党本色，使党永远不脱离群众，党群团结奋斗，才能始终发挥党的密切联系群众的独特优势。

完善群众工作机制　推进沂蒙老区发展

张少军

在革命战争年代，临沂老区有20万人参军、100万儿女支前，3万沂蒙的优秀儿女献身疆场。"一粒米当军粮、一块布做军装，最后一个儿子送战场"，这是当年党群干群血肉联系、军民鱼水情深的真实写照。

历史映照着现实。密切联系群众是我们党的最大优势。我们任何时候都不能削弱和丢掉这个优势，否则党的一切工作就会成为无源之水、无本之木，就会招致挫折和失败。

新形势下，临沂市始终坚持党的根本宗旨，积极探索，不断提高做好群众工作的能力和水平，着重健全完善了五项机制：一是健全完善工作运行机制，建立工作机构，健全工作网络；明确职能定位，理顺工作关系；配强领导班子，建设一流队伍，把素质高、能力强的干部优先推向群众工作一线。二是健

张少军

临沂市委书记、市人大常委会主任、党组书记。

全完善群众诉求接待受理机制，建造群众诉求接待服务载体，加大领导公开接访的力度和密度，深度推进矛盾纠纷排查化解。三是健全完善协调配合机制，充分发挥联席会议作用，严格落实分流机制，切实强化部门责任。四是健全完善投入保障机制，落实人员、阵地、设备、经费等各方面保障。五是健全完善考核奖惩机制，建立健全群众工作目标考核办法，对发生重大影响事件的地方和单位实施"一票否决"。同时，市群工部陆续增加15个编制，并注重提拔使用群工部门干部，引导广大党员增进对群众的思想感情。

在实施中，临沂各级党政机关党员干部坚持工作重心下移，深入实际、深入基层、深入群众。临沂市和下辖的12个县区、3个开发区都成立了群众工作部，180个乡镇（街道）设立了群众工作站，配备乡镇专职工作人员1 239人；在社区、村居和重点企业设立了群众工作室，配备信息员、调解员和陪访员等"三员"1.47万人；在市、县、乡建立了群众服务中心，整合城建、国土、民政、社保、工青妇、公检法司等方面的力量，受理群众诉求、提供综合服务。这几年临沂市城中村改造力度较大，领导干部认真听取群众意见，中心城区拆除房屋2 700万平方米，群众普遍满意，没有发生一起群体性上访。

群众工作无小事，群众工作无止境。历史和现实都证明，只有我们把群众放在心上，群众才会把我们放在心上；只有我们把群众当亲人，群众才会把我们当亲人。

第二十一篇

牢记责任　不辱使命

——十八大代表访谈

党的十八大是党在全面建成小康社会关键时期和深化改革开放、加快转变经济发展方式攻坚时期召开的一次十分重要的会议，是全党全国各族人民政治生活中的一件大事。作为一个拥有 8 260 万党员的大党，2 270 名党的十八大代表关注什么、如何履职，直接关系到大会的质量，更关系到党的领导作用的发挥。为此，本书编委访谈了十四位十八大代表——

担当光荣使命，
在海峡西岸经济区续写辉煌新篇章

孙春兰

孙春兰

党的十八大代表、福建省
委书记。

出席这样的历史盛会，我深感万分荣幸，责任重大，使命光荣。我深知唯有以饱满的政治热情履行好代表职责，以奋发有为的精神状态做好各项工作，才能不辜负党和人民的信任。

党的十六大以来特别是近年来，面对严峻复杂的外部环境和自身改革发展稳定的繁重任务，在党中央的正确领导下，福建紧紧抓住和用好海峡西岸经济区上升为国家战略的重大历史机遇，进一步解放思想，先行先试，立足省情，创新优势，以人为本，努力实现科学发展。我们深入学习贯彻胡锦涛总书记来闽考察提出的"三个切实"的重要要求，全面实施中央出台的"两规划一方案"，坚持生产发展、生活富裕、生态良好"三生并重"，推出了新型工业化、城镇化、农业现代化"三化并举"，产业群、港口群、城市群"三群联动"等一系列战略举措，有力推动了福建经济综合实力和可持续发展能力迈上一个大台阶。2009年，我省人均 GDP 为东部地区平均水平的 84%，2011 年达到了 90%。今年，我们预计 GDP 有望接近 2 万亿元，人均 GDP 可超过 8 000 美元。与此同时，森林覆盖率继续位居全国第一，生态环境主要指标保持全优。福建发展呈现出物质文明和生态文明协调发展、经济发展和民生改善同步推进的新局面。

知难而后破难。我们也清醒地认识到，福建发展中不平衡、不协调、不可持续的问题仍然突出，前进道路上还将面临诸多困难和挑战。我们必须以更加坚定的决心、更加有力的举措、更加完善的制度来贯彻落实科学发展观。只有这样，福建科学发展跨越发展的路子才能越走越宽，才能实现更加优美更加和谐更加幸福的奋斗目标。

金秋硕果庆华章，盛世伟业再起航。今天，我们站在新的历史起点上，大跨越、大发展，前无古人；新形势、新任务，催人奋进。党的十八大将描绘新时期全党全国人民团结奋斗的宏伟蓝图，鼓舞人心、令人振奋。我们一定要认真学习宣传贯彻党的十八大精神，切实把思想和行动统一到大会的各项部署上来，继续解放思想，改革开放，凝聚力量，攻坚克难，努力完成党和人民赋予的光荣而艰巨的任务。

时刻听从党和人民召唤，坚决履行好维护国家主权、安全和领土完整的神圣使命

房峰辉

近段时间，人们的目光纷纷转向我国东海的钓鱼岛。大家关注钓鱼岛问题就是关注国家的主权、安全和发展利益。作为一名军人，我也密切关注着事态的发展。党和人民一旦需要，我们将坚决履行维护国家主权、安全和领土完整的神圣使命。

党的十六大以来，面对错综复杂的国内外形势、风起云涌的新军事变革浪潮，党中央、中央军委和胡主席审时度势，总揽全局，全面推进我军革命化现代化正规化建设，谱写了国防和军队建设科学发展的辉煌篇章。军区部队认真贯彻胡主席国防和军队建设主题主线重大战略思想，着眼有效履行新世纪新阶段历史使命，持续拓展和深化军事斗争准备，应对多种安全威胁、完成多样化军事任务能力显著增强。

房峰辉

党的十八大代表、上将、北京军区司令员。

坚决听党指挥、绝对忠诚可靠，是党对人民军队的最高政治要求。军区部队大力加强思想政治建设，坚持用党的创新理论武装头脑，深化培育当代革命军人核心

价值观，积极发展具有战区特色的先进军事文化，先后涌现出华益慰、江汉刚、贾元友、高铁成等一大批先进典型，展现了广大官兵忠诚使命的精神风貌。

如今，在科学发展道路上阔步向前的人民军队，正朝着建设信息化军队、打赢信息化战争的战略目标迈进。军区部队加快转变战斗力生成模式，持续开展实战化训练，全面提升了信息化条件下的作战能力，先后参加上合联演、跨区演习等重大演训活动，圆满完成奥运安保、国庆阅兵、国际维和等重大军事任务。

全心全意为人民服务是我军的根本宗旨。近年来，在汶川、玉树、舟曲等救灾行动中，由军区某部工兵团抽组的国家地震灾害紧急救援队每次都第一时间飞赴灾区。在内蒙古八千里边防线上，边防官兵日夜守护着祖国北疆的安宁。在云南、广西、贵州、山东、河北、山西、内蒙古大地，给水工程团驰骋转战，使七百二十多万人民群众喝上了甘泉水。军区部队积极参加京津风沙源治理，连续五年大规模植树35万亩。

党的十八大胜利召开，将开创党和国家事业新的发展局面，国防和军队建设也将迎来新的发展机遇。我们必须时刻牢记肩负的重任，认真学习贯彻党的十八大精神，不断推动部队建设全面发展、稳步发展、安全发展，坚决完成党和人民赋予的使命任务。

关注群众呼声，
在推动高等教育内涵式发展中创造佳绩

杜玉波

当选党的十八大代表，我既感到十分光荣，也感到责任重大。我觉得，作为党的全国代表大会教育战线的代表，要坚定理想信念，模范执行党的路线方针政策，认真抓好国家中长期教育改革和发展规划纲要的贯彻落实，在推动高等教育内涵发展的实践中努力创造优秀业绩。

我们知道，我国已经是名副其实的高等教育大国，正在向高等教育强国迈进，提高质量是高等教育改革发展最核心、最紧迫的任务。作为我来说，履行好十八大代表的职责，就是要立足本职，走以质量提高为核心的内涵式发展道路。

当前，高校教育出现一些问题，人民群众提出诸多不满意。我认为，要重点抓好几项工作。一是要提升创新人才培养水平。创新人才培养不足是我国高等教育的突出问题。要从创新人才成长的"兴趣"和"需求"两个关键问题入手，从突出人才培养适应经济社会发展需要的导向、完善创新人才选拔体系、建立杰出人才培养的特殊机制、加快推动研究生教育改革、加大人才培养的保障力度、改进人才培养质量的评价方式等方面，寻

杜玉波

党的十八大代表，教育部党组副书记、副部长。

求突破路径。二是要加强教师队伍建设。要落实好"师德为先、教学为要、科研为基"的要求，提高教师队伍素质；围绕高层次人才和青年教师两个重点，优化教师队伍结构；通过分类管理、薪酬激励和退出机制等三个方面改革，增强教师队伍活力。这里要强调，高校最优秀的教师要为本科一年级学生上课，书记校长要全身心办学治校。三是要加快建设现代大学制度。这是对高等教育改革发展带有基础性和关键性的工作。要积极探索现代大学制度的实现形式，特别要抓住加强章程建设、进一步落实和扩大高校办学自主权、坚持和完善党委领导下的校长负责制、加强学术组织建设、加大力度推进试点学院改革等关键点。

教育是国计，也是民生，而且是民生之首。作为党的十八大代表，我将认真贯彻党的群众路线，走进学校、走近师生、走访家长，深入开展调查研究，广泛了解社情民意，把教育改革发展的情况，把教育系统广大师生和党员干部的意见和要求，集中起来，带到会上去。我将以强烈的政治责任感和历史使命感，以饱满的热情和振奋的精神，认真参加党的十八大的各项议程，为全面建成小康社会积极建言献策。

满足社会需求，
加快推进测绘地理信息强国建设

徐德明

徐德明

党的十八大代表，国土资源部党组副书记、副部长，国家测绘地理信息局党组书记、局长。

作为一名党员，一名领导干部，有幸被选为党的十八大代表，我倍感荣幸和自豪，也深感肩负的沉甸甸的使命和责任。

身为国家测绘地理信息局一局之长，发展当为首要任务，这也是党的嘱托，职工的期待。我们集思广益，确立了大测绘、大科技、大服务、大发展的理念，确定了坚持以服务大局、服务社会、服务民生为宗旨，构建数字中国、监测地理国情、发展壮大产业、建设测绘强国的发展战略。这些年，我们抢抓机遇，加快发展，基本完成了数字中国地理信息空间框架体系建设，测绘地理信息的各项工作均居世界前列。

有为才有位，有用才有效。我们发扬不等不靠不要、敢于担当、勇于负责的精神，积极推动三大平台等项目建设，取得明显成效：数字城市建设遍地开花，助推了城市社会综合管理，受到地方党政的普遍欢迎；网络地图"天地图"开通两年，越办越好，应用更加广泛；监测地理国情试点备受重视，初见成效，各地积极推广，普遍展开。此外，中国测绘创新基地的落成，实现了测绘人53年的夙愿。国家测绘局更名为国家测绘地理信息局，职责职能得到强化。地理信息产业快速发展，产业园区建设分布各地，呈现如火如荼的大好局面。测绘地理信息市场监管力度加大，市场秩序明显好转，维护了国家地理信息的安全。三大平台建设拉动产业大发展，科技装备的改善提高了测绘服务应急保障能力。

面对好形势，发展好局面，更需要冷静观察，保持清醒头脑。当前，我们还将面临新的发展机遇和挑战。特别是测绘管理还面临体制机制不顺的问题，市场监管随着地理信息产业的快速发展，监管难度将越来越大，维护国家地理信息安全的任务将更加艰巨，这就要求我们必须牢固树立忧患意识，切实增强责任感和使命感。面对社会需求，我们要努力把三大平台打造成民心工程、责任工程，打造成精品；面对竞争激烈的测绘地理信息市场，我们要积极提供政策服务支持，努力把测绘企业打造成具有自主知识产权、科技含量高的世界一流民族企业。

下一步，我们要按照党的十八大的新部署，大力弘扬测绘人热爱祖国、忠诚事业、艰苦奋斗、无私奉献的精神和快、干、好的工作作风，解放思想，开拓创新，不辱使命，为加快建设测绘地理信息强国而努力奋斗。

牢记国家使命，
积极为推动外交工作大发展作贡献

章启月

当选为党的十八大代表，我倍感光荣和责任重大。

进入新世纪，国际形势最大的变化就是中国的快速发展和崛起，引发国际力量对比进入一个阶段性的转折期，地区和国际格局迎来一个加速调整期，我国与世界的关系也步入一个新的重塑调适期。当前，我国发展既面临前所未有的机遇，也面对前所未有的挑战。外交工作在中央的正确领导下，妥善应对国际乱局，积极引导地区变局，努力开创对外新局，为国家的发展和稳定创造了良好的外部环境。外交工作面临的形势更加复杂，任务更加艰巨，特别是国际形势和周边环境出现了许多新问题、新动向，给外交工作提出了新课题和新挑战。外交工作将继续在中央的领导下，稳步推进，开拓创新，

章启月

党的十八大代表、外交部机关党委常务副书记。

不断破解难题，化解挑战，为实现党和国家"两个百年"奋斗目标服好务。

党建工作为外交工作的顺利开展和外交队伍建设提供了重要保障。外交部党委坚持"党建工作是外交工作的灵魂"这一高定位，机关党建发挥着"凝魂聚气、强基固本、提供保障、服务外交"的重要作用。外交人员在党的坚强领导下，始终坚定不移地执行党中央各项对外方针政策，坚定维护国家主权、安全和发展利益，办好了一系列大事，办妥了一系列难事，创造了无愧于党、无愧于祖国和人民、无愧于历史的出色业绩。外交人员始终以饱满的精神、昂扬的斗志和无私奉献的襟怀，诠释着对党和国家的忠诚和热爱。他们有的常年超负荷地工作，夜以继日，无怨无悔；有的常年坚守在气候恶劣、生活艰苦、疾病肆虐的异国他乡，经受着病与痛、血与火、生与死的考验。外交战线不断涌现的可歌可泣的先进人物和优秀事迹激励着一代代外交人奋勇向前，拼搏不息。

新时期外交党建工作面临许多新的挑战和任务，我们将努力开拓创新，着力提高党建工作的亲和力和实效性，为外交队伍高扬信念风帆，为新时期中国外交保驾护航。党的十八大是在党和国家发展的关键时刻召开的一次重要会议，必将为开创中国特色社会主义事业新局面、为推动外交工作和外交党建工作大发展提供强劲动力。

我将以高度的政治使命感和历史责任感参加党的第十八次代表大会，积极参与大会审议讨论，认真履行代表职责，并在学习宣传、贯彻落实十八大精神方面做好表率，在工作岗位上作出新的贡献！

投好庄严一票，
为交通的跨越式发展做出新贡献

陈刚毅

2012年6月，我光荣当选党的十八大代表。从十七大开始，连续两届当选全国党代会代表，我感谢组织上和广大党员同志对我的信任和支持。

如何履行好代表的职责，不辱使命，不负重托，展示交通系统党员良好形象，是我这段时间每天都在思考的问题。当选代表以来，我通过与党员干部、群众广泛交流，对党员群众反响比较强烈的热点难点问题有了更全面的了解。同时，通过上门走访、基层调研、接待群众等方式，我对党的相关政策的贯彻落实情况，包括党的决议、决定的执行情况也有了一定掌握。在此基础上，结合自身工作实际，我将力争把涉及交通运输行业和社会经济发展的一些想法和建议带到党的十八大会议上。

陈刚毅

党的十八大代表、湖北省交通规划设计院党委书记。

当前，湖北省交通运输经济运行情况良好，交通固定资产投资规模屡创新高，"四纵四横一环"高速公路主骨架已基本形成，农村交通变化翻天覆地，水运振兴工程取得历史性突破，公路水路运输生产持续增长，交通安全监管与应急体系全面完善，多元化筹融资能力显著增强。交通运输部与湖北省领导在部省共建座谈会上进一步明确把湖北省建设成为"祖国立交桥"的战略共识，拟定了支持设立长江中游城市集群综合交通示范区、建设武汉长江中游航运中心、支持武汉建设国家中心城市等事项。湖北省十次党代会明确提出打牢发展"大底盘"，充分开发利用长江"黄金水道"，加快长江中游快速通道和综合交通体系建设。作为一名来自交通战线的代表，我要充分发挥好自身的优势，把广大党员、群众的意见和要求反映到党的十八大上去。

再次参加党代会，我有信心更好地履行党代表的职责。我将以严谨认真的态度参与到大会的每一项议程中，认真审议党的重要报告和重要文件，认真投好庄严的一票。积极宣传党的十八大精神，通过多种方式和渠道与党员群众沟通，答复党员群众所关心的问题，让大家更深入地了解党代会，支持党代会的决策。同时，作好表率，时时刻刻用一名优秀党员的标准要求自己，不仅要做好本职工作，更要带领干部职工为企业的科学发展，为湖北交通的跨越发展做出新的贡献。

展示大学生村官形象，
积极为新农村建设建言献策

周晓琳

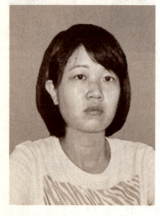

周晓琳

党的十八大代表，重庆彭水县汉葭镇镇南村党总支书记、大学生村官。

我是 1985 年出生的一位苗族姑娘，现任重庆市彭水县汉葭街道组织委员、镇南村党总支书记。2008 年 7 月，我从重庆市长江师范学院毕业后，回到家乡——重庆最贫困的彭水苗族土家族自治县担任大学生村官。

在担任大学生村官期间，我在两个月内走访了全村五百多户人家，摸清了村情民情。主动帮助群众代办大病救助、低保、新农合等业务，探索推进基础设施建设，新修村组公路 29 公里，修建人畜饮水池 28 口、入户人行便道 5.5 公里。带领养殖户成立食用菌产业合作社，打造种、产、销一体模式，社员收益由一棚 1 500 元增加到 2 700 元，人均年增收达 30 000 元。在 2011 年庆祝建党 90 周年大会上，我荣获"全国优秀党务工作者"称号，胡锦涛总书记亲自为我颁奖。

我有幸被选为党的十八大代表，这让整个大学生村官群体都受到了鼓舞，让大家觉得在基层必将大有可为。这几年，身处科学发展实践的最基层，看着村容村貌发生着显著变化，人民生活水平大幅度提高，这种感受真美妙，更增添了我扎根基层的信心。

我也清醒地看到了当前农村还有很多问题需要尽快去努力解决。比如，贫穷地区如何吸引年轻人才？如何发展新党员？这些工作看似简单，操作起来却困难重重。和老党员、老基层工作者相比，我的工作生活阅历都比较欠缺，但我会不断探索，带着对农村、对农民、对农业的深厚感情办实事，身体力行地以百倍努力开创新农村的美好未来。

作为重庆市最贫困县唯一的党的十八大代表，我会利用每次发言机会，代表基层一线广大党员，积极为开创新农村的美好未来建言献策。在大会胜利闭幕后，尽最大努力把党的十八大精神宣传好、贯彻好、落实好，尽百倍努力回报养育我的新农村。

回应广大人民的期待，
为基层法律事业建设倾心尽力

宋鱼水

我在全国二十多万名法官中成为一名全国瞩目的党的十八大代表，这是一份荣耀，更是一份责任。我将秉承基层工作的使命，继续研究和积累基层法院工作经验，尽一名十八大代表的职责。

我始终铭记一名基层法官的职责。当社会主义法律体系如期形成时，法院和法官如何工作，亿万人民充满期待，也意味着我们面临新时期最大的压力。这一点，在基层法院和基层法官身上有更加明显的体现。比如，与当事人的交流需要更加规范，案件的复杂程度越来越大，从立案到执行，工作要求的质量越来越高。这一切，均离不开法官的职业化建设，只有尊重法官职业规律，大幅度提高法官业务素质和以业务素质为核心的法官综合素质，培养足够多的优质审判队伍，才能广泛地满足社会对法院的高水平要求。在司法改革的历史进程中，基层法院在最高院的统一部署下，尝试过多次改革，每一次改革都致力于解决我们面临的新问题，并且，在不断地改革中，法官的专业素质、政治素质都在不同的阶段有过特殊的训练与强化。随着法院人才建设的进一步强化，以及近三十年来法院对人才的大量储备，基层法院工作迎来了再上新台阶的最好机遇。作为一名十八大代表，我亦会时刻牢记基层法院各位领导和同志

宋鱼水

党的十八大代表，北京市海淀区人民法院党组成员、副院长。

们的嘱托，为基层法律事业尽绵薄之力。

我始终铭记一名劳模代表的职责。我是在首都这片沃土上成长起来的一名法官，也是组织培养的典型。培养不是出于私利，凝聚着党和人民对伟大事业的期待。没有事业就不可能有和平安宁，事业之树长青必将托起国家的长治久安。这是个人为伟大事业奋斗的深远意义。培养希望某个人能够代表他的群体，这是很难做到的，我们每个人都会有自己的个人思考，一个人不可能做到万能。然而，正是如此，我想，十八大代表不意味着要将个人意志做最有效的表达，而是意味着，一定要千方百计了解大家共同的思想和共同的意愿，在珍贵的履职期间，把大家共同的期待作最有效地表达，把共同的努力转化为时代的符号。

我始终铭记一名公民的职责。虽为十八大代表，但仍为祖国大家庭的成员。一方面，我们希望自己强大，另一方面，我们更需要社会强大，国家强大。当我们很希望有依靠时，强大的祖国和强大的社会公共体系会帮助我们每个人解决困难与问题，以及对社会和国家的强烈归属感。所以，作为一名十八大代表，时刻不能忘记的还是人民的心声，时刻需要塑造的，还是自己不懈地努力做一名能够了解百姓疾苦的十八大代表。

希望十八大代表的荣誉与大家分享，希望十八大代表的责任与大家共同承担。我衷心地感谢所有的信任和重托。

当好小巷总理，
为新疆的社会和谐稳定奉献青春

迪丽努尔·艾则孜

我叫迪丽努尔·艾则孜，女，现年33岁，现任库尔勒市梨花社区党支部书记、工作站站长。党的工作重心在基层一线，执政基础在基层一线，活力源泉也在基层一线。我明白"人民选我当代表，我当代表为人民"这句直白朴实的话语，它阐明了我们十八大代表的权力是谁"赋予"的，我们代表应该为谁履职、为谁负责、为谁工作。

　　作为一名社区党支部书记，我长期工作在基层第一线，主动到大街小巷，到居民家中，了解居民所思所想所盼，尽己所能为群众办实事、解难事，吃百家饭、学百家话、干百家活，在和群众一起摸爬滚打中培养出了真挚感情。去年，我荣获自治区服务群众、维护稳定优秀社区党组织书记称号。

迪丽努尔·艾则孜

党的十八大代表，新疆库尔勒市梨花社区党支部书记、工作站站长。

　　梨花社区位于库尔勒市团结南路和英下路交汇处的城乡结合部，是全市有名的老大难社区。梨花社区只有20名工作人员，社区的稳定与否，直接关系到全市的稳定大局。我探索推行"一岗双责"制，社区干部除完成本职业务工作外，还要做好维稳工作，人人包街包楼（院）包户，做到街不漏楼、楼不漏户。对复杂区域、重点人员、重点部位，我自己带头包的同时，还挑选责任心强、工作经验丰富的社区干部逐一包联。目前，社区共建立居民档案1 450份，社区干部对重点人员的入户率和知晓率达到100%，一般家庭的入户率和知晓率达到100%。同时，我在辖区挑选出86名思想觉悟高、政治素质好的人员担任维稳信息员。这些维稳信息员24小时不间断值勤，及时发现搜集辖区的矛盾纠纷、治安隐患、违法活动等信息并迅速上报。

　　民困我帮，民难我解，服务居民是我的首位工作。为更好地开展便民利民服务，我带领社区工作人员制作发放了五千余份便民联系卡，实行一周一联系，一旬一回访。去年以来，我协调有关部门，为12户贫困居民争取到16万元的小额担保贷款，帮助他们自主创业，成为自食其力的个体工商户；为辖区5户符合低保条件的贫困户办理低保手续，同时发动社区人员捐献衣物和生活品一百五十余件。

　　人民选我当代表，我当代表为人民。近几天，我心情格外激动，作为党的十八大代表，我有太多的事要做。我想把梨花社区打造成精品社区，并创建自治区级民族文化示范社区，以现代文化引领广大居民发挥聪明才智，建设美好家园。我想，对党的事业负责，对人民的事业负责，这才是我们十八大代表的担当。

探索中国特色现代企业制度，
推动民营企业更好发展

周海江

周海江
党的十八大代表，江苏红豆集团总裁、党委书记。

作为一名民营企业家，我连续两届当选党的全国代表大会党代表，深感责任重大。我想，只有将这份责任感和使命感贯穿于日常工作点点滴滴之中，才能不辱使命。

民营企业如何实现可持续发展？我的体会是在企业建立中国特色现代企业制度。我国三十多年的改革开放，以我们国力的增长，人民生活水平的提高，回答了全世界的疑问，社会主义可以跟市场经济相结合。

建立现代企业制度是完善社会主义市场经济体制的必然要求，也是企业改革的方向。因为只有学习现代企业制度才能缩短与国际一流企业的差距，规范企业行为，才能激发内在动力。但是现在西方的现代企业制度也碰到了天花板，如安然事件、日本的核泄漏事件，让我们看到企业的所有者、经营者在一定时间内、一定程度上可以利益最大化，但不能保证社会利益和国家利益、外部利益与内部利益的一致性。

国家利益、社会利益怎么能跟企业利益保持一致呢？只有搞好企业党建工作，勇于担当社会责任，才能把相应利益统一起来。我们一直重视党建，多年来，集团形成了"一核心、三优势"的特色党建和"一融合双培养三引领"的党建工作法，更好地协调了社会各方利益，企业一直保持平稳快速发展。"一核心"，就是把企业党委作为政治核心，与董事会、监事会、经理层融为一体。董事会、监事会、经理层中的主要负责人进入党委，确保企业在政治上与党和国家的方针政策保持一致。"三优势"，就是把党的政治优势转化为企业发展的机遇优势、人才优势、和谐优势。

通过履行社会责任，体现中国民企的社会主义属性，促进稳定和谐。我们一直坚持把积极安置就业、缴纳税收、帮助困难群众、保护环境、保护消费者权益、维护员工利益、弘扬优秀文化等，作为企业的应尽职责和自觉行动。

　　既要有现代企业制度，同时又要有党建工作，再加上社会责任，中国特色现代企业制度就是由这三部分组成，这是我们的一种探索。

　　同时，我也明白，我既是民营企业的党代表，也是基层党代表，反映民营企业的心声，倾听基层党员群众的利益诉求，最大限度发挥党代表架设党与广大党员群众沟通桥梁的职能，是党代表的责任和义务。我会牢记责任，不辱使命。

有福民享，有难官当，
把华西建成名符其实的"天下第一村"

吴协恩

　　我是一名来自农村的基层党代表。从我个人来说，有一个好的优势，有一个好的条件。因为，我们华西有一个好的榜样，那就是吴仁宝老书记。老书记今年85岁了，在数十年的人生历程中，始终教育华西人，要"心向党、热爱党，听党话、跟党走"，最终把华西建成了闻名海内外的"天下第一村"。所以，在老书记身上，有很多东西值得我们学习。

　　我在2003年7月担任村书记后，首先做到的一条准则，就是以老书记为做人、做事的标杆，确立对中国共产党的坚定信仰，实事求是地走华西特色的共同富裕之路。说到底，就是要把老书记一直坚持的"发展是硬道理，有条件不发展是没道理，没有条件创造条件发展才是硬道理"等一系列理念延续好、保持好、创新好。

吴协恩

党的十八大代表，江苏华西村党委书记、华西集团董事长。

　　我在工作实践中感到，基层党员干部的首要任务，就是要率先做到"有福民享，有难官当"，落实到具体工作，也就是两句话：一是发展，二是为民。我认为，发展经济是首要任务，经济搞不上去，为民就是一句空话。关于发展，当前的国内、国际经济形势不容乐观。华西怎么办？我们是不断地深化转型，而转型要在企业最好的时候转，不能在企业走下坡路的时候被迫转。华西始终坚持"科学三转"：一是由数量向质量转，二是由体力向脑力转，三是由传统向现代转。近几年，我们不断淘汰落后产能、转移传统产业，积极进军"海运海工、旅游航空、物流储运、资源金融、房产三农"等现代服务业。由此，使华西经济在整体低迷的情况下，保持了平稳发展。去年，华西的销售收入达 540 亿元，可用资金超 35 亿元。2012 年 1 至 8 月份，华西实现可用资金比去年同期增加了 3.97%。预计四季度的形势，比前三季度还要好。

　　最近，我们一直在谋划如何更好地迎接、落实十八大。老书记还结合华西的发展实际和自己的人生经历，提出了"解放思想要有思想，改革开放要有方向"等观点。对此，我们多次组织华西的党员干部，进行了集中学习和讨论。

　　过些日子，党的十八大就要召开了。我作为党的十八大代表，更关注我们农村。最近，我也在了解一些情况，把我们基层的声音传递上去，包括基层党组织建设等。同时，我也想表达祝愿：祝愿我们的党，始终永葆先进，更好地团结带领全国人民，沿着中国特色社会主义道路继续前进；祝愿我们国家在党的坚强领导下，在和平发展中取得更大的成就，屹立于世界民族之林；祝愿我们人民，更加幸福安康，通过十八大的召开，创造更加幸福的生活。

提高基层一线履职能力，
倾心为乡村广大农民服务

文建明

　　党的十八大就要召开了，这是党和国家的一件大事，我们十分期待。作为入党二十多年的老党员，我亲眼目睹这些年来我们国家发生的日新月异的变化。这些年我在基层同群众打交道过程中，做了一些工作，为农民群众办了一

点实事，积累了一些做群众工作的认识和体会。组织给了我很多荣誉，还当选为党的十八大代表，我深感自己肩上的担子更重了。我要进一步加强学习，提高履职尽责能力。

做好基层工作必须要有真感情、真本领。服务群众靠的是干部，讲的是作风。只有走进民心，才能赢得民心。和群众打交道，必须认真地听，他怎么说的，有什么主张，都要铭记于心。服务群众靠的是胆识，讲的是方法。从事乡镇基层工作，不可避免地会遇到许多问题，有时还会处于矛盾的焦点。问题解决一个就少一个。服务群众靠的是务实，讲的是落实。要知实情、想实招、说实话、求实效，否则就会把事办歪、办砸。

文建明

党的十八大代表、四川南充市营山县城南镇党委书记。

过去，城南镇号称"城烂镇"，干群关系差，百姓怨声重。根源在于很多时候群众见不到干部，办事也找不到干部。为此，我们推行集中办公制度，镇村干部心贴心地为群众提供"一站式接待、一条龙服务"；推行"110"服务制，将镇村干部联系电话全部印发到每家每户，群众"电话一打"，干部"服务到家"；每月开展一次群众议事日和干群恳谈日活动，涉及群众切身利益的事项每月讨论一次；推行包村连片帮户制度，镇干部每人包片联系3个村，每周集中2—3天时间，手拉手"结对认亲"。

由于真心实意服务，积极协调解决群众的合理诉求和具体困难，近年全镇没有出现一例越级上访和集体上访事件。"两河"整治征地拆迁等一大批涉及群众切身利益的突出问题得到有效解决，做到了群众满意。如今城南镇风清气正，政通人和，呈现出干群齐心谋发展的喜人局面。

30年来，我在多个条件差、问题多的乡镇工作过，化解了一个又一个农村难题，还接受了大大小小23次手术。可是，不管身心遭受多大痛苦，我始终坚信：人的一生不在于他能够活多久，而在于他能为世间留下什么。一个共产党员，就是要为老百姓奉献终生，哪怕是死，也要赶在死之前交出满意答卷。

作为一名十八大代表，我会正确行使民主权利，忠实履行代表职责，积极建言献策，把广大党员、群众的意见和要求反映到十八大上去，为确保大会圆满成功做出应有的贡献。

把文化资源优势变成发展优势，
推动老区经济社会跨越式发展

胡伯俊

胡伯俊

党的十八大代表、湖南省
张家界市委书记。

在我身边，有着许多普通的优秀党员，他们执著践行党性理念，惦记着人民群众的疾苦，时刻维护着人民群众的利益，默默无闻，任劳任怨，在平凡岗位展示党的形象。从心底说，能够当选十八大代表，我真的感到无比荣幸，也唯有认真履职尽责，才能不辱使命。

张家界地处武陵山脉腹地，是著名的革命老区，有贺龙纪念馆、红二方面军长征出发地、湘鄂川黔革命根据地纪念馆等，留下了革命前辈的红色印迹。这里也是国内外知名的风景旅游、少数民族聚居区和重要生态功能区，文化资源丰厚。如何把文化资源优势变成发展优势，推动老区经济跨越式发展，是我们一直在努力探索的问题。

张家界最大的市情是发展滞后，但我们所需要的发展是科学发展。为此，我们出台多项举措，坚定不移走生态文明发展道路，坚持在保护好武陵源世界自然遗产和全市生态环境的前提下，推进开发和建设，确保世界自然遗产永续利用和资源环境可持续发展。经过多年的努力，张家界已经实现了由典型的老少边穷山区向国内外知名旅游胜地的跨越。2011年，旅游景点接待游客总量达到3 000万人次，旅游总收入达到160亿元，武陵源区位居全省旅游强县（区）之首。

围绕文化资源的深度开发，我们加快了产业结构调整步伐。全市规模工业、园区工业增加值分别增长20.5%和70.3%，工业经济效益综合指数上升47个百分点。一批高档酒店建成营业或开工兴建，体育生态公园、贺龙体育中心等项目建设加快。兴建华天商贸城、逸臣盛世商业中心等大型商务项目，服务业增加值增长16.5%。2011年，全市实现生产总值295亿元，财政总收入首次突破30亿元大关。

我深知，目前张家界的旅游产业素质总体上还不高，高端旅游设施严重不足，旅游产品和服务质量还不能满足境外市场特别是高端市场的需求，必须加快转型提质，让境外游客进得来、留得住、过得好。做到这一点，光靠旅游业一方面不行，相关产业和城市服务设施、人文精神、居游环境，都要与之匹配。这就需要我们进一步扩大开放，与国际惯例接轨融入，推进语言环境国际化、服务标准国际化和管理方式国际化，形成开放包容的人文环境。这也是我们下一步努力的方向。

面向未来，我们将认真学习贯彻党的十八大精神，在科学发展观指引下，促进文化与旅游深度融合，加快建设特色魅力城市和区域性文化演艺中心，朝着建设世界旅游精品和一流的国际风景旅游城市目标坚定迈进。

勇于迎接挑战，努力打造中国特色、中国风格、中国气派的话语体系

张宇燕

十八大即将召开，作为一名理论工作者，回顾过往，展望未来，我对国家的发展满怀信心。

中国的改革开放已经走过了三十多年的历程，并取得了举世瞩目的成就。我国综合实力的提升，对世界格局产生了巨大且深远的影响，特别是对以美国为首、由发达国家组成的既得利益国家集团的既得利益带来了一定的冲击。

面对中国带来的冲击，发达国家集团，至少是其内部的部分政治势力，对中国正在采取四项基本战略：西化中国、分化中国、妖魔化中国、体系化中国。让中国全盘接受西方的价值理念和政治制度，是西化中国的主要内容。肢解、分裂中国是分化中国的一项基本含义。妖魔化中国可以表述为"有罪推定"，亦即事先认定中国是一个"邪恶"国家，所做的一切事都是坏事。体系

张宇燕
党的十八大代表、中国社
科院世界经济与政治研究
所所长。

化中国指的是，让中国接受由发达国家主导和制定的各种国际规则或制度。

从经济角度看，体系化中国对我国的国家利益具有最直接、也是最现实的影响。人们一般认为，竞争获胜的关键在于实力。此话不错，但只对了一半。如果没有规则做保证，所谓实力往往会成为无源之水。鉴于国际规则对不同国家意味着不同的事，亦即存"制度非中性"，中国接受外部强加的国际规则本身，就意味着规则的制定者在博弈中赢了。

用新的和所谓更高水平的国际规则来规范中国业已成为一种潮流。美国国务院高级官员反复提到的"竞争中立"原则，其矛头主要针对的就是中国的国有企业。由美国主导的"跨太平洋伙伴"（TPP）自贸区谈判，其中的许多条款具有明显的针对性或指向性。尽管中国尚未加入谈判进程，但作为亚太地区的重要成员之一，中国已经明显地感受到了压力。

从外部环境上看，今天和未来的中国面临的主要挑战之一，就是如何在"维护、改进、防范"三个方面平衡国际规则的影响。由于现行规则基本上是由发达国家主导和制订的，因而其中存在着许多对发展中国家不利的或不公正的地方。尽管会遇到不小的阻力，但我们仍需要不断地改进之。对于那种试图用非中性国际规则体系化中国的潮流，我们则必须加以认真防范。

机遇和挑战之间的关系是辩证的。可以说，国家的发展变化，为我们理论研究提供了丰富的资源。作为党的十八大代表，我将秉承责任，在深入理解党的十八大精神的基础上，大力探索创新，不断研究国际政治经济发展新态势，进一步推动构建具有中国特色中国风格中国气派的话语体系。

责任编辑:杨文霞
责任校对:王 惠

图书在版编目(CIP)数据

聚焦中国——社会焦点各界谈/中共中央宣传部《党建》杂志社 策划并采写.
 -北京:人民出版社,2012.11
ISBN 978-7-01-011336-4

Ⅰ.①聚… Ⅱ.①党… Ⅲ.①社会问题-研究-中国 Ⅳ.①D669

中国版本图书馆 CIP 数据核字(2012)第 246537 号

聚 焦 中 国
JUJIAO ZHONGGUO
——社会焦点各界谈

中共中央宣传部《党建》杂志社 策划并采写

人民出版社 出版发行
(100706 北京市东城区隆福寺街99号)

北京中科印刷有限公司印刷 新华书店经销

2012 年 11 月第 1 版 2012 年 11 月北京第 1 次印刷
开本:710 毫米×1000 毫米 1/16 印张:19.5
字数:311 千字

ISBN 978-7-01-011336-4 定价:46.00 元

邮购地址 100706 北京市东城区隆福寺街99号
人民东方图书销售中心 电话 (010)65250042 65289539

版权所有·侵权必究
凡购买本社图书,如有印制质量问题,我社负责调换。
服务电话:(010)65250042

《给力中国——高层领导谈文化》

中宣部《党建》杂志社 编　　　　　　　　2012 年 11 月

　　本书紧扣当前文化建设的热点问题，传达了中国高层领导关于文化及文化建设的声音。书中既有中央关于文化建设的指导性的、纲领性的、政策性的思想，也有地方政府为贯彻落实中央政策所采取的具体措施、所取得的阶段性成果及关于文化建设的长远规划等。

《聚焦中国——社会焦点各界谈》

中宣部《党建》杂志社 策划并采写　　　　2012 年 11 月

　　本书编委邀请社会各界知名人士，针对十七届六中全会以来干部群众普遍关注的热点、焦点问题畅所欲言……他们的观点，让读者耳目一新！

《力量中国——文化工作者谈文化》

中宣部《党建》杂志社 编　　　　　　　　2012 年 11 月

　　本书主要作者为中国文化名人、高校专家学者、文化产业界的知名开拓者等，他们或从理论的角度，或从实践的角度，畅谈了对中国文化建设现状、中国文化发展中存在的问题及解决方式、中国文化未来发展方向的看法等。

《思想中国——＜学习活页文选＞十年精粹（2002—2012）》

中宣部《党建》杂志社 编　　　　　　　　2012 年 11 月

　　本书精选了 2002 年至 2012 年十八大召开前《学习活页文选》刊载的、国内思想理论权威的数十篇重要文章，梳理了十六大以来党的思想发展历程。

《道德中国》

中宣部《党建》杂志社 编　　　　　　　　2012 年 12 月

　　本书围绕道德与道德建设，汇集了数十位专家学者、政府官员的权威文章。